# 世界経済図説

## 第四版

宮崎 勇 Isamu Miyazaki
田谷禎三 Teizo Taya

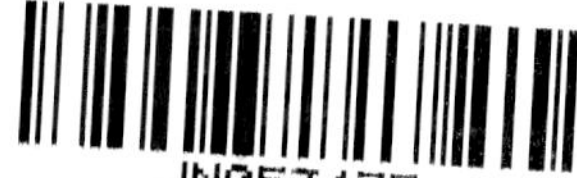

岩波新書
1830

# 目次

図版作製＝風呂谷浩作

# 一　世界経済の輪郭

「日本国民は、恒久の平和を念願し、人間相互の関係を支配する崇高な理想を深く自覚するのであつて、平和を愛する諸国民の公正と信義に信頼して、……」（日本国憲法・前文）

①国の数・国土　国家とは、一般的に、一定の領土とその住民を治める自主的な権力組織と統治権とを持つ政治社会で、国際的には領土、人民、主権を持つ独立の対象と認められているものをいう。いま、国の総数は一九六ヵ国(二〇一九年末)で、国連加盟国は一九三ヵ国である。

歴史的にみると、国の数は第二次大戦後、増加傾向にある。上述の一九六ヵ国の独立した年をみると、一九六〇〜七〇年代にアフリカで多くの国が独立したのに次いで、九〇年代も旧ソ連邦の多くの国が独立した。世界は、民族的な結びつきを中心に細分化していく傾向にある。同時に、経済的な国境がなくなるにつれて、地域化という動きも強まっている。

これらの国家、それに特定国の領有下あるいは保護下にある地域もあり、それらの国・地域群が地球の陸地一億三四〇〇万平方キロメートル(グリーンランドなどの独立国以外の地域や南極を含めると約一億五〇〇〇万平方キロメートルとなり、地球表面の約二九%を占める)に共存している。国土面積からみた大国は、ロシア、カナダ、アメリカ、中国、ブラジル、オーストラリアで、インドやアルゼンチンなどがそれに次いでいる。逆に、狭い国は、カリブ海、南太平洋の島嶼諸国に多い。ちなみに、日本は三七万平方キロメートルで全陸地面積の〇・三%、世界の一ヵ国平均の約半分で、大きい順序からいうと、六一番目になる。

東西ドイツは統一され(一九九〇年)、香港(九七年)もマカオ(九九年)も平和裏に中華人民共和国に返還された。しかし、朝鮮半島はまだ分断されたままである。二〇〇〇年以降独立したのは、東ティモール、モンテネグロ、コソボ、南スーダンといった国々である。

## 世界の国とその国土

| 地域，主要国・グループ | 国数 | 面積（万 km²） | % |
|---|---|---|---|
| アジア | 36 | 2,765 | 20.6 |
| 　　日　本 | | 38 | 0.3 |
| 　　中　国 | | 960 | 7.2 |
| 　　インド | | 329 | 2.4 |
| 　ASEAN 諸国[1] | 10 | 449 | 3.3 |
| 　中　東 | 15 | 691 | 5.2 |
| 大洋州 | 16 | 849 | 6.3 |
| 　　オーストラリア | | 769 | 5.7 |
| アフリカ | 54 | 3,069 | 22.9 |
| 　　ナイジェリア | | 92 | 0.7 |
| ヨーロッパ | 54 | 2,721 | 20.3 |
| 　EU 諸国[2] | 27 | 414 | 3.1 |
| 　　ドイツ | | 36 | 0.3 |
| 　　フランス | | 55 | 0.4 |
| 　　イタリア | | 30 | 0.2 |
| 　イギリス | | 24 | 0.2 |
| 　CIS 諸国[3] | 12 | 2,213 | 16.5 |
| 　　ロシア | | 1,710 | 12.8 |
| 北アメリカ | 2 | 1,961 | 14.6 |
| 　　アメリカ | | 963 | 7.2 |
| 　　カナダ | | 999 | 7.4 |
| 中南米 | 34 | 2,041 | 15.2 |
| 　　メキシコ | | 196 | 1.5 |
| 　　ブラジル | | 852 | 6.4 |
| 計 | 196 | 13,406 | 100.0 |

注：1）東南アジア諸国連合（ASEAN）10 ヵ国
インドネシア，シンガポール，タイ，フィリピン，マレーシア，ブルネイ，ベトナム，ミャンマー，ラオス，カンボジア．
2）欧州連合（EU）27 ヵ国
ユーロ圏（イタリア，オランダ，ドイツ，フランス，ベルギー，ルクセンブルク，アイルランド，ギリシャ，スペイン，ポルトガル，オーストリア，フィンランド，キプロス，スロバキア，スロベニア，マルタ，エストニア，ラトビア，リトアニア），非ユーロ圏（デンマーク，スウェーデン，チェコ，ハンガリー，ポーランド，ブルガリア，ルーマニア，クロアチア）．
3）CIS（独立国家共同体）12 ヵ国
アジアに属する国も多いが，ここではヨーロッパに分類している．

ロシア，アゼルバイジャン，アルメニア，ウクライナ，ウズベキスタン，カザフスタン，キルギス，グルジア，タジキスタン，トルクメニスタン，ベラルーシ，モルドバ．

資料：外務省 HP 他．

## 世界 196 ヵ国の独立年

| 年 | 国数 |
|---|---|
| 1942 年以前 | 67 |
| 1943–49 | 14 |
| 1950–59 | 8 |
| 1960–69 | 43 |
| 1970–79 | 25 |
| 1980–89 | 8 |
| 1990–99 | 25 |
| 2000–09 | 3 |
| 2010–19 | 3 |
| 合計 | 196 |

注：日本が承認している国 195 ヵ国と日本．国連加盟国は 193 ヵ国で北朝鮮が含まれる．一方，日本が承認している 3 つの国が国連に加盟していない．

②人口・民族　世界の人口は、二〇一七年には七四億人近くに達したとされる。大雑把に言えば、そのうち約六割はアジアに生き、また、アフリカ、ヨーロッパ、南北アメリカにそれぞれ一割強が暮らしている。

国別にみると、一億人以上の人口を持った国は一一ヵ国で、多い順にみると、中国、インド、アメリカ、インドネシア、ブラジル、パキスタン、バングラデシュ、ナイジェリア、ロシア、日本、メキシコである。しかし、これらの国の中でも人口動態があり、順位は中・長期的には変動がある。先進国を中心としたOECD加盟三六ヵ国は世界人口の約二〇%を占めるが、日本を典型として、増加率は低下傾向にある。OECD加盟国ではないが、中国でも人口抑制が効いている。

この世界人口は、七〇〇〇～八〇〇〇の民族から成り立っているといわれる。いわゆる国家が一九六、行政組織としての地域が四〇ほどあるわけだから、ほとんどの国家・地域が多かれ少なかれ複数民族で構成され、そして少数民族を含んでいる場合が多い。もっとも細分化された地域の一つであるヨーロッパですら、多くの国が少数民族問題を抱え、ときに自治権拡大を求め、分離・独立を求める動きがみられる。イギリスにおける北アイルランドやスコットランドに限らず、フランス、スペインにも同様な動きがある。旧ソ連・東欧内の民族が相争い、旧ユーゴスラビアでは武力抗争を引き起こした。イスラエルとアラブ諸国との抗争も、東ティモールのインドネシアからの独立も複雑な民族対立である。民族は人種、言語、風俗だけでなく、宗教、価値観、帰属意識を共有し、それだけに異民族の共存の問題は重要である。

## 世界の人口分布

| 地域・主要国・グループ | 100万人 | % |
|---|---|---|
| アジア | 4,335 | 58.7 |
| 日本 | 128 | 1.7 |
| 中国 | 1,397 | 18.9 |
| 韓国 | 51 | 0.7 |
| インド | 1,309 | 17.7 |
| ASEAN 5* | 553 | 7.5 |
| 中東 | 258 | 3.5 |
| サウジアラビア | 32 | 0.4 |
| 大洋州 | 40 | 0.5 |
| オーストラリア | 24 | 0.3 |
| アフリカ | 1,194 | 16.2 |
| ナイジェリア | 181 | 2.5 |
| 南アフリカ | 55 | 0.7 |
| ヨーロッパ | 826 | 11.2 |
| EU 諸国 | 442 | 6.0 |
| ユーロ諸国 | 337 | 4.6 |
| ドイツ | 82 | 1.1 |
| フランス | 64 | 0.9 |
| イタリア | 60 | 0.8 |
| イギリス | 65 | 0.9 |
| CIS 諸国 | 346 | 4.7 |
| ロシア | 144 | 2.0 |
| 南北アメリカ | 988 | 13.4 |
| アメリカ | 320 | 4.3 |
| カナダ | 36 | 0.5 |
| メキシコ | 126 | 1.7 |
| ブラジル | 206 | 2.8 |
| 計 | 7,383 | 100.0 |

＊：次項参照.
資料：United Nations Population Division Department of Economic and Social Affairs World Population Prospects: The 2017 Rev.

## 主な母国語人口

（100万人）

| | 100万人 |
|---|---|
| 中国語 | 1,311 |
| スペイン語 | 460 |
| 英語 | 379 |
| (インド)ヒンズー語 | 341 |
| アラビア語 | 319 |
| (バングラデシュ)ベンガル語 | 228 |
| ポルトガル語 | 221 |
| ロシア語 | 154 |
| 日本語 | 128 |
| (パキスタン)ラフンダー語 | 119 |
| (インド)マラティー語 | 83.1 |
| (インド)テルグ語 | 82.0 |
| マレー語 | 80.3 |
| トルコ語 | 79.4 |
| 韓国語 | 77.3 |
| フランス語 | 77.2 |
| ドイツ語 | 76.1 |
| ベトナム語 | 76.0 |
| (インド)タミール語 | 75.0 |
| (パキスタン)ウルドゥー語 | 68.6 |

出所：https://www.ethnologue.com,2019

## 主な宗教人口(2016年度)

（100万人）

| | 100万人 |
|---|---|
| キリスト教 | 2,448 |
| カトリック | 1,242 |
| プロテスタント | 553 |
| 東方正教会 | 284 |
| イスラム教 | 1,752 |
| ヒンズー教 | 1,019 |
| 仏教 | 521 |
| 中国民間宗教 | 441 |
| 民族宗教 | 267 |
| 新宗教 | 66 |
| シク教 | 26 |
| スピリティズム | 15 |
| ユダヤ教 | 15 |
| その他宗教，無宗教，無神論 | 863 |
| キリスト教人口の伸び率，%(1995-2016) | 27.0 |
| イスラム教人口の伸び率，%(1995-2016) | 59.3 |

注：イスラム教はスンニ派とシーア派に分かれるが，前者が8割から9割弱を占める．スピリティズムは，心霊主義，心霊術，交霊術などと訳され，信者自身はキリスト教の一派と考えている．
出所：「JMR 調査レポート(2017年度)」2018年4月.

③国内総生産　国の経済力を表す指標には、所得（フロー）と富（ストック）のほか労働力、資本力、技術力、情報力などさまざまなものがあるが、一般的にGNP（国民総生産＝一年間に生産した財・サービスの合計）、あるいは、GDP（国内総生産＝国内生産にかかわるもののみの合計）がよく使われる。為替換算の問題があるが、二〇一九年の世界のGDP総額は約八七兆ドルに達したと推計される。

一九八〇年以降、国別にも地域別にも、世界の中に占めるシェアが大きく変動してきている。別の言葉で言えば、この間の成長率に差があったということである。この間、シェアが上昇したのは新興・開発途上国、特にアジア諸国であった。中国のシェアは三％弱から一六％を上回るまでに急増した。アジア以外の新興・開発途上国のシェアは低下気味だった。その中で、旧ソ連、東欧は、ソ連崩壊後、経済の混乱もあってシェアを一時大きく低下させたが、その後は回復・上昇してきている。一方、低下したのは先進諸国であり、シェアが七五％から六〇％を下回るまでになった。その中でも、日本および欧州諸国の低下が目立った。アメリカのシェアも低下したが、比較的限定的だった。

世界の人口分布はGDPのそれと異なっているから、当然、一人当たりのGDPの順位なども変わってくる。為替市場におけるレートで換算すると日本は四万ドルを少し超える程度となっている。一九九〇年代には一時アメリカを抜いたこともあったが、その後日本の成長率低迷で再び逆転し、アメリカのほぼ三分の二までになってしまった。

## 世界主要地域の GDP シェアの推移

| 地域 | GDP 世界に占める割合(%) | | | | |
|---|---|---|---|---|---|
| | 1980 | 1990 | 2000 | 2010 | 2019 |
| 先進経済 | 75.8 | 78.2 | 79.1 | 65.5 | 59.8 |
| 　ユーロ圏 | | 26.0 | 19.2 | 19.2 | 15.6 |
| 　G 7 | 61.7 | 63.6 | 65.0 | 49.9 | 45.7 |
| 　その他先進経済 | 6.9 | 7.7 | 8.1 | 8.8 | 8.6 |
| (欧州連合) | 28.7 | 26.4 | 21.5 | 22.1 | 18.2 |
| 新興・開発途上経済 | 24.2 | 21.8 | 20.9 | 34.5 | 40.2 |
| 　CIS 諸国 | | 0.6 | 1.1 | 3.2 | 2.5 |
| 　新興・開発途上アジア | 6.8 | 4.8 | 6.9 | 14.8 | 23.4 |
| 　(ASEAN 5) | 2.0 | 1.4 | 1.5 | 2.5 | 3.0 |
| 　新興・開発途上欧州 | 2.2 | 1.6 | 1.7 | 2.6 | 2.2 |
| 　中南米・カリブ海諸国 | 7.6 | 4.9 | 6.5 | 7.7 | 6.1 |
| 　中東・北アフリカ | 4.6 | 4.5 | 3.2 | 3.9 | 3.7 |
| 　サハラ以南アフリカ | 2.6 | 1.6 | 1.2 | 2.0 | 2.0 |
| 合計 | 100.0 | 100.0 | 100.0 | 100.0 | 100.0 |

注：ASEAN 5 は，インドネシア，フィリピン，マレーシア，タイ，ベトナム．

欧州連合(EU)は，ベルギー，ブルガリア，チェコ，デンマーク，ドイツ，エストニア，アイルランド，ギリシャ，スペイン，フランス，クロアチア，イタリア，キプロス，ラトビア，リトアニア，ルクセンブルク，ハンガリー，マルタ，オランダ，オーストリア，ポーランド，ポルトガル，ルーマニア，スロベニア，スロバキア，フィンランド，スウェーデン，以上 27 ヵ国．

ユーロ圏は，欧州連合から以下 8 ヵ国を除いた 19 ヵ国，デンマーク，スウェーデン，ブルガリア，チェコ，ハンガリー，ポーランド，ルーマニア，クロアチア．

中東は，アフガニスタン，パキスタンを含む．

CIS 諸国は，アルメニア，アゼルバイジャン，ベラルーシ，グルジア，カザフスタン，キルギス，モルドバ，ロシア，タジキスタン，トルクメニスタン，ウクライナ，ウズベキスタン．

## 世界主要国の GDP とその推移

| | 各国 GDP のシェア(%) | | | | | 変化幅(%) | GDP 10億ドル | 1人当たり GDP, ドル |
|---|---|---|---|---|---|---|---|---|
| | 1980 | 1990 | 2000 | 2010 | 2019 | 1980→2019 | 2019 | 2019 |
| オーストラリア | 1.46 | 1.38 | 1.18 | 1.90 | 1.62 | 0.16 | 1,417 | 55,421 |
| ブラジル | 1.31 | 1.94 | 1.94 | 3.34 | 2.25 | 0.94 | 1,960 | 9,344 |
| カナダ | 2.48 | 2.54 | 2.20 | 2.45 | 1.99 | −0.49 | 1,739 | 46,419 |
| 中国 | 2.74 | 1.70 | 3.59 | 9.19 | 16.29 | 13.55 | 14,217 | 10,153 |
| フランス | 6.30 | 5.43 | 4.04 | 4.01 | 3.16 | −3.14 | 2,762 | 42,473 |
| ドイツ | 7.63 | 6.79 | 5.78 | 5.19 | 4.54 | −3.09 | 3,964 | 47,786 |
| インド | 1.70 | 1.39 | 1.41 | 2.59 | 3.41 | 1.71 | 2,972 | 2,199 |
| イタリア | 4.33 | 4.99 | 3.38 | 3.22 | 2.32 | −2.01 | 2,026 | 33,353 |
| 日本 | 9.92 | 13.36 | 14.44 | 8.63 | 5.93 | −3.99 | 5,176 | 41,021 |
| 韓国 | 0.58 | 1.19 | 1.66 | 1.66 | 1.90 | 1.32 | 1,657 | 31,937 |
| メキシコ | 2.05 | 1.24 | 2.09 | 1.60 | 1.42 | −0.63 | 1,241 | 9,858 |
| ナイジェリア | | 0.27 | 0.20 | 0.56 | 0.51 | 0.24 | 445 | 2,233 |
| ロシア | | | 0.82 | 2.47 | 1.85 | 1.03 | 1,610 | 11,191 |
| サウジアラビア | 1.48 | 0.50 | 0.56 | 0.80 | 0.87 | −0.61 | 762 | 22,507 |
| 南アフリカ | 0.74 | 0.49 | 0.40 | 0.57 | 0.43 | −0.31 | 371 | 6,331 |
| イギリス | 5.42 | 5.08 | 4.88 | 3.72 | 3.24 | −2.18 | 2,829 | 42,310 |
| アメリカ | 25.63 | 25.43 | 30.29 | 22.71 | 24.46 | −1.17 | 21,345 | 64,767 |
| 世界計，兆ドル | 11.1 | 23.4 | 33.8 | 66.0 | 87.3 | — | 87,265 | 11,820* |

＊：世界人口は 2017 年の推計値 73 億 8300 万人を使用．
資料：IMF World Economic Outlook, April 2019.

④産業構造　一般的に、開発途上国は農業・林業といった第一次産業のウエイトが高く、経済発展をするにつれて製造業を中心にした第二次産業のウエイトが高まり、さらに商業・運輸・通信・情報などの第三次産業が伸びてくる(ウイリアム・ペティーの法則、コーリン・クラークの法則)。もっともアメリカのように第二次、第三次産業のウエイトが高くなっても、世界で最も生産性が高く、生産量も大きい農業を持っている国もある。それぞれの国の自然条件、資源条件によって産業構造には特有のものがある。

産業構造は所得(付加価値)の分布、就業者の配分などからみることができるが、先進国の中でも、ドイツ、スイス、日本、韓国などは製造業の比重が高い。他方、アメリカ、イギリス、オーストラリアなどでは製造業のウエイトは低く、サービス業、特に近年は情報・通信産業のウエイトが高い。香港、シンガポールなどは第一次産業がほとんどなく、金融・商業などのウエイトが高い。中国では急速な産業の高度化(農→工→サービス)が進んでいる。

それぞれの国の特性があるから、同じような形で高度化が進むわけではない。現実には国によって産業・貿易政策が異なり、また時には、〝弱肉強食〟の法則が働いて、すっきりした分業体制ができているわけではない。

さらに、第六章で触れるが、近年の情報通信革命の進展によって、各産業とも情報化してきているし、情報通信産業そのものが他の産業分野に進出してきている。これまでの第一次—第三次の分類がかつてほどには、すっきりしなくなってきている。

## 先進国の就業構造の変化（16ヵ国平均）

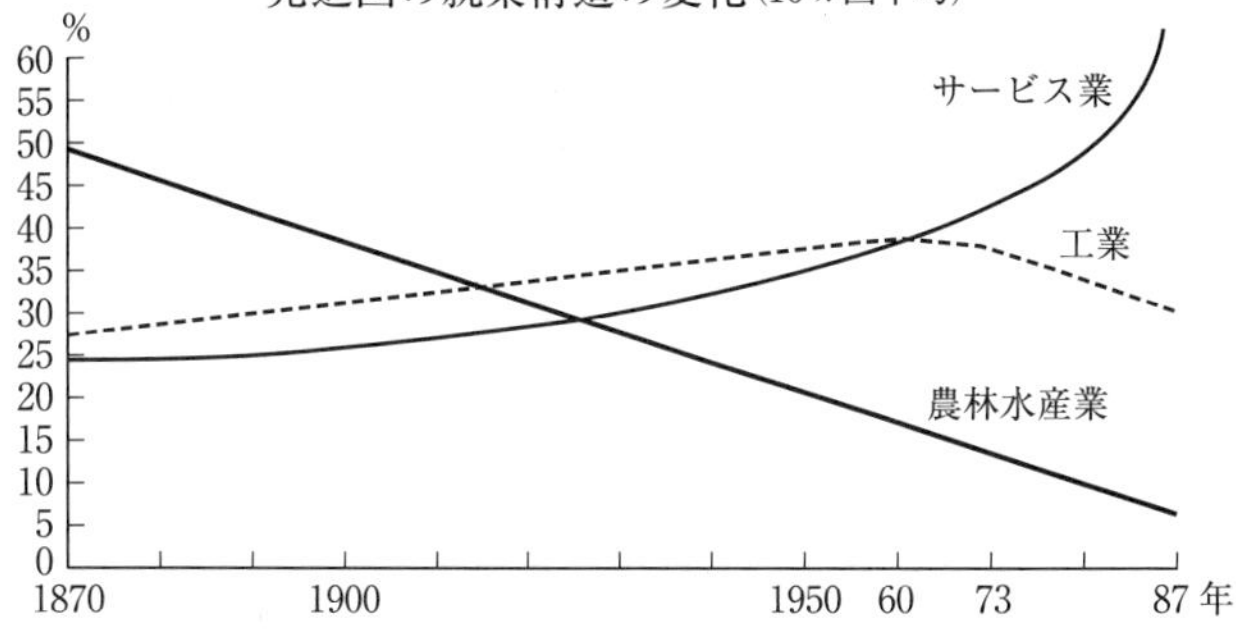


注：16ヵ国は日本，アメリカ，カナダ，オーストラリア，および欧州の主要12ヵ国，工業には電気，ガス，水道を含む．
資料：Maddison, A.「Dynamic Forces in Capitalist Development: Long-run Comparative View」Oxford University Press, 1991.

## 主要国の産業構造

付加価値ベース(1)

（%）

| | 日本 | アメリカ | ドイツ | 韓国 |
|---|---|---|---|---|
| | 2017年 | 2017年 | 2018年 | 2017年 |
| 第一次産業 | 1.2 | 0.9 | 0.8 | 2.2 |
| 第二次産業 | 23.5 | 14.7 | 25.8 | 33.6 |
| 製造業 | 20.8 | 11.6 | 23.1 | 30.4 |
| 第三次産業 | 75.3 | 84.3 | 73.5 | 64.2 |
| 情報通信 | 4.9 | 7.1 | 4.7 | 3.7 |

注：第一次産業は農林水産業，第二次産業は鉱業，製造業，エネルギーを含み，第三次産業はその他サービス業．

付加価値ベース(2)

（%）

| | ブラジル | 中国 | インド | ロシア |
|---|---|---|---|---|
| | 2016年 | 2018年 | 2017年 | 2016年 |
| 第一次産業 | 5.7 | 7.5 | 17.1 | 4.7 |
| 第二次産業 | 16.2 | 33.9 | 21.7 | 26.3 |
| 製造業 | 12.5 | 29.0 | 16.7 | 13.7 |
| 第三次産業 | 78.1 | 58.6 | 61.2 | 69.0 |

注：第一次産業は農林水産業，第二次産業はエネルギーを含む鉱工業，第三次産業はその他サービス業．

就業者ベース

（%）

| | 日本 | ドイツ | 韓国 | ブラジル | ロシア |
|---|---|---|---|---|---|
| | 2017年 | 2017年 | 2017年 | 2017年 | 2016年 |
| 農林水産業 | 3.4 | 1.3 | 4.8 | 9.5 | 6.7 |
| 工業 | 25.1 | 27.4 | 25.1 | 20.7 | 26.9 |
| 製造業 | 18.5 | 19.0 | 16.9 | | 14.4 |
| サービス業 | 71.5 | 71.3 | 70.1 | 69.8 | 66.3 |
| 情報・通信 | 3.3 | 3.0 | 2.9 | | |

注：工業は建設業を含む．
資料：OECD Stat.

**⑤天然資源・エネルギー分布**　人間は、さまざまな資源を直接または加工して使い、経済活動を営んでいる。広い意味では「人的資源」としての労働力や、最近では「環境資源」も含まれるようになった。「観光資源」といった言葉も使われている。

このうち有形的な天然資源の中には、再生可能な資源と、反復ないし有効利用はできるが究極的には元に戻らず枯渇してしまうものがある。農林・水産資源はどちらかといえば前者であり、石油や鉱物資源は後者で、そこから〝資源有限〟ということがいわれている。

主要エネルギー資源である石油、天然ガス、石炭の埋蔵量分布をみると、石油については中東が五割近く、天然ガスは中東とロシアで六割に近い。近年、カナダ、ベネズエラのオイル・サンドからの石油生産が急増してきたことや、アメリカにおけるシェール・ガスとオイルの生産が拡大してきたことなどが新しい動きである。石炭の埋蔵については、欧州やアジアを含め世界的に分散している。

金属資源の分布も、一部の国、地域に偏在している。金、銀、銅、鉄鉱石、ボーキサイト、錫、ニッケルなどについては、上位三～六ヵ国で全体の五～七割を占めている。さまざまな先端製品の生産に必要なレアアース(希土類)なども一部の国に偏在している。

しかし、経済の発展度合い、当該資源の品質などから、埋蔵分布と生産分布は必ずしも一致しない。以前は「持てる国」と「持たざる国」の間で経済利害が異なることから、しばしば政争、国際紛争の原因となった。今日でも、資源は一つの大きな国際的問題である。

## 石油確認埋蔵量
(2018 年末, %)

| | |
|---|---|
| 北アメリカ | 13.7 |
| カナダ* | 9.7 |
| アメリカ | 3.5 |
| 中南米 | 18.8 |
| ベネズエラ* | 17.5 |
| 欧州 | 0.8 |
| CIS | 8.4 |
| カザフスタン | 1.7 |
| ロシア | 6.1 |
| 中東 | 48.3 |
| イラン | 9.0 |
| イラク | 8.5 |
| クウェート | 5.9 |
| サウジアラビア | 17.2 |
| アラブ首長国連邦 | 5.7 |
| アフリカ | 7.2 |
| リビア | 2.8 |
| ナイジェリア | 2.2 |
| アジア・太平洋 | 2.8 |
| 世界計 | 100.0 |
| 内 OPEC | 71.8 |

## 天然ガス確認埋蔵量
(2018 年末, %)

| | |
|---|---|
| 北アメリカ | 7.1 |
| アメリカ | 6.0 |
| 中南米 | 4.2 |
| ベネズエラ | 3.2 |
| 欧州 | 2.0 |
| CIS | 31.9 |
| ロシア | 19.8 |
| トルクメニスタン | 9.9 |
| 中東 | 38.4 |
| イラン | 16.2 |
| イラク | 1.8 |
| カタール | 12.5 |
| サウジアラビア | 3.0 |
| アラブ首長国連邦 | 3.0 |
| アフリカ | 7.3 |
| アルジェリア | 2.2 |
| ナイジェリア | 2.7 |
| アジア・太平洋 | 9.2 |
| 中国 | 3.1 |
| 世界計 | 100.0 |

＊：カナダ，ベネズエラのオイル・サンドからの生産が可能になり，埋蔵量も増えた.

資料：BP Statistical Review of World Energy, 2019 68th edition.

## 世界の一次エネルギー消費
(2018 年, %)

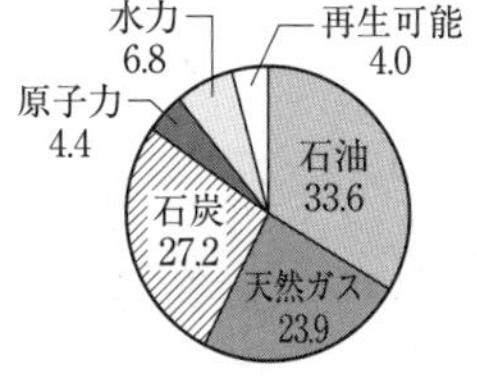


## 鉱物の主要埋蔵国 (2018 年, %)

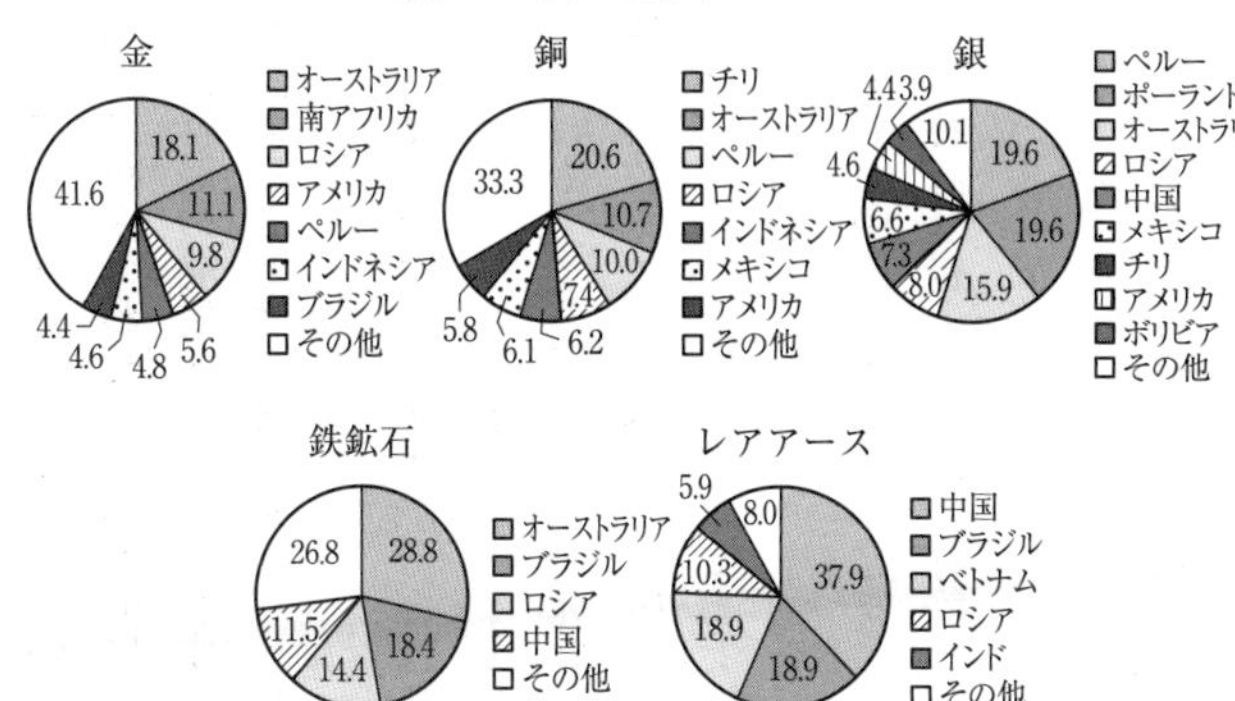


資料：USGS Mineral Commodity Summaries 2019, US Dept. of Interior.

⑥技術　財やサービスの生産は、原材料、労働力、資本が揃って行われるものであるが、その効率を決めるものは技術である。つまり、技術は生産要素をいかに巧みに組み合わせて、効率的に品質のいいものを作るかという手法・技法である。したがって、技術は経済の発展・成長を左右するものである。しかし、技術の水準や進歩のスピードを経済学的に計測することは困難であり、したがって国際比較を厳密に行うこともむずかしい。

技術の向上とは研究・開発・応用の各段階によって可能となる。主要国の中で研究費が、ＧＤＰ比で三％を超えたり、それに近い水準を保っているのは、日本、韓国、アメリカ、ドイツ、イギリスなどである。これらの国は例外なく研究が民間企業中心に行われている。一方、中国の研究費は急増し続けており、技術進歩が著しい。主要国の論文数シェアと被引用数シェアをみると、中国人による両シェアの増加が著しく、なんとアメリカ人によるそれらにほぼキャッチアップするまでになってきている。この面での圧倒的なアメリカの存在がおびやかされている。

研究や開発努力の一つの成果として、特許の登録がある。この面でも、中国の躍進は目覚ましいものがあり、すでに日本、アメリカを上回るまでになってきている。特許登録の前段階の特許出願件数にいたっては、二〇一二年から両国を大幅に上回るまでになってきている。

技術は本質的に普遍的なものであり、発展の成果は万人を潤すべきものである。しかし、現実にはそれが国際競争力を左右するものであるから、近代国家では、軍事機密と並んで民間技術の保護に意を用いている。知的所有権の問題が、その意味で注目されている。

## 主要国における研究活動とその成果

| | 研究費(2016 年度)(兆円) | 研究費(2016 年度)(対 GDP 比, %) | 特許登録件数(2016 年, 万件) | ノーベル賞受賞者数(人) |
|---|---|---|---|---|
| 日本 | 18.4 | 3.42 | 28.9 | 22 |
| アメリカ | 55.6 | 2.74 | 27.7 | 243 |
| ドイツ | 11.1 | 2.93 | 10.0 | 33 |
| フランス | 6.0 | 2.25 | 4.8 | 17 |
| イギリス | 4.9 | 2.74 | 2.4 | 53 |
| ロシア | 1.5 | 1.1 | — | 12 |
| 中国 | 25.7 | 2.11 | 32.2 | 0 |
| 韓国 | 6.5 | 4.23 | 12.0 | 0 |

注：研究費には各国とも人文・社会科学が含まれている．特許登録件数は，出願人の国籍別に，自国及び他国において登録された件数と PCT 国際出願に基づく登録件数を合計したもの．ノーベル賞は，自然科学分野で 1946-2017 年に限定．

## 主要国等の論文数シェアと被引用数シェアの推移(単年)

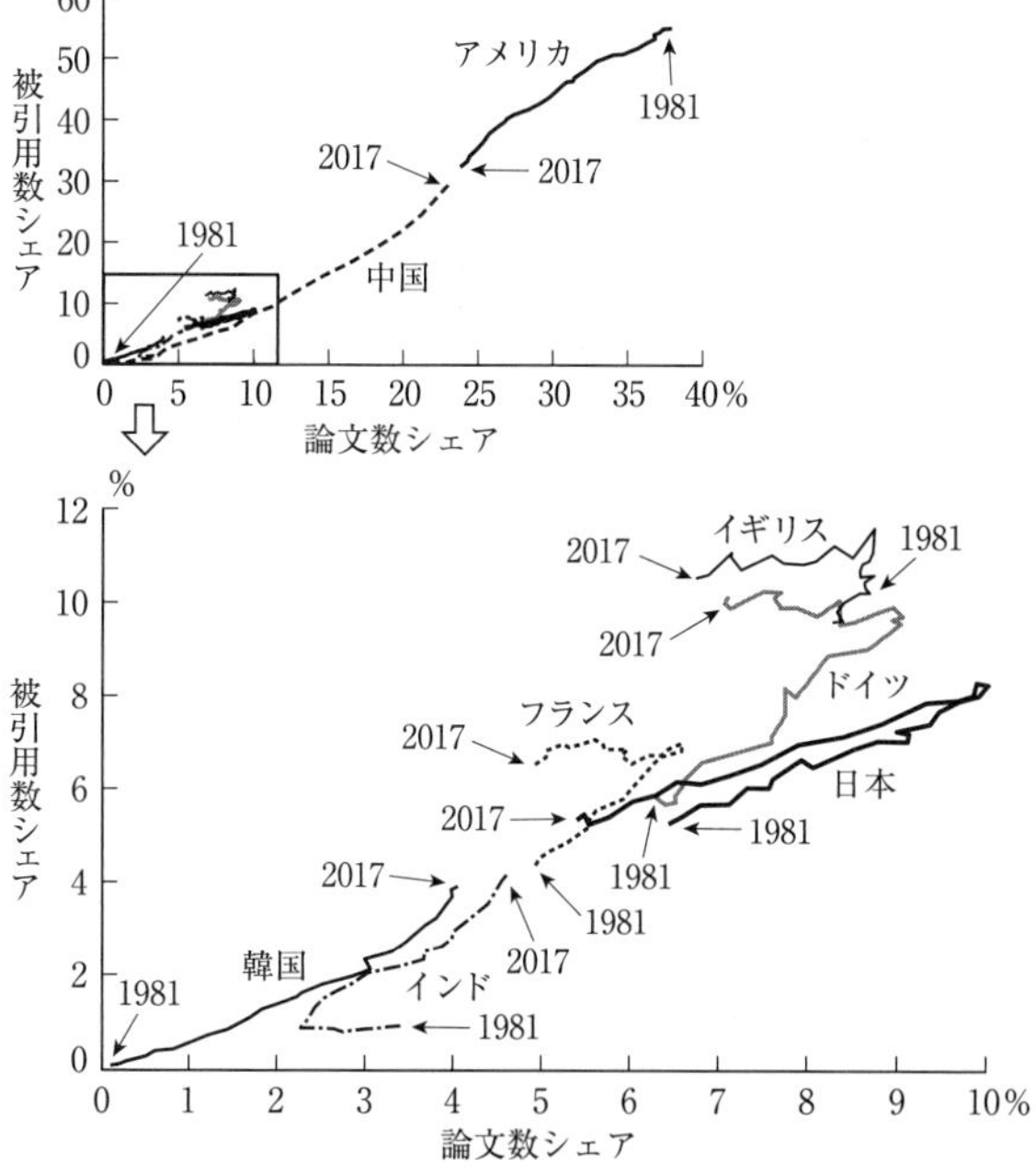


注：1) 各国の論文数シェア(論文数が世界全体の論文数に占める割合)を横軸に，各国の被引用数シェア(各国の被引用回数が世界全体の被引用回数に占める割合)を縦軸にとっている．
2) 被引用回数は 1981 年から 2017 年までを対象．
3) 人文・社会科学分野を除く．
4) 複数の国の間の共著論文は，それぞれの国に重複計上されている．

資料：文部科学省「平成 30 年版 科学技術要覧」．

ている。

⑦交通・情報通信　世界経済は情報通信の発達を通じて情報化され、市場経済の一体化を加速している。

人とモノの移動については産業革命以来、陸上、海上それに航空などの手段が果たしてきた役割は大きかった。これらの交通手段は国際的に広がり、大量輸送化とスピードアップが図られ、今でも役割が大きい。輸送機関別ではそれまでの航空機による輸送の伸びに加え、九〇年代以降、車、船舶による輸送の伸びも高まってきた。地域別ではアジア・太平洋地域における伸びが高い。

しかし近年、交通より大量かつ高速で移動・伝達されるようになって、経済的・社会的に大きなインパクトを与えてきているのが、通信による情報伝達である。そのうちでも、非電気系の郵便、新聞、雑誌などの伸びが低いのに比べて、電気通信系の電話、放送、インターネットの伸びが高い。電気通信網のデジタル化、通信衛星や光ケーブルなどによる基幹通信網の整備、規制緩和などに伴う情報伝達手段の伸びが目立つ。なかでも、九〇年代末あたりからの情報通信革命によって情報伝達が飛躍的に速くなり、その後も、伝達される情報そのものの大容量化が進んできている。あらゆる現象がデジタル化され、それが瞬時に分析、伝達される時代になってきている。

インターネットを通じて世界は強く結びつき、世界経済の一体化がさらに進んできたが、近年ではそれが中国などを中心とした新興国も含み、この点では世界は著しく狭くなった。

他方、あらゆるものの移動が高速・大容量になることはマイナス影響の伝播もより速く大きくなる。二〇二〇年に起こった新型コロナウイルス禍はそのことを如実に物語る例となった。

世界の航空旅客輸送の推移（有償旅客キロ）

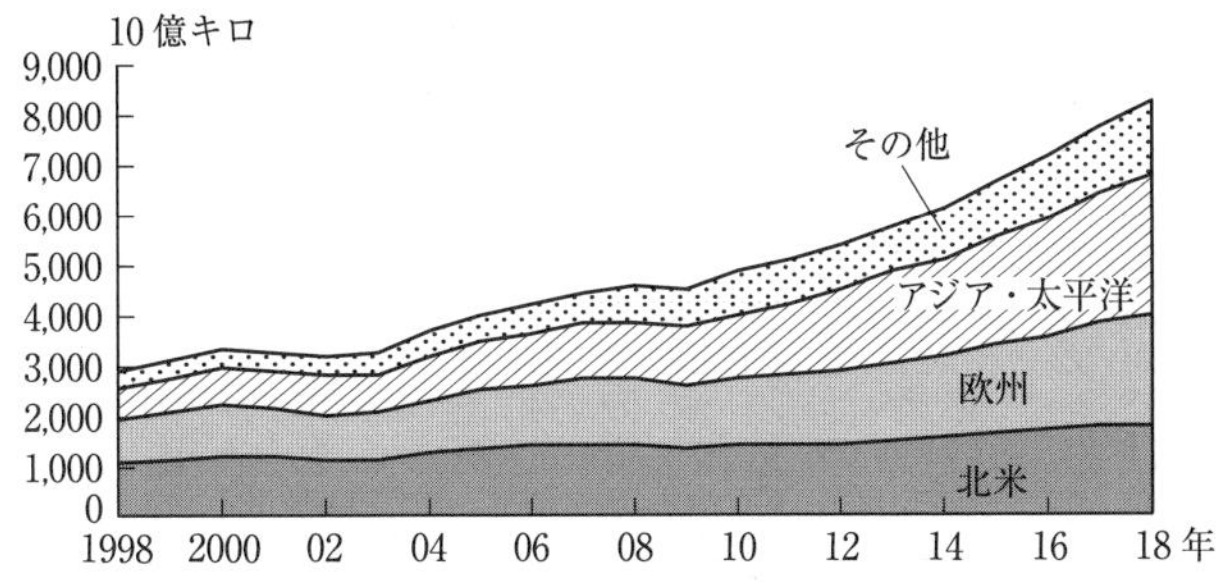


注：有償旅客キロは客数×輸送距離.
資料：日本航空機開発協会「平成30年度版 民間航空機関連データ集」.

世界の商船船腹量の推移

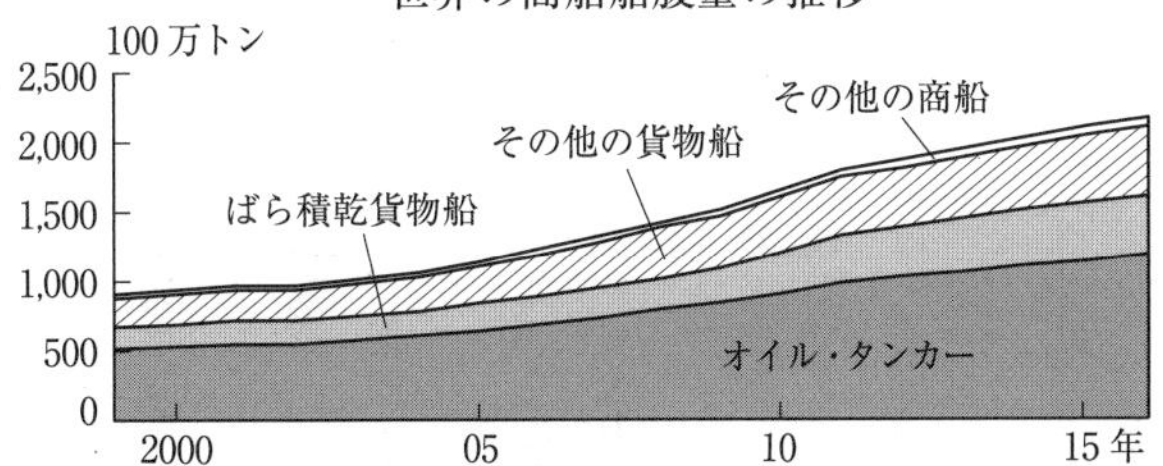


注：その他の商船とは，貨物の輸送を目的としない商船で，漁船，調査船，作業船など.
資料：日本船主協会「海運統計要覧2018」.

世界のデータ・トラフィックの推移

（トラフィック種類別）

エクサバイト／月間

250
200
150
100
50
0

□その他
■固定インターネット

2014 15 16 17 18 19 20年

（セグメント別）

エクサバイト／月間

250
200
150
100
50
0

□ビジネス
■コンシューマー

2014 15 16 17 18 19 20年

注：1ビット＝0か1，1バイト＝8ビット，1エクサバイト＝10の18乗バイト.
資料：「平成30年版 情報通信白書」.

**⑧社会資本・国民生活**　社会資本は社会的インフラ（下支え構造）とも呼ばれ、生活および産業の物的基礎をなす公共的固定資本である。上・下水道、都市公園、道路、鉄道、港湾、空港、電話などとなっているが、国際的には、とくに途上国では発電設備なども含まれ、また、最近では各国とも情報関連施設、教育・保育関連施設、医療施設も入れることが多い。

いずれも巨額の資本を必要とし、資本の懐妊期間も長い。したがって、公的資金が投入されることが多い。日本は、戦前からの立ち遅れもあったし、他の先進国に比べて第二次大戦後しばらくは多額の社会資本投資を行い、その伸び率も高かった。

社会資本投資は長期的展望の下で計画的に整備していくことが望ましい。欧州諸国などは中期財政展望の下でプログラムを持ち、日本でも中期計画の中で社会資本の充実が図られ、関係各省がそれぞれ個別の長期計画の実施にあたっている。とはいえ、市場経済では景気変動が避け難いので、過熱気味のときは抑制策の、低迷のときは刺激策の主役をつとめることが多い。

社会保障、国民生活の面で日本は欧米諸国の水準に近づいたが、休暇取得がまだ少ないなど豊かさを十分享受するに至っていない。これも一部には生活関連社会資本の不足を反映しているのかもしれない。

社会資本に関するいくつかの指標をみると、国土が広く人口も大きい新興国や途上国の数値が大きいが、国民生活面では先進諸国とは差がある。しかし、そうした差も、指標によっては急速に縮小してきている。

## 主要国における社会資本，社会保障，国民生活の比較

| | 日本 | アメリカ | ドイツ | フランス | 中国 | インド | ブラジル | ロシア |
|---|---|---|---|---|---|---|---|---|
| 社会資本 | | | | | | | | |
| 鉄道営業キロ(1,000km, 2017年) | 27.9 | 151.0 | 33.5 | 29.2 | 67.3 | 67.4 | 29.8 | 85.5 |
| 道路舗装率(%, 2015年) | 100.0 | 66.3 | 100.0 | 100.0 | 72.1 | 61.1 | 13.5 | 70.6 |
| 発電量(10億 kWh, 2015年) | 1,041 | 4,317 | 647 | 568 | 5,815 | 1,354 | 581 | 1,068 |
| 病床数(1,000人当たり, 2014年) | 12.3 | 2.8 | 6.0 | 6.3 | 2.8 | 0.7 | 2.2 | 8.9 |
| 医師数(1,000人当たり, 2015年) | 2.4 | 2.6 | 4.2 | 3.2 | 3.6 | 0.8 | 1.9 | 4.0 |
| 移動電話契約台数(100人当たり, 2017年) | 133.6 | 120.7 | 133.6 | 106.2 | 104.3 | 87.3 | 113.0 | 157.9 |
| インターネット利用者割合(%, 2017年) | 90.9 | 75.2 | 84.4 | 80.5 | 54.3 | 34.5 | 67.5 | 76.0 |
| 社会保障 | | | | | | | | |
| 社会支出(対GDP比, %, 2018年)* | 21.9 | 18.7 | 25.1 | 31.2 | – | – | – | – |
| 医療費支出(対GDP比,%, 2015年) | 10.9 | 16.8 | 11.2 | 11.1 | 5.3 | 3.9 | 8.9 | 5.6 |
| 国民生活 | | | | | | | | |
| 平均寿命(男女平均, 2016年) | 84 | 79 | 81 | 83 | 76 | 69 | 75 | 72 |
| 出生率(1,000人当たり, 2010-15年の年平均) | 8.4 | 12.5 | 8.5 | 12.1 | 12.6 | 20.0 | 15.0 | 13.0 |
| 人口密度(平方キロ当たり人口, 2017年) | 340 | – | 231 | 118 | 144 | 231 | 24 | – |
| 1日1人当たり熱量供給量(kcal, 2013年) | 2,726 | 3,682 | 3,499 | 3,482 | 3,108 | 2,459 | 3,263 | 3,361 |
| 自動車保有台数(100人当たり, 2017年) | 61.2 | 84.9 | 60.6 | 60.7 | 14.7 | 3.5 | 21.0 | 36.4 |

＊：政府または社会保障基金による社会保障支出.

資料：総務省統計局「世界の統計 2019」, World Development Indicators, The World Bank, July, 2019,「世界国勢図会 2019/20」.

⑨政治と経済　経済という言葉には、三つの意味がある。『広辞苑』によれば、「経済」は「①国を治め人民を救うこと。経国済民。政治。②人間の共同生活の基礎をなす財・サービスの生産・分配・消費の行為・過程、ならびにそれを通じて形成される人と人との社会関係の総体。転じて、金銭のやりくり。③費用・手間のかからないこと。倹約。」と定義されている。英語の辞書でも「ポリティカル・エコノミー」として①の意味と、「セイビング」としての③の意味がのべられている。②は、しばしばマルクス経済学でも使われる意味である。

もともと政治と経済は不可分で、政治的に不安定であれば経済の安定も成長もない。逆に、経済が混乱していれば、政治的安定はない。その例はあげるにいとまがないものがあるが、東西冷戦終結後、経済的混乱が続くなかで政治的にも混迷したのがロシアであり、経済的安定と成長にある程度成功したから政治的にも安定したのが中国であったといえるだろう。政治が先か経済が先かむずかしいところであるが、「恒産なき者は恒心なし」「衣食足りて礼節を知る」「貧すれば鈍する」ということからみれば、少なくとも最低限の経済的安定が先といえよう。

節約・倹約という言葉は、別の経済学的表現をすれば高貯蓄・高生産性ということである。できるだけ少ない労働・資本・資材の投入でできるだけ多くの生産をあげる、といってもよいし、与えられた生産要素で生産を極大化するといってもよい。近代経済学では、「経済」をこの狭義の意味で使うことが多い。それは一面で計量経済学の進歩を促したが、他面、経済問題から歴史性や倫理性を捨象してしまったとも批判されている。

## 主要国の経常収支の推移(対 GDP 比)

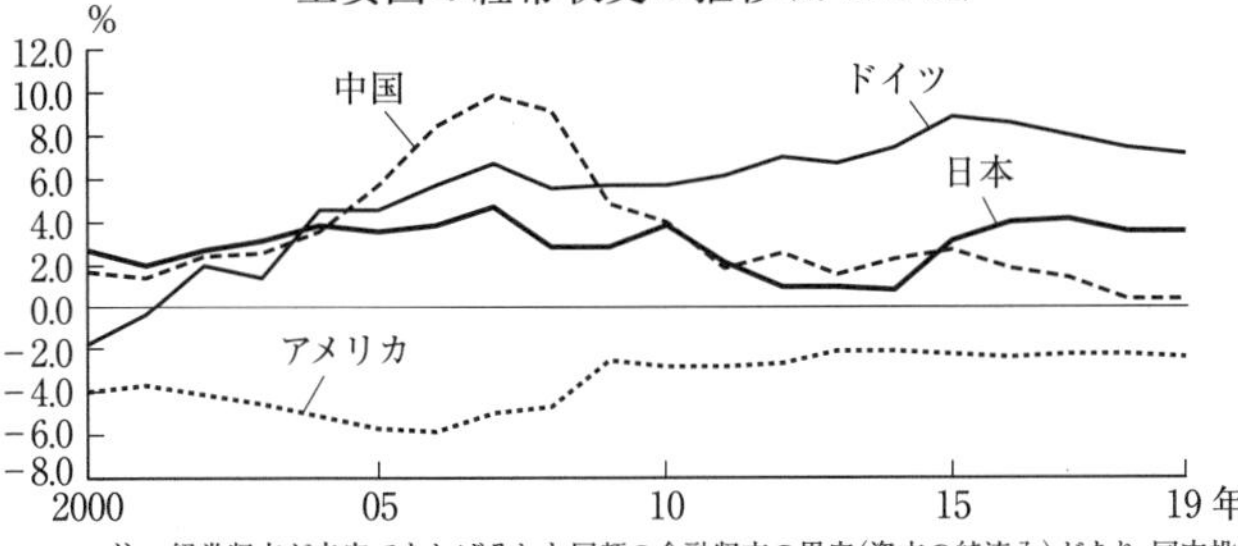


注：経常収支が赤字であればそれと同額の金融収支の黒字(資本の純流入)があり，国内投資を国内貯蓄で賄えなかったことを意味する．経常収支が黒字であればそれと同額の金融収支の赤字(資本の純流出)があり，国内貯蓄を国内投資で使い切れなかったことを意味する．どちらのケースも行き過ぎは問題であり，政策的な対応が求められる．

資料：IMF WEO, Apr., 2019.

## 主要国における労働生産性の年平均伸び率

(%)

| | 1970-79 | 1980-89 | 1990-99 | 2000-09 | 2010-18 |
|---|---|---|---|---|---|
| フランス | 4.0 | 2.9 | 1.9 | 1.0 | 0.9 |
| ドイツ | 3.8 | 2.4 | 1.9 | 1.1 | 1.0 |
| 日本 | 4.3 | 4.1 | 2.3 | 1.1 | 1.1 |
| 韓国 | | 7.4 | 6.0 | 4.6 | 2.7 |
| イギリス | 2.7 | 2.0 | 2.8 | 1.2 | 0.5 |
| アメリカ | 1.5 | 1.6 | 1.6 | 2.2 | 0.7 |

注：ここでの労働生産性伸び率は労働者 1 人当たり実質 GDP 伸び率.

資料：OECD Stat, July, 2019.

## 主要国の防衛費の対 GDP 比率の推移

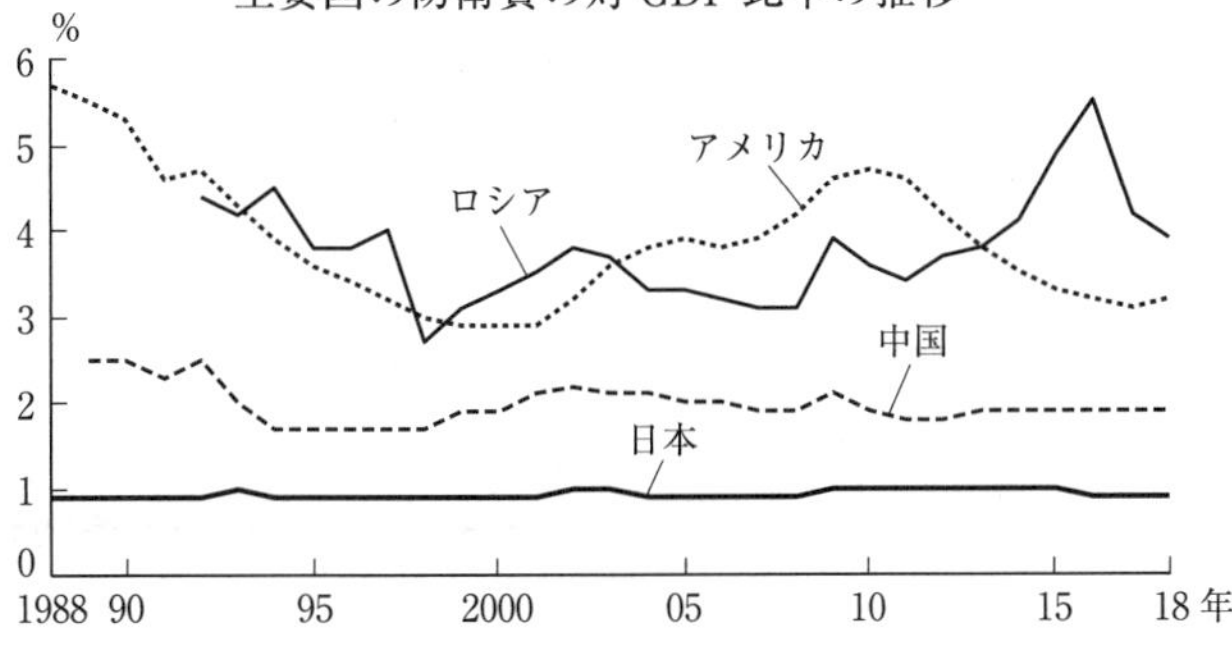


注：単位は 2017 年固定価格・為替レートによる億米ドル.

出所：http://www.sipri.org/databases/milex

⑩国際化の軋轢　冷戦が終わり、対立と相互不信の体制から「共生の時代」に入り、「全員参加型」の国際化が進展した。世界的に発展途上国は、一部の例外はあったが、改革開放を唱えて世界経済に本格的に参加するようになった。それまで共産党政権下で計画経済を標榜してきた国も含めてほとんどの国が市場経済になだれ込んできた。世界は、政治的な民主化とともに経済体制が自由市場経済になることで、「歴史の終わり」となったと唱えられた。

しかし「ジャパン・アズ・ナンバーワン」が実現しなかったと同じように、歴史は終わりにはならなかった。経済のグローバル化で経済力を大いに高めてきたのは中国だった。その中国は、「社会主義市場経済」を唱え、一党独裁指導体制の下で、誰も予想もしなかった経済的成功を収めてきた。米中間の軋轢が高まってきたが、それは経済、先端技術、安全保障を含めた軋轢で、日米経済摩擦に比べてより広範囲にわたる複雑なものである。冷戦時代のような世界経済の分断が再現しないかぎり、日米摩擦の経験からしても、双方が譲りあわない限り解決策はないだろう。たとえば、相手の経常収支の赤字を貯蓄不足と批判するのもいいが、自らの経常収支の黒字が投資不足によるものであることを何とかすることも必要だった。政治体制のいかんにかかわらず、今後とも全員参加型の国際取引が行われていくことになる。かつてのブロック経済、分断化された経済に戻ることはありえない。それほど世界経済は相互依存を強めてきている。

一方、政治的に国家の主権を強調するグループがどんな国でも発言力を高めてきている。「市場」と「国家権力」が衝突しがちになる。

# 二　国際貿易

「完全な自由貿易制度のもとでは、各国は自然にその資本と労働を自国にとって最も有利であるような用途に向ける。個別的利益のこの追求は、全体の普遍的利益と見事に結合される」

（D・リカードウ著／羽鳥卓也ほか訳『経済学および課税の原理』）

①一般貿易　一国の対外的接触は、貿易という形で始まる。交換を通じて国際分業の利益を得るためである。近年、多くの国が対外貿易を拡大することで成長・発展してきた。

商品貿易の規模は世界全体で、輸出、輸入がそれぞれ二〇兆ドル弱(二〇一八年)であった(両者間に若干差が出るのは主として輸送保険や運賃が輸入側に含まれるため)。一九八〇年から二〇一九年までの間、世界の平均経済成長率が三・五％であったのに対し、貿易(輸出量)の伸び率は五・四％であった。世界各国は貿易を通じて経済的結びつきを強めながら成長をしてきた。

一九八〇年から二〇一八年にかけて、世界の中での貿易の地域別・国別シェアは変化してきた。輸出のシェアが上昇してきたのはアジアで、中でも中国のシェアの急拡大が目立っている。逆にシェアが低下したのはヨーロッパ、南北アメリカ、アフリカ、国別では日本、イギリス、アメリカが目につく。輸入のシェアもだいたい同じであるが、違いはアメリカのシェアが高いことである。輸出では、EUが三割強、中東を除くアジアも三割強、USMCA諸国(米・メキシコ・加)が一割強、輸入はそれぞれ三割弱、三割強、二割弱と、これら合計で全体の八割ほどを占める。

国別に貿易額の大きい順から見ると、中国、アメリカ、ドイツ、日本、フランス、イギリス、韓国、イタリアである。近年の米中貿易摩擦は圧倒的に大きな二大貿易国によるものであり、その影響は広範囲に及び、特にグローバル・サプライ・チェーン(国際供給網)の大幅な再編をもたらしてきている。

## 輸出入の地域・国別ウエイトの推移

| 地域・国 | 輸出(%) | | | 輸入(%) | | |
|---|---|---|---|---|---|---|
| | 1980 | 2000 | 2018 | 1980 | 2000 | 2018 |
| アジア | 24.8 | 32.0 | 41.2 | 20.6 | 27.4 | 38.0 |
| 日本 | 6.3 | 7.4 | 3.8 | 6.7 | 5.7 | 3.8 |
| 中国 | 0.9 | 3.9 | 12.8 | 1.0 | 3.4 | 10.8 |
| 韓国 | 0.9 | 2.7 | 3.1 | 1.1 | 2.4 | 2.7 |
| インド | 0.4 | 0.7 | 1.7 | 0.7 | 0.8 | 2.6 |
| ASEAN 諸国 | 3.5 | 6.7 | 7.4 | 3.2 | 5.7 | 4.8 |
| 中東(西アジア) | 9.9 | 4.2 | 6.3 | 4.6 | 3.2 | 4.8 |
| 大洋州 | 1.5 | 1.3 | 1.6 | 1.5 | 1.4 | 1.5 |
| オーストラリア | 1.1 | 1.0 | 1.2 | 1.1 | 0.9 | 1.0 |
| アフリカ | 5.9 | 2.3 | 2.5 | 4.6 | 2.0 | 2.9 |
| ナイジェリア | | 1.6 | 2.3 | 0.8 | 0.1 | 0.2 |
| ヨーロッパ | 48.0 | 42.3 | 38.4 | 52.1 | 40.8 | 36.3 |
| EU(欧州連合) | 36.1 | 33.6 | 30.7 | 39.9 | 32.6 | 29.0 |
| ユーロ諸国 | 30.7 | 29.8 | 25.6 | 34.3 | 28.7 | 23.9 |
| フランス | 5.7 | 5.1 | 3.0 | 6.6 | 5.1 | 3.4 |
| ドイツ | | 8.5 | 8.0 | | 7.5 | 6.5 |
| イタリア | 3.8 | 3.7 | 2.8 | 4.8 | 3.6 | 2.5 |
| イギリス | 5.4 | 4.4 | 2.5 | 5.5 | 5.2 | 3.4 |
| CIS 諸国 | | 2.0 | 3.0 | | 1.0 | 1.9 |
| ロシア | | 1.6 | 2.3 | | 0.7 | 1.3 |
| 南北アメリカ | 19.8 | 22.1 | 16.5 | 21.2 | 28.5 | 21.3 |
| USMCA | 15.2 | 19.0 | 13.2 | 16.4 | 25.3 | 18.0 |
| アメリカ | 11.0 | 12.1 | 8.5 | 12.3 | 18.9 | 13.2 |
| カナダ | 3.3 | 4.3 | 2.3 | 3.0 | 3.7 | 2.4 |
| メキシコ | 0.9 | 2.6 | 2.3 | 1.1 | 2.7 | 2.4 |
| その他中南米・カリブ海諸国 | 4.6 | 3.1 | 3.3 | 4.8 | 3.1 | 3.3 |
| メルコスール | 2.4 | 1.8 | 1.8 | 2.4 | 1.6 | 1.5 |
| ブラジル | 1.0 | 0.9 | 1.2 | 1.2 | 0.9 | 1.0 |
| (参考)TPP 11 | 14.1 | 19.8 | 15.3 | 14.3 | 17.3 | 14.8 |
| 世界合計(10 億ドル) | 2,050.1 | 6,452.3 | 19,476.2 | 2,091.0 | 6,654.6 | 19,790.4 |

資料：UNCTAD Stat, 2019.

## 世界経済と世界貿易の伸び率

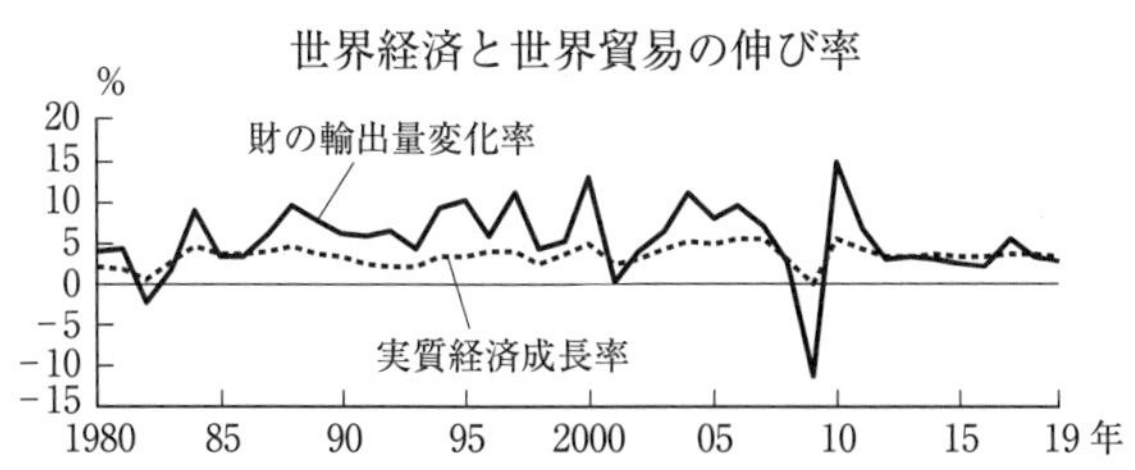


## 世界経済と世界貿易の年平均変化率

(%)

| | 1980-89 | 1990-99 | 2000-09 | 2010-19 | 1980-2019 |
|---|---|---|---|---|---|
| 実質経済成長率 | 3.2 | 3.1 | 3.9 | 3.8 | 3.5 |
| 財の輸出量変化率 | 4.7 | 6.9 | 5.1 | 4.7 | 5.4 |

資料：IMF WEO, Apr., 2019.

**②貿易収支と貿易構造**　一国の輸出と輸入がバランスすることはもとより、二国間で収支がバランスすることもほとんどない。したがって、収支も変化する。

貿易収支は一九七〇年代半ば以降八〇年代までは、先進国が赤字、発展途上国が黒字、という構図が定着していたが、九〇年代前半は日欧の黒字でこの関係が一時的に逆転した。しかし、九〇年代末以降は再び途上国の黒字と先進国の赤字が拡大した状態が続いてきている。八〇年代までの途上国の黒字は主として産油国によるものだった。しかし、二〇一〇年代に入って以降の途上国の黒字は主として中国の黒字であり、先進国の赤字はほとんどアメリカの赤字である。特にアメリカの赤字の額は圧倒的に大きく、二〇一〇年代に入って以降、中国とドイツの黒字額を合わせたものより大きい。一方、日本は二〇一〇年代に入って以降、貿易収支は赤字気味である。

輸出入量が年々変化するだけでなく、それぞれの品目構成も、競争力などの違いから変化している。貿易全般についていえば、工業品は農産物、原材料などに比べてシェアを伸ばしてきた。工業品の中でも、電気・電子機器を含む機械類がほとんどの先進工業国や中国を筆頭にした一部の新興国では最大の輸出品目であり、対照的に多くの途上国ではこれらの品目は輸入の中で最大項目になっている。そうした途上国の主要輸出品目は主として原油、農産品、衣料など一次産品、労働集約的製品が多く、これらはいずれもそれぞれの国の産業構造を反映している。

貿易収支差や貿易構造の変化は貿易摩擦や為替レート変動の大きな原因になっている。とりわけ貿易黒字が大きくなりやすい中国やアジア諸国はもともと摩擦を起こしやすい。

## 商品貿易の主要輸出入国

| 順位 | | | 輸出国 | 2018 年 | |
|---|---|---|---|---|---|
| 1980年 | 2000年 | 2018年 | | 金額(10億ドル) | シェア(%) |
| 21 | 7 | 1 | 中国 | 2,487 | 12.8 |
| 1 | 1 | 2 | アメリカ | 1,664 | 8.5 |
| | 2 | 3 | ドイツ | 1,561 | 8.0 |
| 2 | 3 | 4 | 日本 | 738 | 3.8 |
| 5 | 9 | 5 | オランダ | 723 | 3.7 |
| 23 | 12 | 6 | 韓国 | 604 | 3.1 |
| 3 | 4 | 7 | フランス | 581 | 3.0 |
| 14 | 10 | 8 | 香港 | 569 | 2.9 |
| 6 | 8 | 9 | イタリア | 546 | 2.8 |
| 4 | 5 | 10 | イギリス | 486 | 2.5 |
| 9 | 11 | 11 | ベルギー | 460 | 2.4 |
| 22 | 13 | 12 | メキシコ | 450 | 2.3 |
| 8 | 6 | 13 | カナダ | 449 | 2.3 |
| | 17 | 14 | ロシア | 444 | 2.3 |
| 18 | 15 | 15 | シンガポール | 412 | 2.1 |
| | | | その他 | 7,302.2 | 37.5 |
| | | | 世界計 | 19,476.2 | 100.0 |

| 順位 | | | 輸入国 | 2018 年 | |
|---|---|---|---|---|---|
| 1980年 | 2000年 | 2018年 | | 金額(10億ドル) | シェア(%) |
| 1 | 1 | 1 | アメリカ | 2,614 | 13.2 |
| 19 | 8 | 2 | 中国 | 2,136 | 10.8 |
| | 2 | 3 | ドイツ | 1,286 | 6.5 |
| 2 | 3 | 4 | 日本 | 749 | 3.8 |
| 4 | 4 | 5 | イギリス | 674 | 3.4 |
| 6 | 9 | 6 | フランス | 673 | 3.4 |
| 3 | 5 | 7 | オランダ | 646 | 3.3 |
| 15 | 10 | 8 | 香港 | 627 | 3.2 |
| 17 | 13 | 9 | 韓国 | 535 | 2.7 |
| 25 | 22 | 10 | インド | 510 | 2.6 |
| 5 | 7 | 11 | イタリア | 500 | 2.5 |
| 18 | 11 | 12 | メキシコ | 477 | 2.4 |
| 7 | 12 | 13 | カナダ | 469 | 2.4 |
| 8 | 6 | 14 | ベルギー | 450 | 2.3 |
| 10 | 14 | 15 | スペイン | 388 | 2.0 |
| | | | その他 | 7,056.4 | 35.7 |
| | | | 世界計 | 19,790.4 | 100.0 |

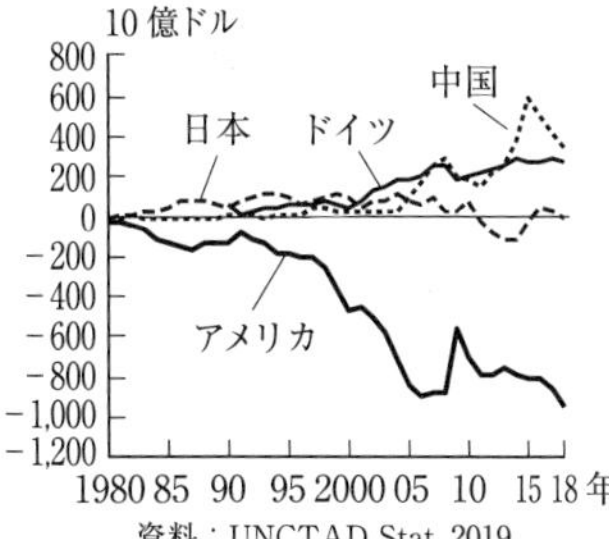


資料：UNCTAD Stat, 2019.

先進国, 発展途上国の商品貿易収支の推移

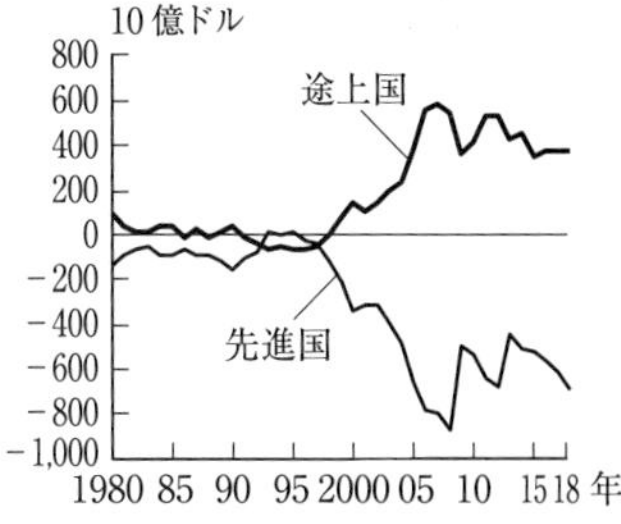

**③サービス収支**　二〇一四年以降の国際収支統計はIMFが二〇〇八年に策定した「国際収支マニュアル 第六版」にのっとって作成されている。経常収支は貿易・サービス収支、第一次所得収支、第二次所得収支からなる。サービス収支は輸送、旅行、金融、知的財産権等使用料などの受け払いからなり、第一次所得収支(これまでの所得収支)には直接投資収益、証券投資収益、その他投資収益が記録される。一方、これまでの経常移転収支は名称変更され、「第二次所得収支」になったが、金額的にはほとんどの国で小さい。

サービス収支は、先進国全体としてみると黒字、発展途上国は赤字である。しかも、後者は過去四〇年ほどをみても恒常的に赤字である。第一次所得収支についても同様な傾向が見られ、アメリカ、日本、欧州諸国は黒字であり、多くの途上国は赤字である。ただし、クウェートやサウジアラビアなど一部の産油国は黒字である。

サービス貿易の中身をみると、運輸や旅行の受け払いも増えてきてはいるが、それ以外のコマーシャル・サービスが増えてきている。コマーシャル・サービスの中では、金融サービス、知的財産権等使用料、通信サービスなども増えてきてはいるが、新たなサービスであるその他ビジネス・サービスが増えてきている。そこで増えてきているのは、技術的・貿易関連・その他サービスや専門的経営管理サービスなどである。つまり、経済活動が進化するにつれて、必要とされるサービスの中身も変化してくるということである。貿易交渉などにおいても、戦略的工業製品とともにサービス取引、それも新しいそれぞれの重要性が高まってきている。

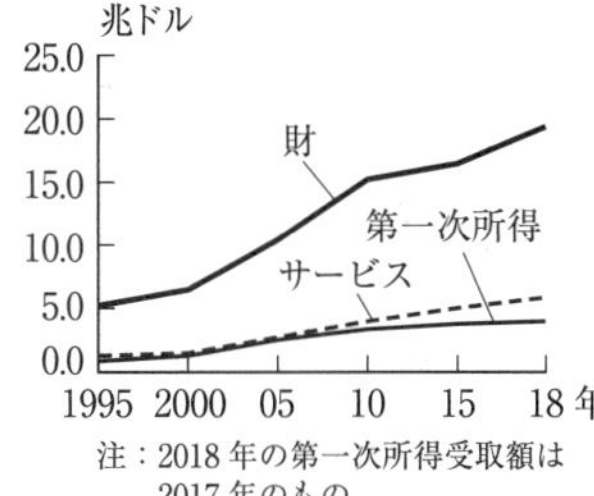
世界の財, サービスの輸出と
第一次所得受取額の推移
兆ドル
25.0
20.0
15.0
10.0
5.0
0.0
財
第一次所得
サービス
1995
2000
05
10
15
18 年
注：2018 年の第一次所得受取額は
2017 年のもの.

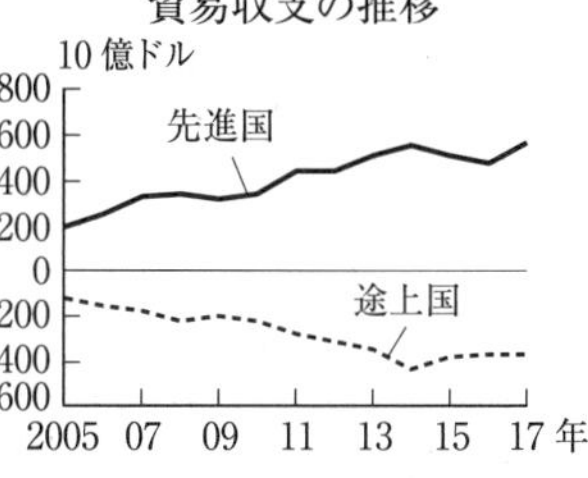
先進国, 途上国のサービス
貿易収支の推移
10 億ドル
800
600
400
200
0
−200
−400
−600
先進国
途上国
2005
07
09
11
13
15
17 年

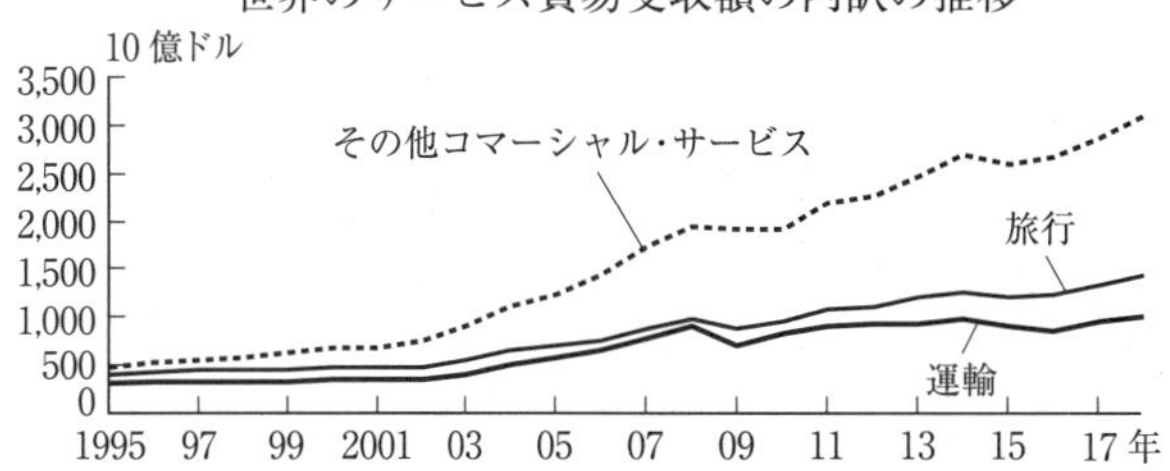
世界のサービス貿易受取額の内訳の推移
10 億ドル
3,500
3,000
2,500
2,000
1,500
1,000
500
0
その他コマーシャル・サービス
旅行
運輸
1995
97
99
2001
03
05
07
09
11
13
15
17 年

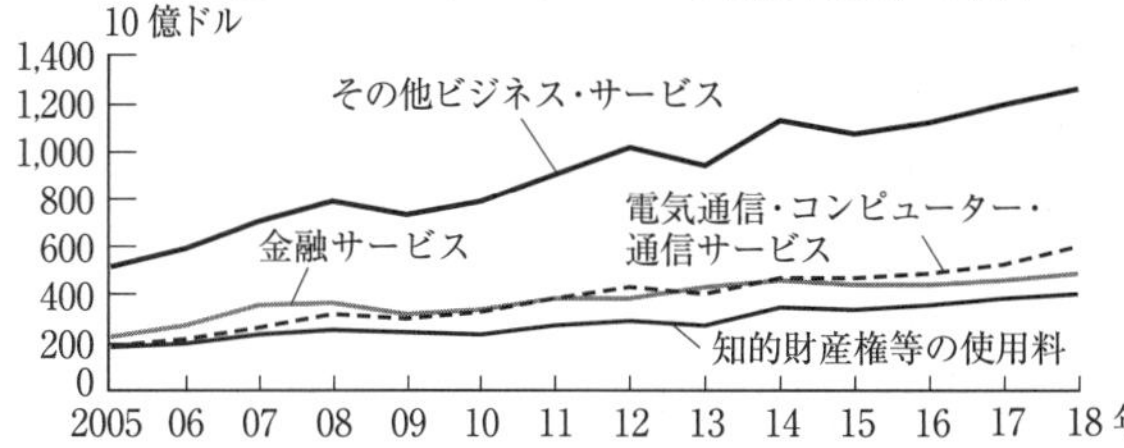
その他コマーシャル・サービス貿易受取額の内訳
10 億ドル
1,400
1,200
1,000
800
600
400
200
0
その他ビジネス・サービス
電気通信・コンピューター・
通信サービス
金融サービス
知的財産権等の使用料
2005
06
07
08
09
10
11
12
13
14
15
16
17
18 年

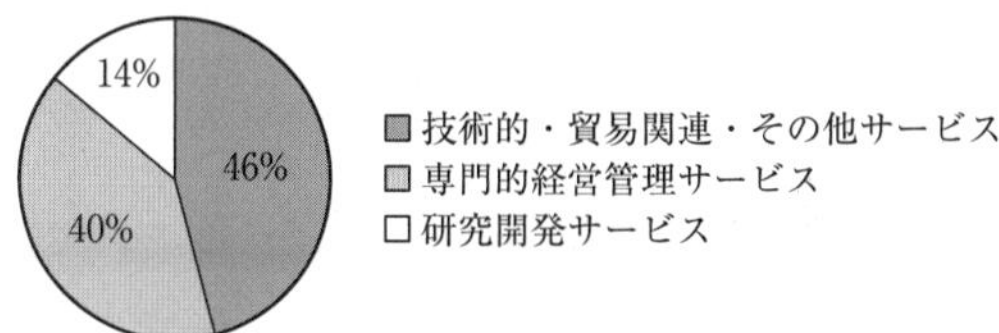
その他ビジネス・サービスの内訳（2018年）
14%
46%
40%
技術的・貿易関連・その他サービス
専門的経営管理サービス
研究開発サービス

資料：UNCTAD Stat, 2019.

**④デジタル貿易**　近年、情報通信技術の発展とともに国際貿易面で新たに「デジタル貿易」とも呼ばれる取引が活発になってきている。デジタル技術の発展がパソコンやスマホの普及によって、貿易の規模や範囲を拡大させたり、取引の迅速化をもたらしたりしてきている。単純化して言えば、デジタル貿易とは、経済のデジタル化の国際版ということである。

デジタル化技術を使った貿易の最大の特徴はデータの国境を越えた動きを伴うことである。何をデジタル貿易と呼ぶかはまだ確立されたわけではないが、最近そのテーマについていくつかのレポートをまとめたＯＥＣＤによると、左の表のようになる。これらの取引は、電子的にインターネットなどを経由して注文が出されるが、物理的に配送されるもの（たとえば、外国製品をオンライン・マーケットで買う）もあるが、ネット上で配送されてくるもの（たとえば、海外の民泊をマッチング・アプリで予約する）もある。中には従来の貿易統計によっては捕捉されにくいものもある。たとえば、世界的自動車配車サービスのアプリを利用した場合なども、よく考えてみれば、これまでのサービス取引に比べてかなり複雑で、それをどうとらえて記録するかは難しい点を含んでいる。

何らかの財・サービスを購入した結果、個人情報や企業情報が仲介業者によって蓄積され、それが将来価値を生むことになる。この関連で、デジタル・プラットフォーマーの一部企業が巨大化し、行政的にいかに対応すべきかの問題が出てきている。消費者保護の観点、あるいは、独占禁止法の観点などからの議論が出てきており、国際的に共通のルールづくりが必要とされる。

デジタル(電子的)貿易の概念的枠組み

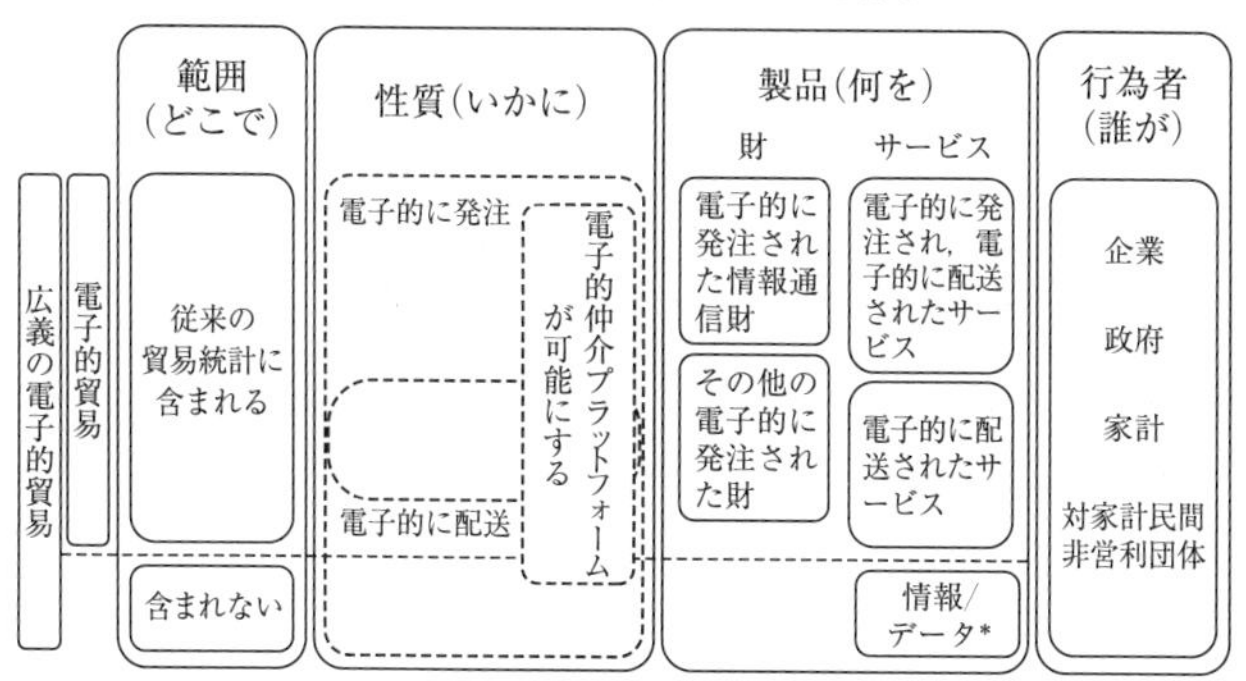


＊：情報の取引，また，あるいは，明確な金銭的交換がないデータの取引.
注：OECD は「経済協力開発機構」.
出所：OECD-WTO Handbook on Measuring Digital Trade, OECD, 2019.

世界の越境データ通信量及びその将来推計

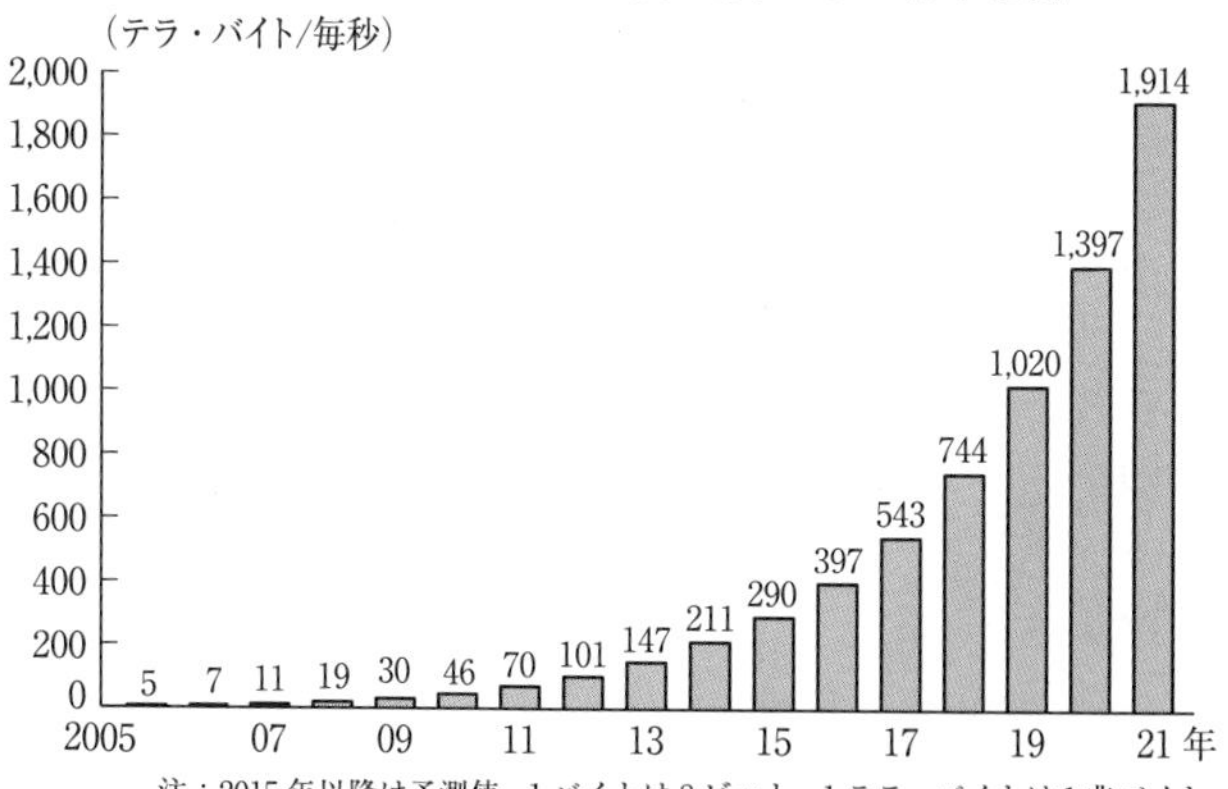


注：2015 年以降は予測値. 1 バイトは 8 ビット，1 テラ・バイトは 1 兆バイト.
出所：「通商白書 2018」.

**⑤エネルギー貿易**　各国における経済活動の水準と構造には違いがあり、また、エネルギー資源の埋蔵・生産の分布はそれとマッチしていない。そこにエネルギー貿易が生まれる。地域・国境を越えて活発に国際取引が行われている一次エネルギーは、まず石油であり、石炭、天然ガスが次いでいる。二〇一八年時点で、石油生産の約七五％、天然ガスの約八％が国際取引されている。一方、石炭は石油などに比べると、異なる地域間の貿易は限られている。それでも生産の二二％が国際的に取引されている。石炭の主要輸出国はオーストラリア、インドネシア、ロシアで、輸入国は圧倒的にアジア（中国・インド・日本・韓国その他）である。

石油の輸出シェアは、中東三四・五％、ロシア一二・八％、日本を除くアジア・太平洋一〇・六％、アメリカ一〇％、中南米七・二％、西アフリカ六・四％（いずれも二〇一八年）となっている。アメリカがシェール・オイルの増産もあって二〇一〇年代に入り主要輸出国に浮上してきた。輸入面では、二〇〇〇年代に入って以降、中国、インドの増加が著しい。一方、二〇〇〇年代半ば以降アメリカの輸入が減少してきている。

天然ガスの貿易は、LNG（液化天然ガス）で行われる分が増え、二〇一八年では四五・六％になっており、パイプラインによる貿易に匹敵するまでになってきている。天然ガスの国際取引には近年目立った変化はあまりないが、アジアのLNG輸入が増えてきている。

エネルギーは政治的商品の性格を持ち、経済的要因だけで国境を移動しているわけではない。エネルギー面でのアメリカの中東依存の低下はアメリカの中東への関心を低下させるだろう。

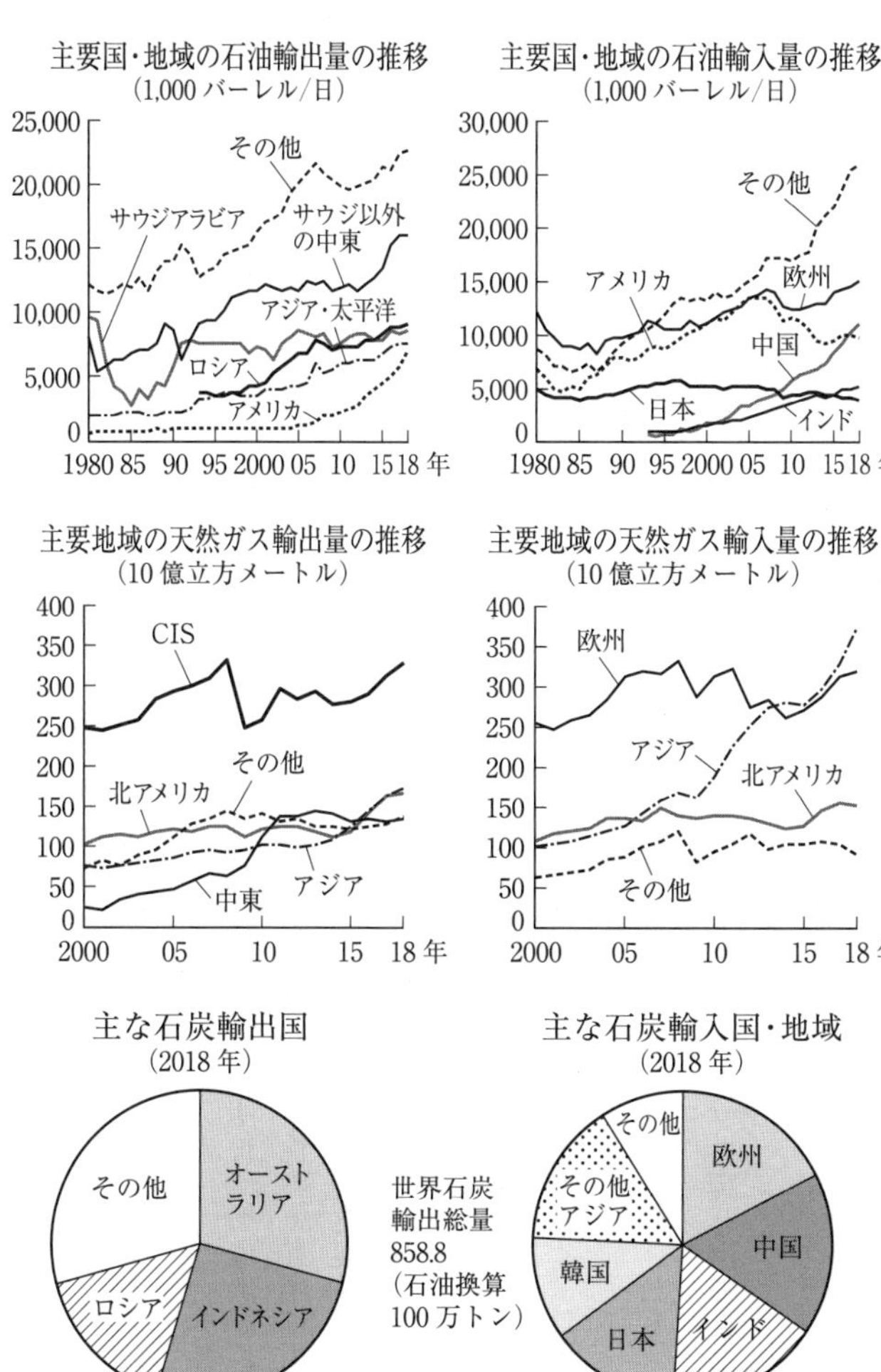


資料：BP Statistical Review of World Energy, 2019.

⑥**農産品貿易**　農産品貿易も世界経済の発展とともに拡大してきた。二〇一六年において世界の農産物輸出総額は一兆二六四一億ドルで、財の輸出総額に占めるシェアは低下傾向にあり、七・九％となった。このシェアは一九八〇年では一一・四％、あるいは、同じベースでデータがとれる一九六一年では二三・六％だった。

これは、農産品もその一部である一次産品輸入の所得弾性値（実質所得一％の上昇に対する輸入数量の変化率）が鉱工業製品に比べて低いためである。それはまた生産性の上昇率は工業部門が一次産業のそれを上回っているからでもある。このことは、一次産品価格が工業製品価格の上昇に比べて低いという結果をもたらしている（その結果、一次産品輸出国にとって交易条件――輸出価格指数を輸入物価指数で割ったもの――が悪化する）。

食料品の貿易収支の赤字、黒字は先進国、途上国の区別に必ずしも強い関係はない。二〇一七年において、最大の黒字国はブラジルで、カナダ、オランダ、アルゼンチンが続く。最大の赤字国は日本で、中国、イギリス、韓国が続く。

代表的な農産品である穀物や畜産品の主要輸出国の顔ぶれは近年あまり変わらない。林産品についても同様である。しかし、水産物の輸出国については、中国がトップに躍り出てきたし、ベトナムが伝統的水産物輸出国であるノルウェーに次ぐまでになってきた。

農畜林水産品貿易は、基本的に生存にかかわるものが多く、また国内の一次産業との関係において政治性があり、さらに近年では環境問題とも関連して、注目すべき貿易分野である。

農産品輸出額と財輸出総額の推移　　主な食料品貿易黒字国・赤字国（2017年，10億ドル）

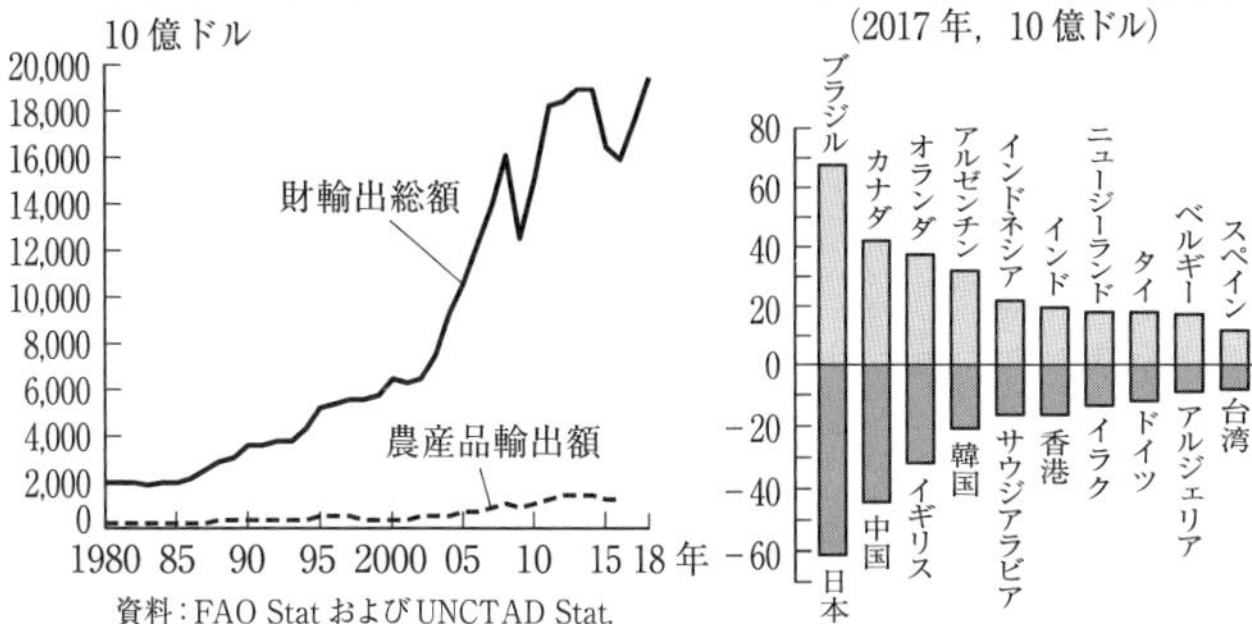


資料：FAO Stat および UNCTAD Stat.

穀物の主要輸出国（2017年）

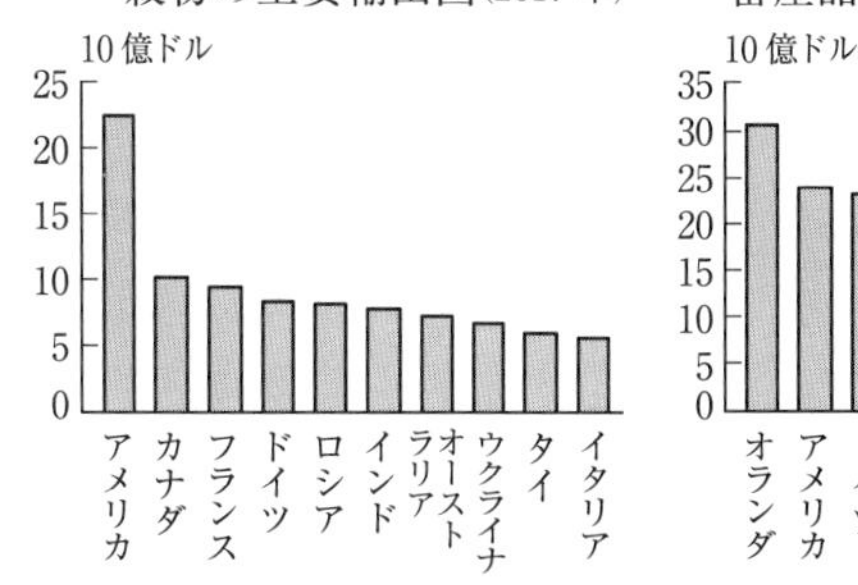


資料：UNCTAD Stat, 2019.

畜産品の主要輸出国（2017年）

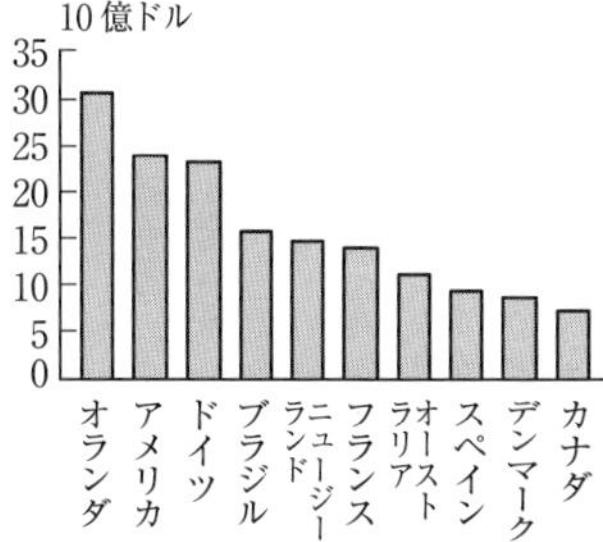


資料：UNCTAD Stat, 2019.

水産物の主要輸出国（2017年）

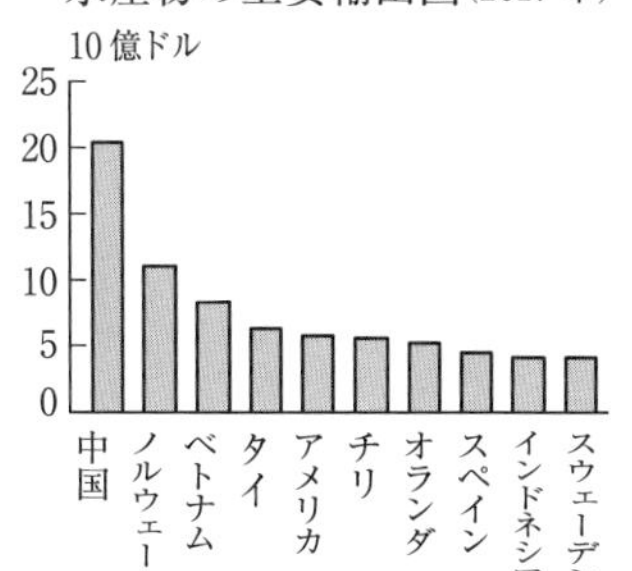


資料：UNCTAD Stat, 2019.

主要林産品貿易黒字国（2016年）

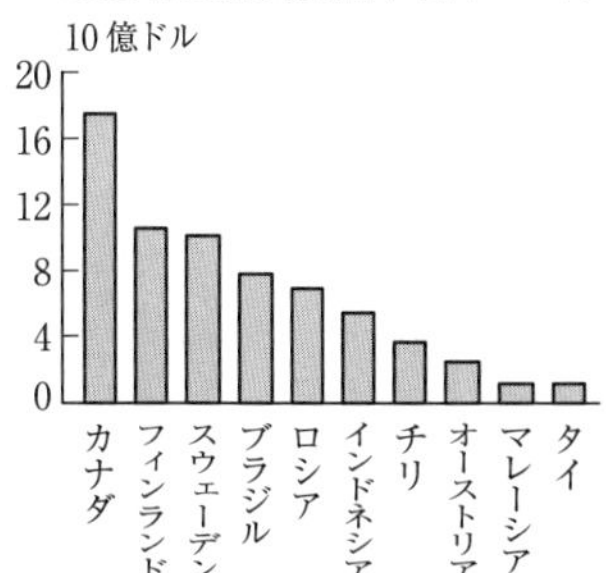


資料：「Forest Products 2016」FAO 2018.

⑦関税・非関税障壁　国際的取引においても、国内取引と同じように、課税が行われる。輸入品に対する課税を「関税」という。関税が課されると、国内での販売価格がそれだけ高くなり、国内需要を抑制する効果を持つ。また、国内価格が上昇すると、それだけ国内産業が保護されることになり、国内供給を増大させ、輸入を抑制する。関税以外にも直接的・間接的に輸入を抑制する措置・制度があり、これを総称して「非関税障壁」と呼んでいる。

二〇〇〇年代に入るまでは、WTO(世界貿易機関)を中心として、関税・非関税障壁を引き下げ、国際貿易を拡大させるというコンセンサスが広く国際的に共有されていた。しかし、その後、WTOのそうした既定路線の推進が、経済的に力を付けた新興諸国のプレゼンスの高まりによって、また、そうした新興諸国の輸出攻勢によって守勢に立たされた先進国によって、停滞を余儀なくされるようになった。さらに、国際貿易の在り方に関する立場の違いをめぐって、それぞれの代表国であるアメリカと中国による関税の引き上げを使った貿易戦争に陥ってしまった。それぞれの立場の違いは、為替レートの在り方、先端技術の覇権競争、また経済力を背景にした安全保障面での対決にまで及ぶものとなった。

関税や非関税障壁は、国内生産の確保、輸入の抑制を通じて国内産業・雇用を守ろうとするもので、途上国の場合、幼稚産業の保護という目的、先進国の場合、衰退産業に調整の時間を与えようという目的がある。ただ、自由で無差別な(どんな国に対しても同じ扱いをする)貿易を理想とする自由貿易の下では、関税・非関税措置はより慎重に運営しなければならない。

## 輸入関税の効果

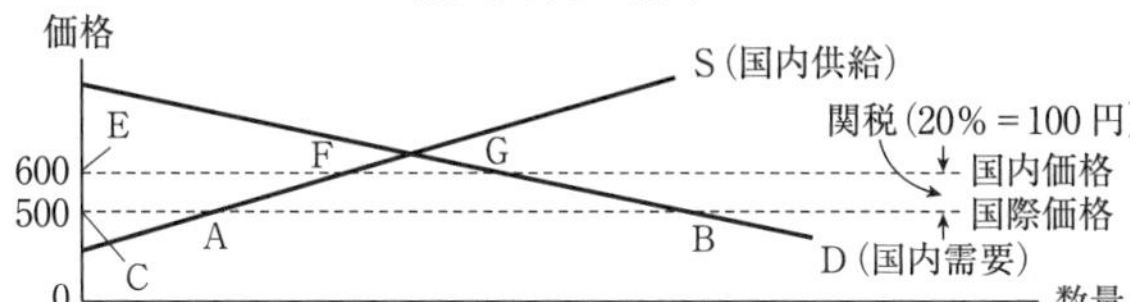


注：国内需要量はCBからEGへ減少，国内供給量はCAからEFへ増加，輸入量はABからFGへ減少.
資料：伊藤元重「ゼミナール国際経済入門」第2版，日本経済新聞社，1996年.

## GATT/WTOラウンド交渉による関税引き下げ

| 年 | 交渉名 | 参加国数 | 関税引き下げ品目数 |
|---|---|---|---|
| 1947 | 第1回交渉 | 23 | 約45,000 |
| 1949 | 第2回交渉 | 32 | 約5,000 |
| 1950-51 | 第3回交渉 | 34 | 約8,700 |
| 1956 | 第4回交渉 | 22 | 約3,000 |
| 1960-61 | ディロン・ラウンド | 23 | 約4,000 |
| 1964-67 | ケネディ・ラウンド | 46 | 約30,300 |
| 1973-79 | 東京ラウンド | 99 | 約33,000 |
| 1986-94 | ウルグアイ・ラウンド | 124 | 約305,000 |

資料：「関税年報 平成11年版」，外務省HP，2011年12月.

## 非関税障壁の例

数量制限（輸出自主規制含む），反ダンピング規制の濫用，補助金（輸出入に対する），セーフガード（輸入急増に対する緊急輸入制限措置）の濫用，貿易関連投資措置（ローカル・コンテント――国産品の購入・使用――などの要求），原産地規制（貿易財の国籍判定ルール）の不適切な使用，基準・認証制度，政府調達における内外差別的措置，一方的措置（アメリカの通商法スーパー301条――不公正貿易への対処・報復――がその例），検疫・規格検査

資料：経済産業省通商政策局編「2019年版 不公正貿易報告書」.

## 主要国の平均関税率

（%）

| | 全ての産品 | | 農産品 | | 農産品以外の産品 | |
|---|---|---|---|---|---|---|
| | 2006 | 2018 | 2006 | 2018 | 2006 | 2018 |
| 中国 | 10.0 | 10.0 | 15.8 | 15.7 | 9.1 | 9.1 |
| インド | 49.2 | 50.8 | 114.2 | 113.1 | 34.9 | 36.0 |
| 日本 | 6.1 | 4.7 | 28.4 | 19.3 | 2.7 | 2.5 |
| 韓国 | 17.0 | 16.5 | 59.3 | 58.0 | 10.1 | 9.8 |
| 台湾 | 6.6 | 6.6 | 18.3 | 17.9 | 4.8 | 5.0 |
| EU | 5.4 | 5.1 | 15.4 | 12.8 | 3.9 | 3.9 |
| ロシア | - | 7.6 | - | 11.2 | 11.1 | 7.1 |
| アメリカ | 3.5 | 3.4 | 5.2 | 4.9 | 3.3 | 3.2 |
| ブラジル | 31.4 | 31.4 | 35.5 | 35.4 | 30.8 | 30.8 |

資料：World Tariff Profiles 2006 & 2019, WTO.

⑧直接投資　企業は貿易ばかりでなく、直接投資や貸付によって国籍を越えた経済活動を拡大させてきた。その代表的なものが多国籍企業であり、それらの企業は活発な貿易を行うばかりでなく、外国で現地法人を設立したり、外国企業の株式を取得することによって、広く外国で事業経営を行う企業である。多国籍企業の発生母体は国によって違うが、今日ではさまざまな業種・規模の企業が多国籍化している。アメリカの場合は、当初、石油、製造業関係企業が、イギリスでは投資会社が発生母体であることが多かったが、日本では、当初、総合商社であった場合が多かった。今日では、そうした業種にかかわらず、あらゆる業種に広がってきている。

その形態も、資源の安定供給を求める資源開発型投資があり、市場密着型企業活動を行うものや、販売拠点のネットワーク作りをするもの、あるいはタックス・ヘイブン(租税回避地)の利用などに重点を置いたものなどがある。また、近年では、通貨変動や国内産業構造の変化に適応しながら、海外への生産拠点の移動を手助けするための活動が増えてきている。生産拠点の移動によって、必要となる部品の輸出、製品の国内への逆輸入、ないし第三国への輸出、といった貿易の機会が増大する効果をもたらす。

一般的にいって、経済合理性に基づいた多国籍企業の活動は、一面では本籍国政府の保護を受けながら、他方では政治的・行政的な意味での〝国境〟の存在を崩しつつある。具体的には、モノ、サービス、資本、技術、情報の国境なき移動を活発化させる担い手となっている。ただ、本籍国との結びつきがなくなるわけではなく、過渡的には強まりさえする。

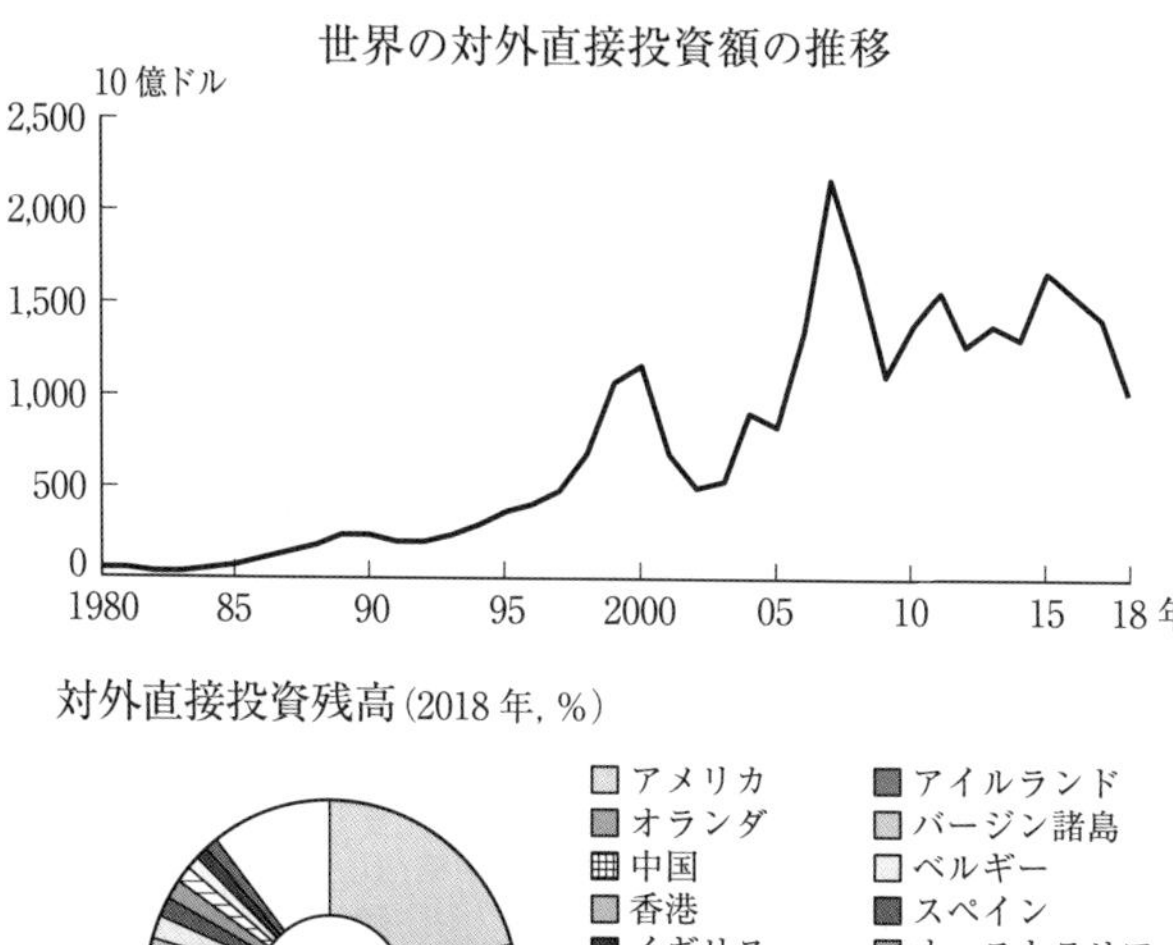


対外直接投資残高（2018年，％）

対内直接投資残高（2018年，％）

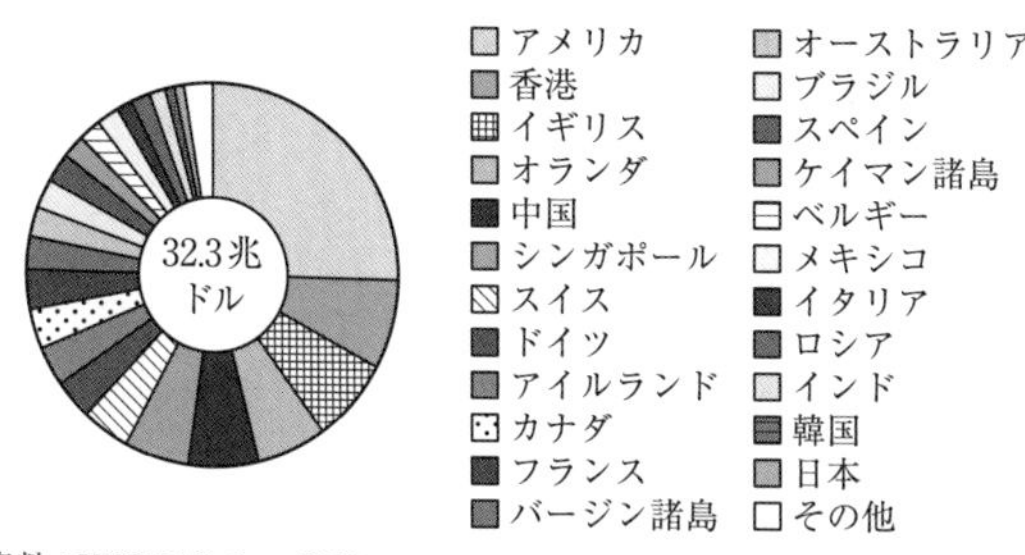


資料：UNCTAD Stat, 2019.

⑨WTO：危機に瀕する体制　一九三〇年代の世界経済のブロック化が世界貿易の縮小をもたらし、その後、世界大戦に進んでいった教訓に基づいて、第二次世界大戦後、世界自由貿易体制が構築された。IMFとともにその軸になってきたのがGATT（関税及び貿易に関する一般協定）で、関税・非関税障壁を削減・撤廃することによって自由・無差別な貿易を推進するための国際機関であり、それを拡大・発展させて九五年一月に発足したのがWTO（世界貿易機関）である。WTOはそれまでのモノの貿易に加え、サービス、知的所有権などの分野を対象とし、紛争解決手続きの強化・改善が図られた。

ここにいう無差別とは、最も有利な貿易上の待遇を他の加盟国にも無条件に与える最恵国待遇を意味する。戦後、このGATT・WTO体制が自由・無差別貿易を推進し、世界貿易の拡大に寄与してきた。しかし、先進国対途上国の意見対立や国際取引の複雑化などから、従来のような全体としての合意形成が難しくなり、その間、輸出自主規制といった貿易制限的措置の導入も目立つようになった。そこに米中による本格的な対立が起こってきた。

多くの国は依然としてWTOの改革推進を謳ってはいるが、実現は難しい情勢である。その間、各国・地域ではさまざまな地域貿易協定が結ばれてきている。WTO協定でも、域外に対して障壁を高めないことなど一定の要件を満たすことを条件に、最恵国待遇原則の例外を認めている。しかし、実際には、域外国同士の紛争が頻発し、法的拘束力があるWTOの是正勧告を求めた提訴が絶えず、WTOは貿易紛争提訴機関になった感がある。しかし、それすらうまく機能していない。

## WTOにおける自由化交渉の流れ

| (市場アクセス分野) | | | | (ルール分野) | | | |
|---|---|---|---|---|---|---|---|
| | 鉱工業品関税 | 1947年 | 第1回交渉 | | | | |
| | | 1948年<br>1月 | GATT発足 | | | | |
| | 鉱工業品関税 | 1949年<br>｜<br>1961年 | 第2回交渉～ディロン・ラウンド | | | | |
| | 鉱工業品関税 | 1964年<br>｜<br>1967年 | ケネディ・ラウンド | AD等 | | | |
| | 鉱工業品関税 | 1973年<br>｜<br>1979年 | 東京ラウンド | AD, TBT, 政府調達, 補助金, ライセンシング, 等 | | | |
| サービス<br>農業 | 鉱工業品関税 | 1986年<br>｜<br>1994年 | ウルグアイ・ラウンド | AD, TBT, 政府調達, 補助金, ライセンシング, 等 | 繊維協定,<br>PSI, 原産地,<br>TRIPs, SPS,<br>DSU, TRIMs | | |
| | | 1995年<br>1月 | WTO設立 | | | | |
| サービス<br>エネルギー<br>流通<br>電子商取引<br>農業 | 鉱工業品関税 | 2001年<br>｜ | ドーハ開発アジェンダ | AD<br>補助金<br>地域貿易協定 | TRIPs(部分的交渉) | 投資<br>競争<br>貿易円滑化<br>政府調達の透明性<br>電子商取引 | 環境 |

注：AD：アンチ・ダンピング協定
TBT：貿易の技術的障害に関する協定
PSI：船積み前検査に関する協定
TRIMs：貿易に関する投資措置に関する協定
TRIPs：知的所有権の貿易関連の側面に関する協定
SPS：衛生植物検査措置の適用に関する協定
DSU：紛争解決に係る規則及び手続に関する了解
出所：経済産業省「2019年版 不公正貿易報告書」.

## WTOにおける紛争解決手続きの概要

紛争当事国間協議
⇩決裂
パネル(小委員会)による検討・報告
⇩不服
上級委員会*による検討・勧告/裁定
⇩履行できないケース
代償の請求，対抗措置の容認

＊：2020年11月以降24年初時点で任命されていない.

⑩日米摩擦の教訓　冷戦の終わりとともに、各国間の経済競争が激しくなった。もちろん、それが公平かつ公正に行われる限り、市場経済において競争は歓迎される。しかし、それが結果として関係国間の貿易不均衡を過度に拡大したり、WTOルールに照らして公正・自由でない方法で輸出が伸びたり、輸入が抑制されると、経済摩擦が生ずる。

その一つの典型的なケースが、一九八〇年代、日米間の貿易不均衡から生じた経済摩擦であった。最近見られるような制裁の報復合戦にまでは発展しなかったが、両国間の友好関係にヒビを入れかねなかった。またヨーロッパをはじめとする第三国にも通商上よい影響を与えなかった。日米それぞれに言い分があった。日本はアメリカに対し、貯蓄率の引き上げを要求し、時としてミクロ的に管理貿易的な数量制限などを日本に求めるのは自由貿易の原則に反するといい、その限りにおいてこの日本の言い分は正しかった。ただし、アメリカがなぜそうした態度にならざるを得なかったかということを、日本はどれだけ正しく理解していただろうか。他方、アメリカは、日本のマクロ政策が誤っており、そのために不均衡が生じ、またあまりに〝日本的な〟行政指導や規制といったわかりにくい制度・慣行によって、それが増幅されているという主張だった。客観的にみて、この言い分もかなりの程度事実であった。

最近の米中間の摩擦は、経済摩擦のみならず安全保障面での対決の側面を持ち、より複雑である。しかし、米中間による制裁の掛け合いの一方で、話し合いを続け、相互理解を進める以外に関係改善の途はないだろう。それが日米間の摩擦とその後の協調の教訓に他ならない。

# 三　国際金融

「現在の通貨制度は、実際変動しやすい関係を含んでおり、一般に満足すべきものではない。未だに、主要経済大国の間に新たな合意が表われて来る兆候はない」

（第二回・元国家首脳会議――ＯＢサミット、一九八四年）

①資本の流れ　経済の発展につれて、モノ・サービスの取引とともにカネ（資本）の取引が増大する。国際的な資本の流れは、国際間の資産取引から生まれ、それは国際間の債権・債務関係の変化をもたらす。自国の資本が外国に投資されたり、貸し付けられると債権が増加し、逆にその受け手の国は債務の増加となる。そして、それぞれの国でネットで（純）資本流出または流入となる。

二〇一九年四月中の一日当たりの為替取引額は英米の二ヵ国だけで推計五兆ドル弱であった。世界のモノ・サービスの輸入総額は、二〇一八年で約二六兆ドル前後だから、これは為替取引総額の約五日分に過ぎない。資本取引がいかに大きいかがわかる。為替取引の中心はイギリス（ロンドン）で、アメリカがそれに続き、しかも、両国への集中が進んできた。ただ、イギリスが欧州連合から離れることで今後どのくらいの影響が出るか注目されている。

国際金融取引がいかにイギリス、アメリカを中心として行われてきたかは、両国の国際収支からもうかがえる。両国とも、経常収支の赤字を大幅に上回る外国資本の流入があり、その上回った分が自国資本の流出となっている。つまり、両国とも、世界の金融センターとして機能している。ただし、リーマン・ショック以降はその機能は特にイギリスで低下（正常化？）してきている。

ネット・ベースでの資本の流れは、二〇〇七年を除いて米国経由の資本の流れのほうがイギリス経由よりも金額的に大きいようだ。アメリカにおける資本の受け払いをネット・ベースでみると、資本は経常収支黒字国から入り、新興国等へ出て行く傾向がある。

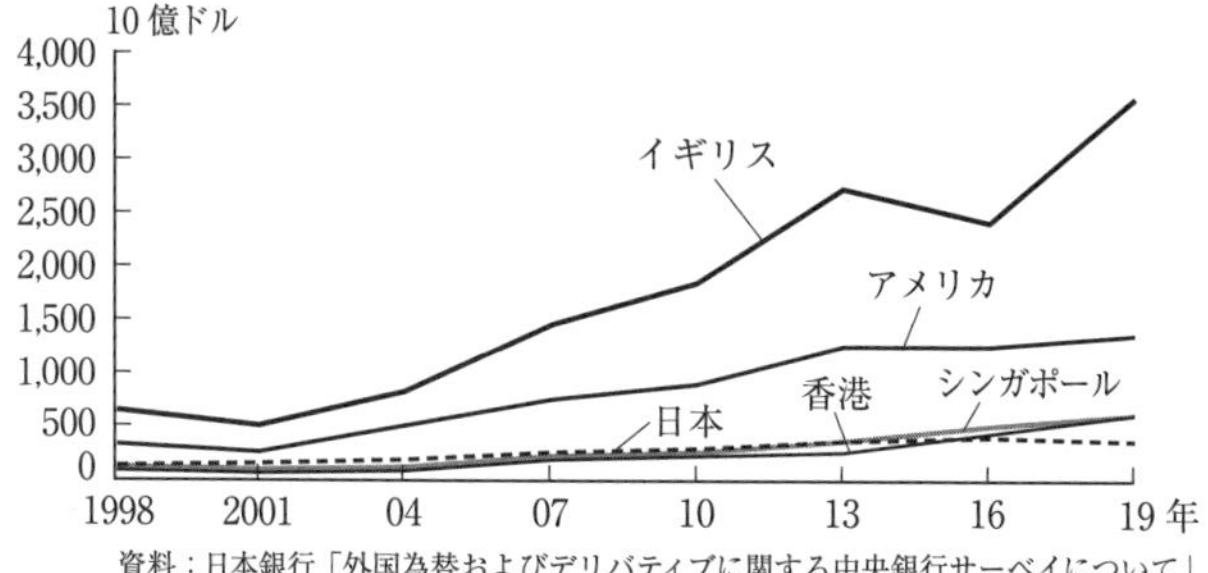

資料：日本銀行「外国為替およびデリバティブに関する中央銀行サーベイについて」2001年9月29日，2010年9月1日，2016年9月1日，2019年9月20日.

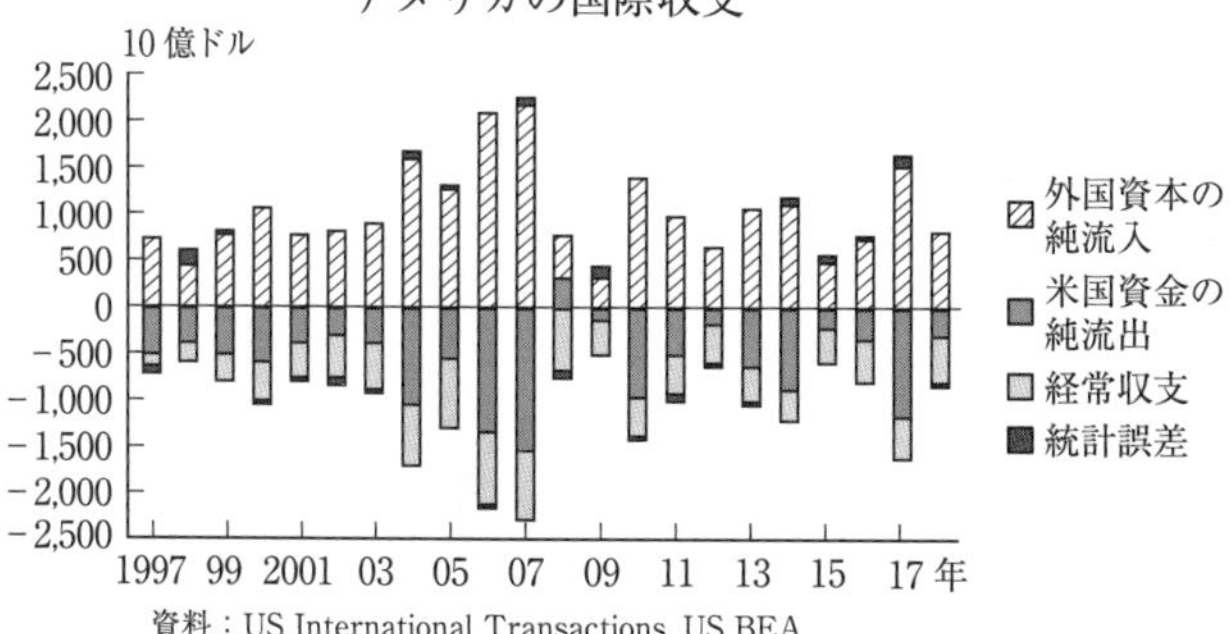

資料：US International Transactions, US BEA.

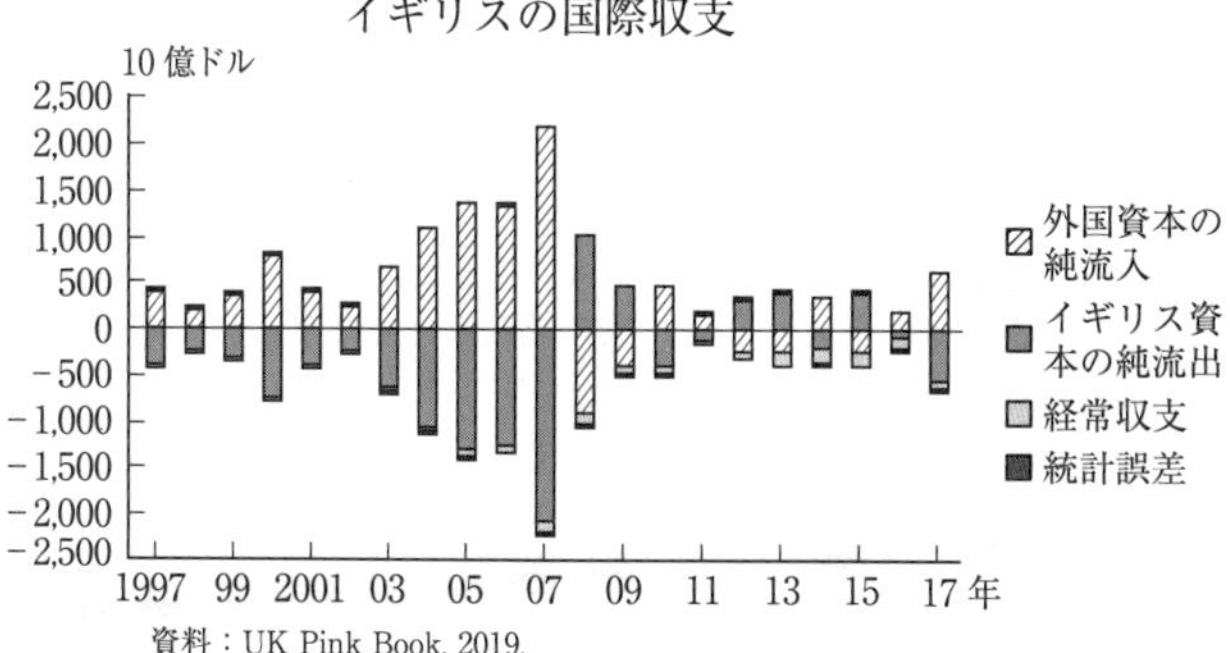

資料：UK Pink Book, 2019.

**②金融資本市場**　国際的な資本の調達・運用市場としては、ロンドン（シティ）、ニューヨーク（ウォール街）が中心地となっている。ロンドンは、伝統的に積み重ねられた金融ノウハウとそれを体現した人材を背景に、国際金融センターの地位を保ってきた。多くの金融機関はイギリスでの事業免許に基づいてEU（欧州連合）全域で業務を展開してきたが、同国のEU離脱に伴うそうした金融免許（シングル・パスポート）喪失の影響が懸念されている。一方、ニューヨークの強みはアメリカの政治力、軍事力、経済力を背景としている。

非居住者にも開かれた市場として、主要先進国の金融資本市場とユーロ市場がある。ユーロ市場とは、ある国の通貨の発行国以外のところで行われる、その通貨による金融取引市場のことである。たとえば、ロンドン（あるいは香港）で行われるドル（あるいは円）建ての預金・貸出取引や証券発行は、ユーロ取引である。一方、外債とは、非居住者が発行するその国の通貨建債券を指す。たとえば、世界銀行が東京で発行する円建て債は外債である。

資本調達には、銀行借入と証券発行がある。銀行の国外債権残高をみると、近年日本の銀行融資が増加し、米英仏独の銀行とともに世界全体の半分以上を占めている。他方、国際市場で発行される証券にはさまざまな形態があるが、そうした中で固定利付債券は依然として債券発行の中心となっている。国際債務証券（ユーロ債と外債）の発行体は世界的に分散している。

資本の運用は、実物資産や仮想通貨に対する投資を別にすれば、主として先進国の金融資本市場で行われ、ユーロ市場を含め、主要国で預金するか株式・債券に投資することになる。

銀行の国外融資残高
(2018 年末)

合計 29.0
兆ドル

日本
アメリカ
イギリス
フランス
ドイツ
カナダ
スペイン
スイス
オランダ
その他

国際債務証券発行残高
(2018 年末)

合計 24.2
兆ドル

イギリス
オフショア・金融センター
アメリカ
オランダ
フランス
ドイツ
カナダ
その他

注：国際債務証券はユーロ債と外債の合計.

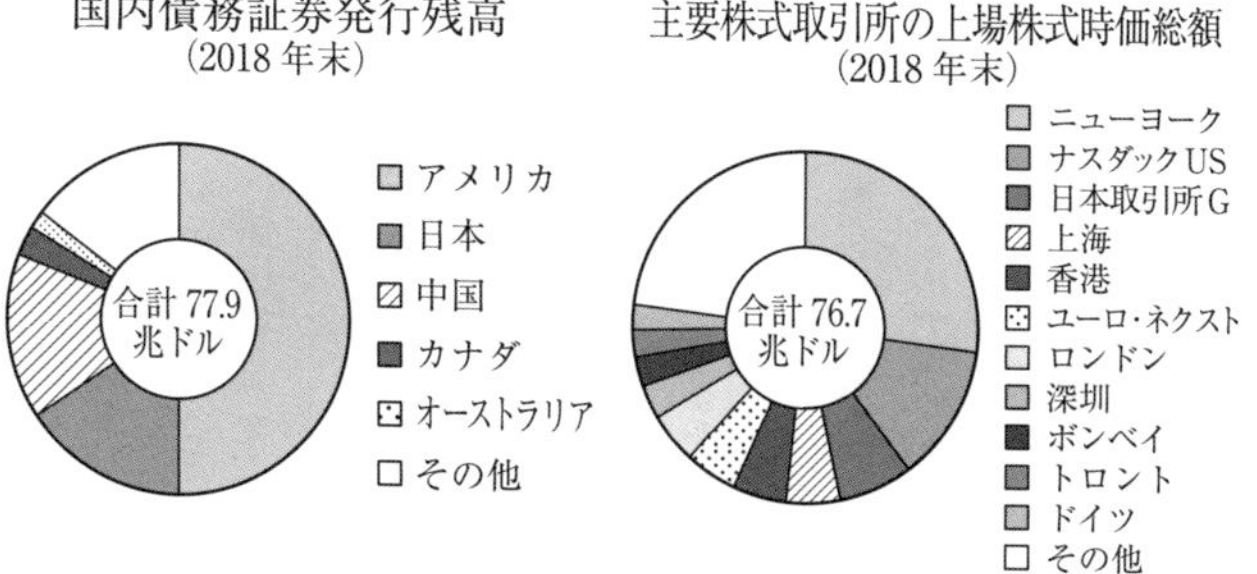


注：アメリカの国内債務証券は債務証券残高合計から国際債務証券残高を引いた値.
資料：BIS Statistical Review June 2019.

### 代表的なオフショア・金融センター*

1. カリブ海：ケイマン諸島(英領)，バージン諸島(英米領)
2. 大西洋：バミューダ諸島(英領)
3. 中東：ドバイ，バーレーン
4. アジア：香港，シンガポール
5. 欧州：マン島，モナコ，リヒテンシュタイン

＊：一部の非居住者(個人，法人)が資金調達・運用に利用する税金が低い国・地域.

③金利、株価、金融派生商品　資本は、期待される収益が低いところから高いところへ流れる。原則的に資本移動の規制がない場合、資本は国境を越えて自由に高収益を求めて移動するが、いつでも為替リスクがある。各国の金融政策によって短期金利に差があっても必ずしも資本移動が起こるわけではないが、長期金利の差は資本移動の誘因になる。ただ、物価上昇率が高い（低い）国は通貨が弱くなる（強くなる）傾向があるから、実質長期金利差が資本移動の一つの大きな要因といえるだろう。一九八〇年代前半や九〇年代後半のアメリカの相対的に高かった実質金利は、アメリカ経済への信認の高まりとともに、アメリカへの資本流入を増加させ、ドル高の要因にもなった。

先進諸国間の長期金利は連動する傾向があり、金利差は主として（予想）インフレ率や返済リスクの差を反映することになる。債券と並んで主要な投資対象になる株式の価格は、金利の動きと密接な関係を持っているが、企業収益に影響するさまざまな要因にも左右される。ことに、景気（GDP）の変動には大きく影響される。

金利、株価、為替相場の変動リスクを軽減する手段として、先物、オプション、スワップ取引がある。先物取引とは一定期日後に一定の価格で取引するもの、オプション取引とは一定期日内に一定の価格で買う権利（コール）、売る権利（プット）を取引するもの、スワップ取引とは等価交換契約のことだが、為替取引で直物と先物市場で同時に同額の反対売買をすることもスワップ取引という。金額的には金利（固定金利と変動金利）のスワップ取引が最も大きい。

日米10年国債利回りの推移

%
16
14
12
10
8
6
4
2
0
−2
アメリカ
日本
1972 75 78 81 84 87 90 93 96 99 2002 05 08 11 14 17 19 年

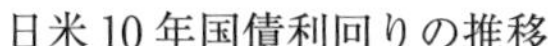

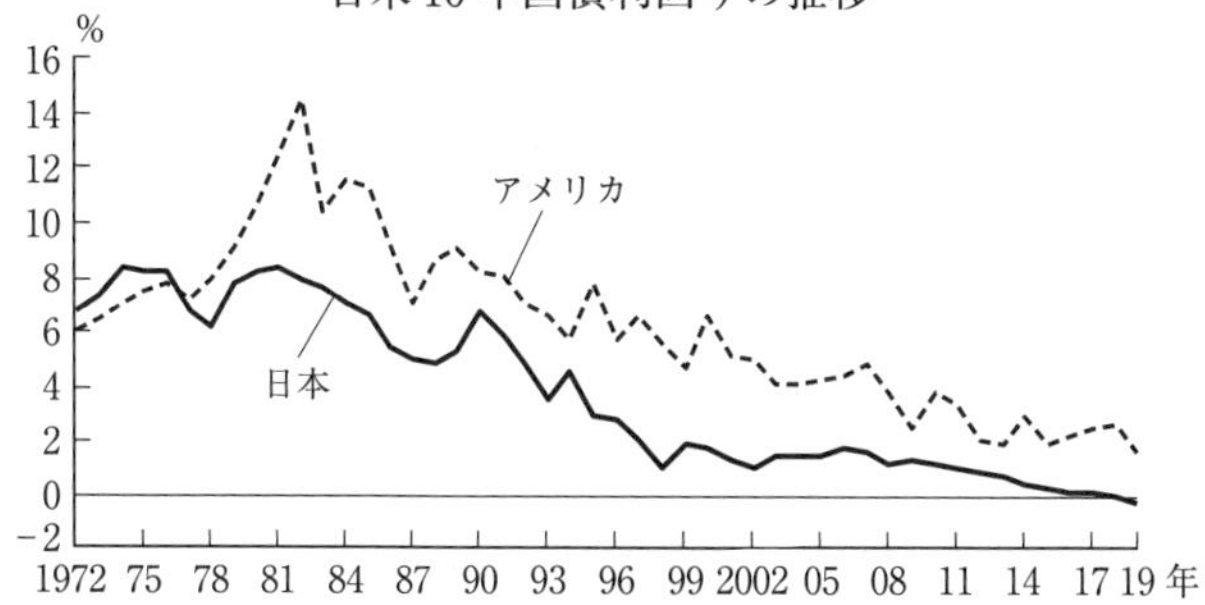

日米の株価・GDP および主要取引所の株式時価総額

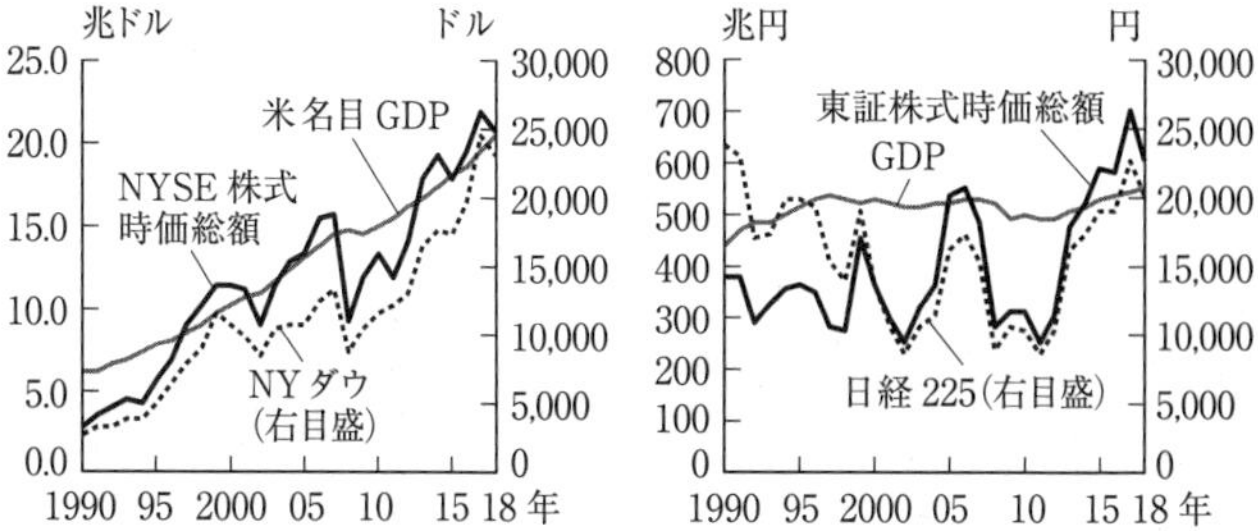

兆ドル
ドル
25.0
20.0
15.0
10.0
5.0
0.0
30,000
25,000
20,000
15,000
10,000
5,000
0
米名目 GDP
NYSE 株式
時価総額
NY ダウ
(右目盛)
1990 95 2000 05 10 15 18 年
兆円
円
800
700
600
500
400
300
200
100
0
30,000
25,000
20,000
15,000
10,000
5,000
0
東証株式時価総額
GDP
日経 225(右目盛)
1990 95 2000 05 10 15 18 年

金融派生商品取引残高
(想定元本ベース, 2018 年末)

合計
542
兆ドル
金利
外国為替
CDS
株式関連
商品

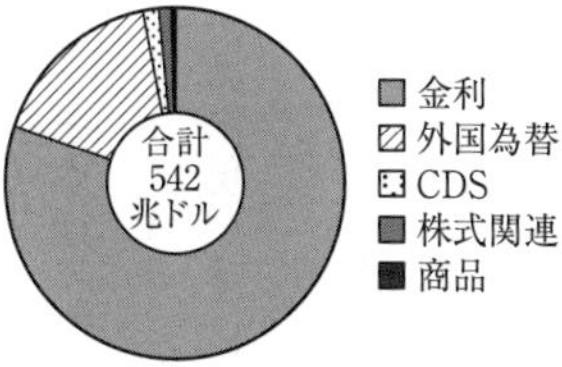

金利派生取引契約の内訳
(想定元本ベース, 2018 年末)

合計
437
兆ドル
先物
スワップ
オプション

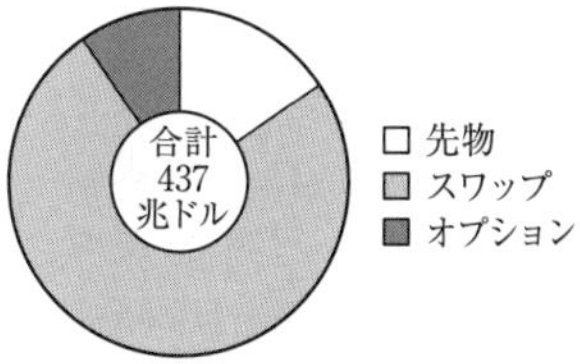

資料：BIS Statistical Bulletin, June 2019.

**④フィンテック（暗号資産等）**　近年、フィンテックと呼ばれる、新しい通信、情報技術を使った金融イノベーションが盛んになり、国際金融の分野でもその動きは顕著である。そうした動きは、特に二〇一〇年代に入る前後から目立ってきた。その頃から、インターネットとモバイル・ブロードバンドの普及、ビットコインの登場とその基盤となるブロックチェーン技術の出現、さらに大量の情報処理技術の発展が相まってイノベーションをもたらしてきている。

ビットコインの出現以降も、さまざまな類似の暗号資産が出現し、国際的な投資・投機対象として定着してきた。ただ、その多くは価値が大きく乱高下することもあって、国際的な支払手段としての用途は限定的である。また、国境を越えたモバイル決済も実現してきたし、国際分散投資の分野でも〝ロボ・アドバイジング〟といったＡＩによる投資アドバイスも一定の存在感を持ってきている。今後とも、さまざまな試みが出てくることは間違いない。

そのうちの一つが二〇一九年にフェイスブックを中心とした共同事業体が発表した暗号通貨、〝リブラ〟構想であった。これは国際的に政府、中央銀行を巻き込んだ議論となった。世界最大のソーシャル・ネットワーキング・サービス企業が主導する構想であり、金融秩序に与える影響も計り知れない。その後、主要国金融当局の警戒・批判に直面し、当初の構想であった単一の価値が安定した国際暗号通貨の発行が断念され、主要通貨ごとに複数の価値の安定した暗号通貨〝ディエム〟を発行する構想に転換されたが、これも実現しなかった。残された問題は、主要国の中央銀行自体がデジタル通貨をいつ発行するかだろう。この点では中国が先行している。

暗号通貨・リブラ構想(2019年6月公表，当初2020年スタート予定)

リブラ協会(非営利共同事業体)をスイスに設立(設立母体はフェイスブックを中心としたウーバーテクノロジーズ，ボーダフォン等21社)

リブラ協会が暗号通貨リブラを発行し，ブロックチェーン技術*で運営

販売代金は主要国の銀行預金，短期国債等で運用するが，金利はつけない(運用益は主として協会の運営経費に充当)

リブラ価値は主要通貨建て資産価値に連動し，法定通貨との交換は保証(交換レートはリブラ取引所で決まる)

主たる狙いは，スマホなどでグローバルに，オープンに，瞬時に，低コストで(リブラを)移動させる

(他のビット・コインなどの暗号資産との一つの違いは，優良裏付け資産を持ち，したがって，価値が比較的安定し，交換手段として使われる可能性大)

懸念：①主要国で金利の上げ下げによる金融政策の有効性がそがれる，②インフレ国などの法定通貨が駆逐される，③マネーロンダリングに使われる，④他の暗号資産同様の流出，⑤個人情報の流出，⑥システム障害時の混乱，⑦裏付け資産価格の暴落時の混乱(最後の貸し手がいない)

＊：ブロックチェーン技術とは，分散型台帳技術のこと．

資料：「libra ホワイトペーパー」Libera Association, 2019 他．

ビットコイン価格チャート

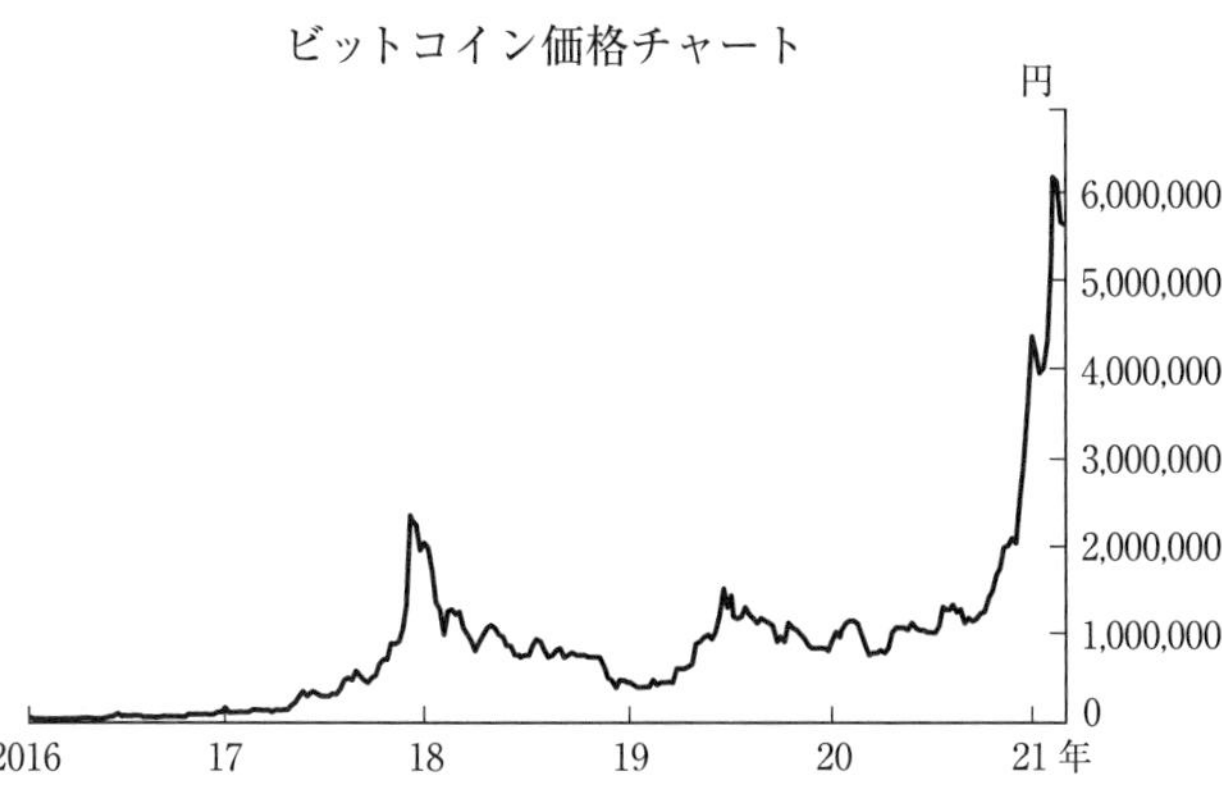

**⑤国際金融活動の拡大と監督強化**　従来の事業会社による直接投資、銀行による対外貸付に加え、さまざまな金融機関を通じた国際的な資産運用が拡大してきた。先進各国の銀行や保険会社は関連子会社などを通じて自らの国際投資活動を活発化させたし、投資信託、年金、ヘッジ・ファンド（少人数向けの私募投資信託）も投資対象国、対象資産を広げ、活発な投資活動を行うようになった。リーマン・ショック以降は若干世界的にそうした投資活動にブレーキがかかったが、プレイヤーの拡大が止まったわけではない。日本の年金積立金管理運用独立行政法人も二〇一四年以降は本格的な国際分散投資を行ってきている。

国際金融活動の活発化とともに金融機関に対する規制・監督を共通化する必要が生じ、国際決済銀行（ＢＩＳ）のバーゼル銀行監督委員会による自己資本を中心とした規制となった。一九八八年、国際的に活動する銀行は自己資本をリスク資産（資産のリスク度ごとにウエイト付けした資産合計額）の一定割合（八％）以上を持つことが義務付けられた。各国において保険会社、証券会社なども一定額の損失を吸収できる強い財務体質を持つことが義務付けられた。

二〇〇四年にはそうした計算の精緻化（バーゼル２）が行われたが、その後も金融機関の破綻が各国で相次ぎ、二〇〇八年には米大手投資銀行リーマン・ブラザーズが破綻した。リーマン・ブラザーズの計算上の自己資本は一〇％を超えていたが、普通株等（エクイティー）部分が少なかったし、リスク資産の計算が甘かった。二〇一三年から始まったルール（バーゼル３）では、自己資本の強化が図られ、破綻すると影響の大きい大手行に対する規制は一段と厳しくなった。

年金積立金管理運用独立行政法人の基本ポートフォリオで定める資産構成割合(2020年4月から5年)

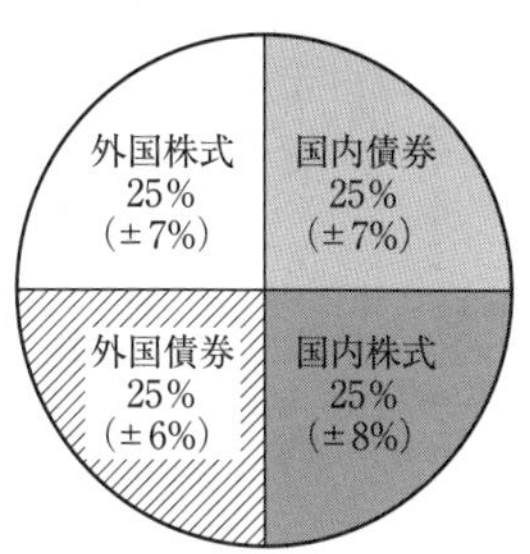


資料：GPIF「基本ポートフォリオ」.

リーマン・ブラザーズのバランスシート(2007年11月末)

(億ドル)

| 資産 | | 負債 | |
|---|---|---|---|
| 金融資産 | 3,110 | 担保付借入 | 2,557 |
| 担保付貸付 | 3,040 | 証券売持ち | 1,520 |
| 受取勘定 | 415 | 短期負債 | 553 |
| キャッシュ | 69 | 預り金 | 829 |
| その他 | 276 | 長期負債 | 1,244 |
| | | エクイティー | 207 |
| 計 | 6,910 | | 6,910 |

注：金融資産は主として住宅ローン担保証券，担保付貸付は主としてヘッジファンド向け短期貸付，担保付借入はレポ契約による借入(証券の買戻し条件付き売り)，証券売持ちはエクイティーや債券のショート・ポジション.

資料：Brookings Papers on Economic Activity, Fall 2008.

バーゼル3(新国際統一基準，2019年からフル適用)

国際業務に携わる銀行の自己資本比率(自己資本/リスクでウエイト付けした資産総額)は8%以上(大手行は最大2.5%上乗せ). 自己資本の内，普通株等による割合を増やす. また，自己資本をリスクでウエイト付けしないベースでのオンバランス・オフバランス資産(債務保証など)合計額で割って計算するレバレッジ比率は3%以上(大手金融機関は上乗せあり).

バーゼル3における自己資本の強化

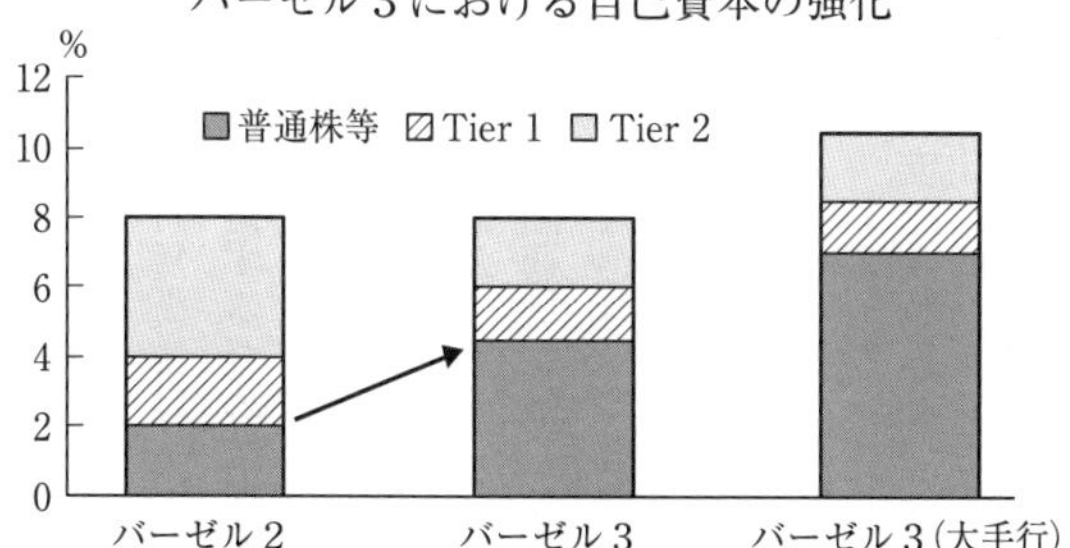


注：Tier 1とは優先株式等，Tier 2とは劣後債，劣後ローン，一般貸倒引当金等.

資料：金融庁「バーゼル3(国際合意)の概要」.

⑥為替レートと外貨準備　多くの主要国が変動相場制度をとり始めたあとも、世界各国は相当額の外貨準備を持ち続けている。ＩＭＦ（国際通貨基金）加盟国全体として、外貨準備は財・サービスの年間輸入額に対して、一九七〇年代までは一割前後だったが、九〇年代には二～三割に上昇し、二〇〇〇年代に入っても増加を続け、二〇一八年時点で五割弱となった。外貨準備は、緊急時の輸入支払代金のためにも保有されるが、主として外国為替相場を安定的に維持するために保有される。自国通貨が強い下落圧力を受けた時には、外為市場で自国通貨買い・（外貨準備を使った）外貨売りの介入をすることがある。このため、通常、外貨準備はいつでも使えるように政府短期証券や銀行預金、典型的にはアメリカの短期財務省証券やドル預金などの流動資産で保有される。

では、なぜ外貨準備は増加してきたのだろうか。それは、多くの国で自国通貨が強くなり過ぎるのを抑制しようとして、外為市場に介入し、自国通貨売り・外貨買いの介入を行ってきたためである。中国が典型的な例だが、人民元の上昇を緩やかにしようとする過程で外貨準備が増えた。その後、元安局面では逆の介入を行ってきている。日本も、二〇〇一～〇三年、二〇一〇～一一年にかけて円高抑制のため為替市場への介入を行ってきた。

為替レートは市場経済にとって最も重要な価格である。貿易・経常収支や金利差といった経済的要因ばかりでなく、政治的要因によっても変動するから固定しようとしても難しい。しかし、どんな場合もすべて市場の動きに委ねるのも難しい。したがって、通貨当局は為替レートの過度の変動に対処するために時として、市場に介入し、その結果として外貨準備が変動する。

主要な外貨準備保有国(2019 年 6 月末)

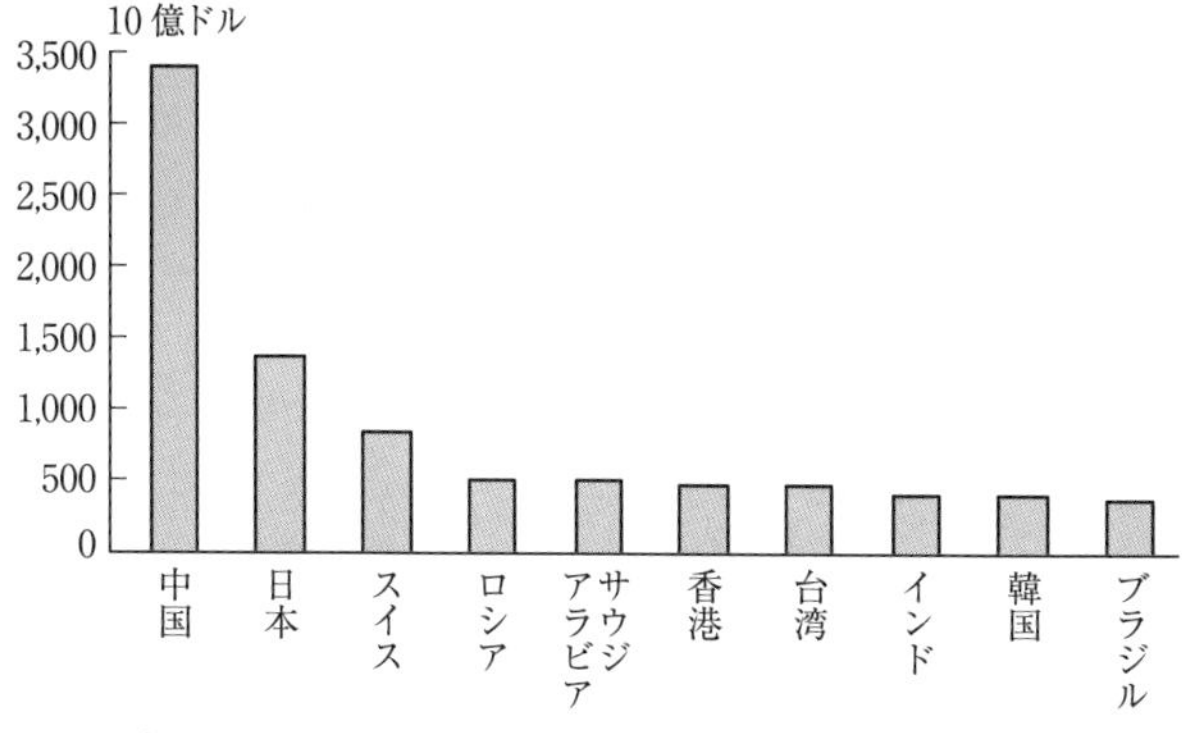


資料：IMF Data, 他.

人民元/ドル・レートと中国の経常収支

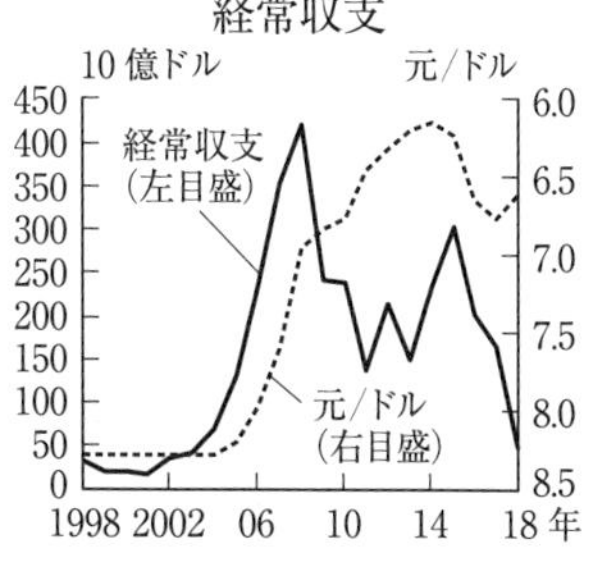


人民元/ドル・レートと中国の外貨準備の推移

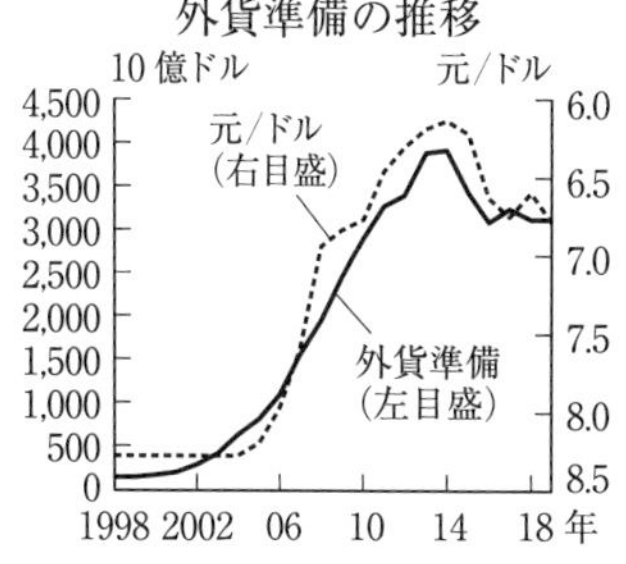


円/ドル・レートと日本の経常収支

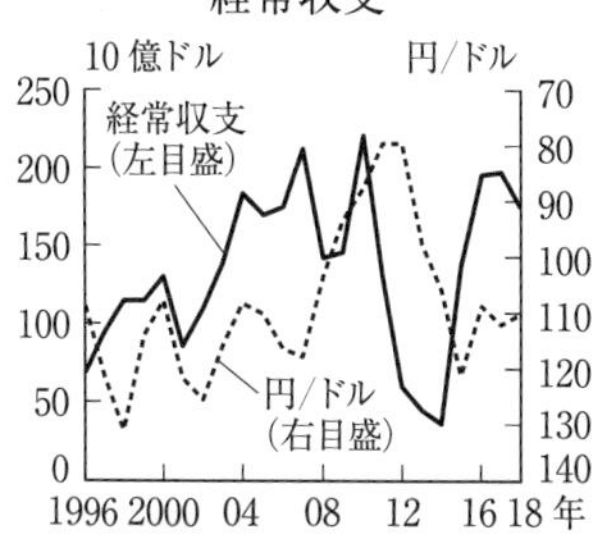


円/ドル・レートと日本の外貨準備の推移

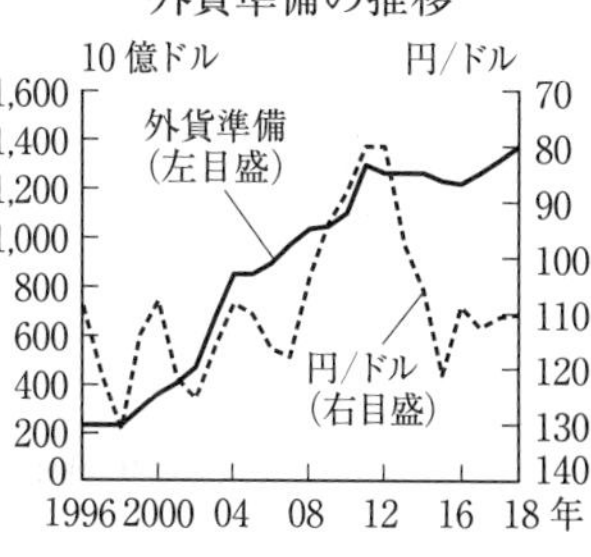

⑦ユーロの拡大　一九九九年一月、欧州統一通貨「ユーロ」がスタートした。第二次大戦後から始まった経済統合過程における一つの大きな前進であった。欧州の経済統合が開始された九〇年七月からでも一〇年近い時間がかかった。まず、各国市場が統合され、単一市場が九三年に実現した後、通貨統合の準備段階に入り、経済状況と財政金融条件の収斂が図られ、単一通貨の導入となった。その背景には、欧州の恒久的平和と安定を求める強い政治意志があった。

これで、為替リスクのない巨大な市場と米ドルにも対抗しうる通貨が出現することになった。当初のユーロ参加国は、ドイツ、フランスを中心に一一ヵ国だったが、その後二〇〇一年のギリシャに始まり、二〇一五年のリトアニアと二〇二三年のクロアチアまで九ヵ国が加わり、二〇二四年現在二〇ヵ国となった。当面、加盟国の拡大は一段落した感がある。当初、アメリカのGDPに比べてユーロ圏のそれは四分の三程度だった。しかし、加盟国の拡大にもかかわらず、ユーロ圏諸国の経済成長率が低迷し、ユーロ圏とアメリカのGDPの差はかえって拡大し、二〇一八年には三分の二程度になった。ただし、人口では依然としてアメリカを上回っている。

ユーロ・エリアでは一つの中央銀行(欧州中央銀行、ECB)によって一元的な金融政策が行われ、各国中銀は政策実施機関となった。物価の安定をめざすECBはその独立性を保証されており、それが為替市場におけるユーロの強さと安定の基盤となるが、それは構成各国の財政規律の行方にもかかっている。二〇一〇年以降間歇的に起こるギリシャやイタリアなどの財政危機がユーロの今後が容易ではないことを示している。

## 欧州中央銀行制度（ESCB）の概要

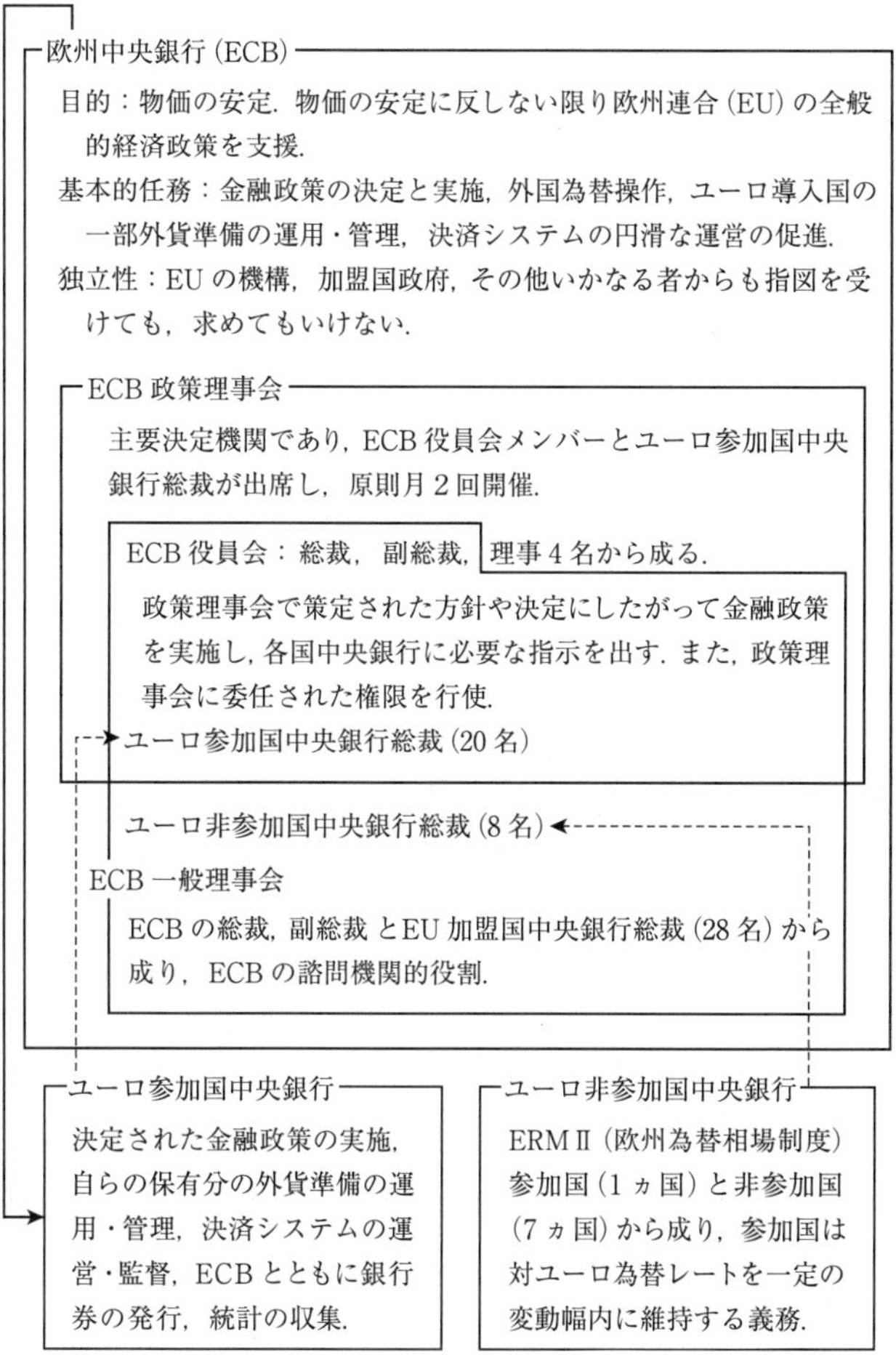

欧州中央銀行（ECB）

目的：物価の安定．物価の安定に反しない限り欧州連合（EU）の全般的経済政策を支援．

基本的任務：金融政策の決定と実施，外国為替操作，ユーロ導入国の一部外貨準備の運用・管理，決済システムの円滑な運営の促進．

独立性：EU の機構，加盟国政府，その他いかなる者からも指図を受けても，求めてもいけない．

ECB 政策理事会

主要決定機関であり，ECB 役員会メンバーとユーロ参加国中央銀行総裁が出席し，原則月 2 回開催．

ECB 役員会：総裁，副総裁，理事 4 名から成る．

政策理事会で策定された方針や決定にしたがって金融政策を実施し，各国中央銀行に必要な指示を出す．また，政策理事会に委任された権限を行使．

ユーロ参加国中央銀行総裁（20 名）

ユーロ非参加国中央銀行総裁（8 名）

ECB 一般理事会

ECB の総裁，副総裁とEU 加盟国中央銀行総裁（28 名）から成り，ECB の諮問機関的役割．

ユーロ参加国中央銀行

決定された金融政策の実施，自らの保有分の外貨準備の運用・管理，決済システムの運営・監督，ECB とともに銀行券の発行，統計の収集．

ユーロ非参加国中央銀行

ERM II（欧州為替相場制度）参加国（1 ヵ国）と非参加国（7 ヵ国）から成り，参加国は対ユーロ為替レートを一定の変動幅内に維持する義務．

⑧ドル・ユーロ・円・人民元　国際通貨体制は多極化の方向にあると言われてきた。特に、一九七一年のアメリカによる金・ドル交換停止以降、米ドル基軸通貨体制から多極通貨体制へ移行していくと考えられた。また、一九九九年のユーロの誕生で米ドルに匹敵する国際通貨が誕生し、多極通貨体制への移行はより明確になると考えられた。しかし、実際には、過去約二〇年、ユーロの外国為替市場における取引量、あるいは、公的外貨準備に使われる割合などは低下傾向にある。さらに、日本円、英ポンド、あるいは、スイス・フランなどかつて国際金融においてそれなりのプレゼンスを持った通貨もそのプレゼンスを低下させてきた。

他方、米ドルの国際的利用は低下してきていない。為替取引に占める割合も、公的外貨準備に占める割合も安定的に推移してきている。経済・金融危機のたびにドル需給が逼迫する現象すらみられる。大陸欧州諸国や日本の金融市場は、資金の調達・運用について、アメリカの巨大で自由な株式・債券・短期金融市場のほか、派生商品市場と比べると、量の点でも質の点でも及ばない。

この間、多くの国の通貨がより活発に取引されるようになった。世界の為替取引量を一〇〇として(四捨五入して)一以上の取引シェアを持っていた通貨は、一九八九年ではユーロ構成国通貨と米ドルを除けば七通貨に過ぎなかったが、二〇一九年には一八通貨に増えている。今日の多極通貨体制とは、米ドルと二、三の代替通貨による体制というより、非常に多くの国の通貨がより活発に取引される体制になってきたということだろう。今後注目されるのは、中国の人民元やデジタル通貨のプレゼンスがどれほど高まっていくのかといった点ではないか。

## 世界の外国為替市場取引における通貨割合
（各年4月の平均1日当たり取引から計算）

| | 1989 | 1995 | 2007 | 2013 | 2019 |
|---|---|---|---|---|---|
| 米ドル | 44.9 | 41.5 | 44.9 | 43.5 | 44.1 |
| ユーロ | 15.9 | 25.1 | 19.0 | 16.7 | 16.2 |
| 日本円 | 14.0 | 12.3 | 11.8 | 11.5 | 8.4 |
| 英ポンド | 7.2 | 4.7 | 6.5 | 5.9 | 6.4 |
| 豪ドル | 1.2 | 1.3 | 2.2 | 4.3 | 3.4 |
| 加ドル | 0.7 | 1.7 | 2.3 | 2.3 | 2.5 |
| スイス・フラン | 4.8 | 3.6 | 3.0 | 2.6 | 2.5 |
| 人民元 | 0.0 | 0.0 | 0.0 | 1.1 | 2.2 |
| 香港ドル | 0.5 | 0.6 | 1.1 | 0.7 | 1.8 |
| ニュージーランド・ドル | 0.0 | 0.1 | 0.3 | 1.0 | 1.0 |
| スウェーデン・クローナ | 0.6 | 0.3 | 1.3 | 0.9 | 1.0 |
| 韓国ウォン | 0.0 | 0.0 | 0.4 | 0.6 | 1.0 |
| シンガポール・ドル | 0.2 | 0.2 | 0.5 | 0.7 | 0.9 |
| ノルウェー・クローネ | 0.1 | 0.1 | 0.7 | 0.7 | 0.9 |
| メキシコ・ペソ | 0.0 | 0.0 | 0.4 | 1.3 | 0.9 |
| インド・ルピー | 0.0 | 0.0 | 0.1 | 0.5 | 0.9 |
| ロシア・ルーブル | 0.0 | 0.0 | 0.2 | 0.8 | 0.5 |
| 南ア・ランド | 0.0 | 0.2 | 0.5 | 0.6 | 0.5 |
| トルコ・リラ | 0.0 | 0.0 | 0.0 | 0.7 | 0.5 |
| ブラジル・レアル | 0.0 | 0.0 | 0.2 | 0.6 | 0.5 |
| その他通貨 | 9.8 | 8.3 | 4.7 | 3.1 | 3.9 |
| 合計 | 100.0 | 100.0 | 100.0 | 100.0 | 100.0 |

注：1995年以前のユーロの数字は1999年時点のユーロ構成通貨の合計数字.
資料：「Triennial Central Bank Survey, Foreign exchange turnover in April 2019」Sep., 2019, BIS.

## 公的外貨準備の通貨別割合（2019年3月末, %）

資料：IMF Data.

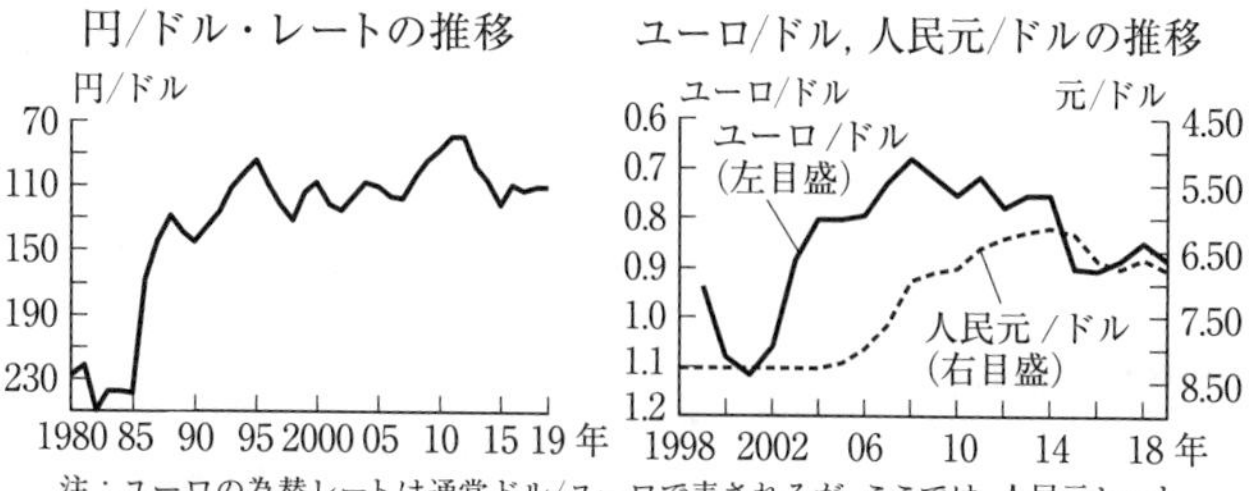

注：ユーロの為替レートは通常ドル/ユーロで表されるが, ここでは, 人民元レートや円レートと比較しやすいようにユーロ/ドルで表示.

**⑨為替制度**　現在の為替制度は、一般的に変動相場制であるといわれている。しかし、世界的に固定為替相場制度が崩壊したあとも、多くの国は米ドルやその他の通貨、あるいは自国の輸出入構造に合った複数通貨に対する固定相場制度を維持してきている。国の数では、固定相場制ないしそれに類似の制度を採る国のほうが多いが、日米欧など多くの主要国は自由変動相場制を採用している。その意味で現在の制度は変動相場制である。

左の表はＩＭＦ(国際通貨基金)によるもので、為替制度を金融政策の枠組みに関連付けたものである。ＩＭＦ自身、一番上の「独自の法貨を持たない」と「カレンシー・ボード」の為替管理体制を〝厳格な固定相場制〟に、「通常の固定相場制」から「水平バンド内の固定相場制」までを〝緩やかな固定相場制〟に分類している。

米ドルにリンクしたカレンシー・ボード制を採る香港と自由変動相場制の日本以外の多くのアジアの国々(中国、シンガポール、ベトナム、インドネシアなど)は〝緩やかな固定相場制〟に分類されている。変動相場制に分類されているインドや韓国を含め、それらの国々においては、為替レートの安定を維持する目的で公的機関による為替市場介入が行われている。一九九〇年代末のアジア通貨危機あたりまでは、多くのアジアの国々の経常収支は赤字だったが、その後は基調的に黒字の国が多い。為替レートの管理がうまくいってきたのが一つの要因だろう。

しかし、それは自由変動相場制を採る国、特にアメリカなどから見ると、自国通貨価値が相対的に高くなっているとの不満にもなる。難しい問題である。

## 為替相場制度と金融政策の枠組み

| 為替相場制度 | | 金融政策の枠組み | | | | | | |
|---|---|---|---|---|---|---|---|---|
| | | 為替相場アンカー | | | | 通貨量目標 | インフレ目標枠組み | その他 |
| | | 米ドル | ユーロ | 複数通貨 | その他 | | | |
| | 国数 | 38 | 25 | 9 | 9 | 24 | 41 | 46 |
| 1 独自の法貨を持たない | 13 | 7 | 3 | | 3 | | | |
| 2 カレンシー・ボード[1)] | 11 | 8a | 2 | | 1 | | | |
| 3 通常の固定相場制 | 43 | 14b | 18c | 4 | 5 | | | 2 |
| 4 相場安定化制度[2)] | 27 | 4 | 2 | 2d | | 11e | 2f | 6 |
| 5 クローリング・ペッグ制[3)] | 3 | 2 | | 1 | | | | |
| 6 クロール類似制度 | 15 | | | 1g | | 5h | 3 | 6 |
| 7 水平バンド内の固定相場制 | 1 | | | | | | | 1 |
| 8 その他の管理相場制 | 13 | 3i | | 1 | | 5 | | 4 |
| 9 変動相場制 | 35 | | | | | 3j | 26k | 6l |
| 10 自由変動相場制 | 31 | | | | | | 10m | 21n |

注：1) カレンシー・ボードとは，自国通貨と特定の外貨を固定レートで交換することを保証.
2) 相場安定化制度とは，通貨バスケット方式などによって為替レートを安定的に管理していく制度.
3) クローリング・ペッグ制とは，目標となる為替レート水準に向けて小刻みに動かしていく方式.

上の表における主な国々：
a：香港　b：サウジアラビア，アラブ首長国連邦　c：デンマーク　d：シンガポール，ベトナム　e：ミャンマー　f：インドネシア　g：イラン　h：中国　i：カンボジア　j：アルゼンチン　k：ブラジル，コロンビア，チェコ，ハンガリー，インド，韓国，ニュージーランド，ペルー，フィリピン，南アフリカ，タイ，トルコ　l：マレーシア，モンゴル，スイス　m：オーストラリア，カナダ，チリ，日本，メキシコ，ノルウェー，ポーランド，ロシア，スウェーデン，イギリス　n：アメリカ，ユーロ 19 ヵ国.

## 近年の為替相場制度割合の変遷

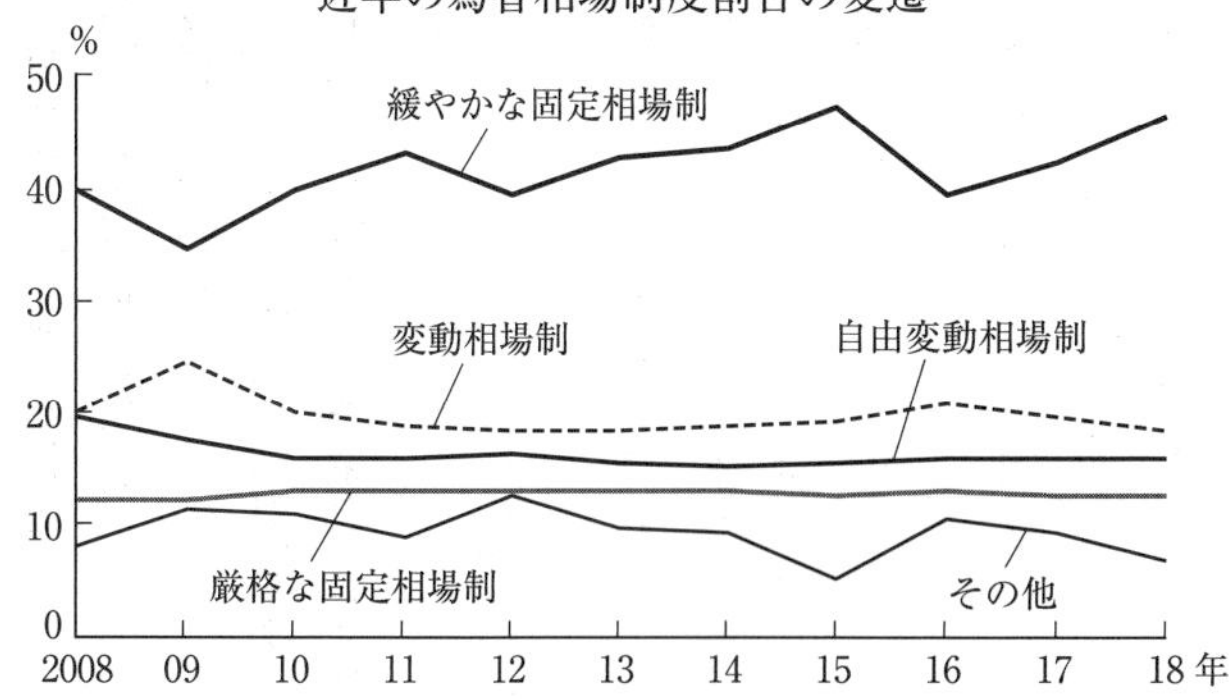


注：「厳格な固定相場制」は上の表の 1－2，「緩やかな固定相場制」は 3－7，「変動相場制」は 9，「自由変動相場制」は 10 に対応している.
資料：Annual Report on Exchange Arrangements and Exchange Restrictions 2018, IMF.

⑩ＩＭＦ体制　第二次世界大戦後発足したＩＭＦ（国際通貨基金）は、戦前の為替切り下げ競争などの国際通貨をめぐる混乱に対する反省から生まれた。加盟国（一九四六年三月、四〇ヵ国で発足）は金一オンス三五ドルで金とリンクした米ドルに対する自国通貨の平価を持ち、その上下一％以内に為替相場を、介入によって維持することが義務付けられた。そして、加盟国が国際収支不均衡に陥ったとき、安易な切り下げ、輸入制限に訴えないようＩＭＦが国際決済資金を融資してきた。平価の変更は国際収支の基礎的不均衡が生じた場合に限られていた。

しかし、この固定平価制度は、いくたびかの通貨危機を経て、一九七一年八月に崩壊し、七三年三月以降、変動相場制に移行し、今日に至っている。

当初の予想と異なり、変動相場制の下でも、国際収支不均衡問題はなくならず、ＩＭＦの役割もなくならなかった。七〇年代のオイル・ショックに始まり、八〇年代の中南米の累積債務問題、そして九〇年代に入ってからも通貨危機（ポンド危機、メキシコ危機、アジア通貨危機、ロシア危機、ブラジル・アルゼンチン通貨危機）が続いた。二〇〇〇年代後半にはアメリカ発のグローバル金融危機によって多くの国が影響を受けた。

国際的な経済政策の協調が必要だが、ＩＭＦの関与は国際収支赤字国に対する融資を通じた場合にほぼ限定され、そうした融資要請を行わない主要国に対する政策提言には限界がある。重要な点はＩＭＦの判断、意思決定がその時々の世界経済の実勢を適切に反映しているかどうかだろう。現在、ＩＭＦは欧米、特に、米国主導の組織であり、相当な改革が必要だろう。

# 四　多極化、地域統合と貿易摩擦

「ボーダレス化した経済とボーダーの存在する政治との狭間で生じる様々な摩擦に対応して、常にその調整が求められるようになろう」

（経済審議会・二〇一〇年委員会報告「二〇一〇年への選択」一九九一年）

①**世界経済の再編成**　第二次大戦が終わったとき、敗戦国であった日本、ドイツ、イタリアはもとより、戦勝国の欧州諸国でも程度の差はあれ経済力が弱まっていた。ひとり、アメリカだけが、直接その国土が戦場にならず、むしろ武器等の供給国、戦費の調達国として経済的地位を強めた。戦後しばらくの間はそうした〝遺産〟の上で繁栄をつづけ、圧倒的な経済力を背景として政治力、軍事力も世界に君臨するにふさわしい強大さを持ち、まさに、パックス・アメリカーナの時代がしばらく続いた。

しかし、欧州、日本が経済復興とその後の継続的発展を遂げるにしたがい、アメリカの相対的経済力が低下していった。その後、中国など新興国が輸出主導の持続的な経済成長によって、その存在感を増してきた。一九八〇年頃からまさに世界経済は多極化の時代に入った。

ただ、一九九〇年代から、世界経済の市場化の流れや通信情報革命に対する対応の巧拙によって、国ごとの経済パフォーマンスに差が出てきた。比較的うまく対応したのはアングロ・サクソン諸国で、改革を先行させ、持続的な経済成長を実現した。一方、多くのアジア、中南米諸国は、金融・通貨危機に見舞われ、経済成長が一時的にしろ低下した。日本もこのグループに含まれる。これらの中間に位置するのが欧州諸国で、低いながらも比較的安定した成長がつづいた。

二一世紀に入ってから比較的高い成長をとげたBRICs(ブラジル、ロシア、インド、中国)の中でも、特に中国は高成長がつづき、二〇一〇年には日本を抜いて世界第二のGDP国となった。中国はアングロ・サクソン諸国を猛追し情報通信革命への対応でも成功を収めてきている。

世界 GDP に占めるアメリカのシェア

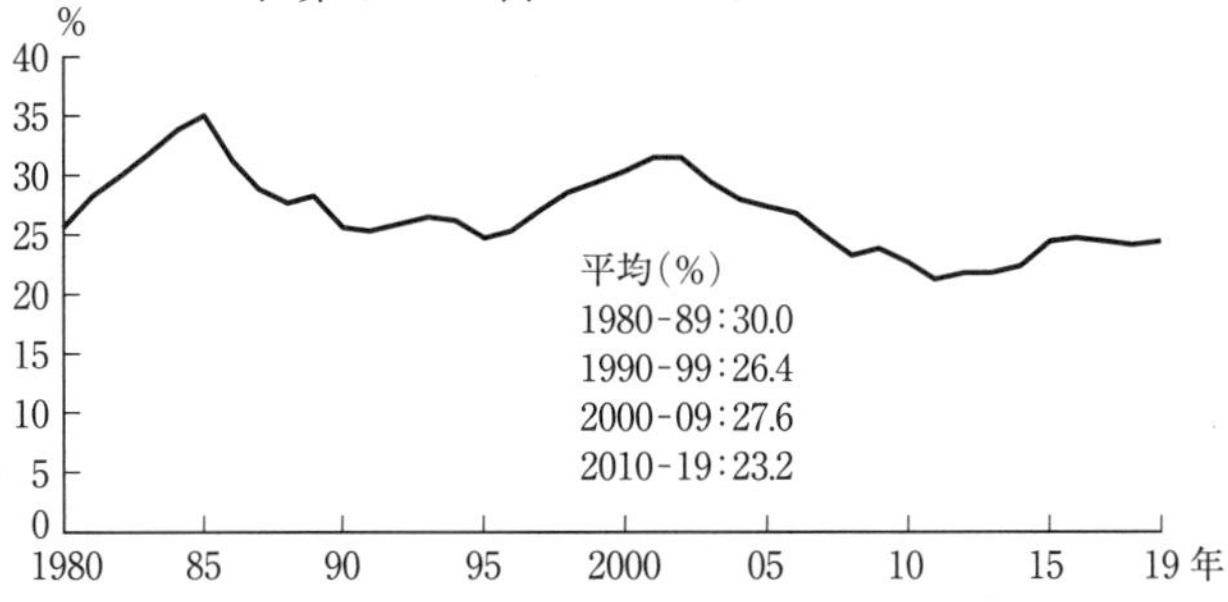


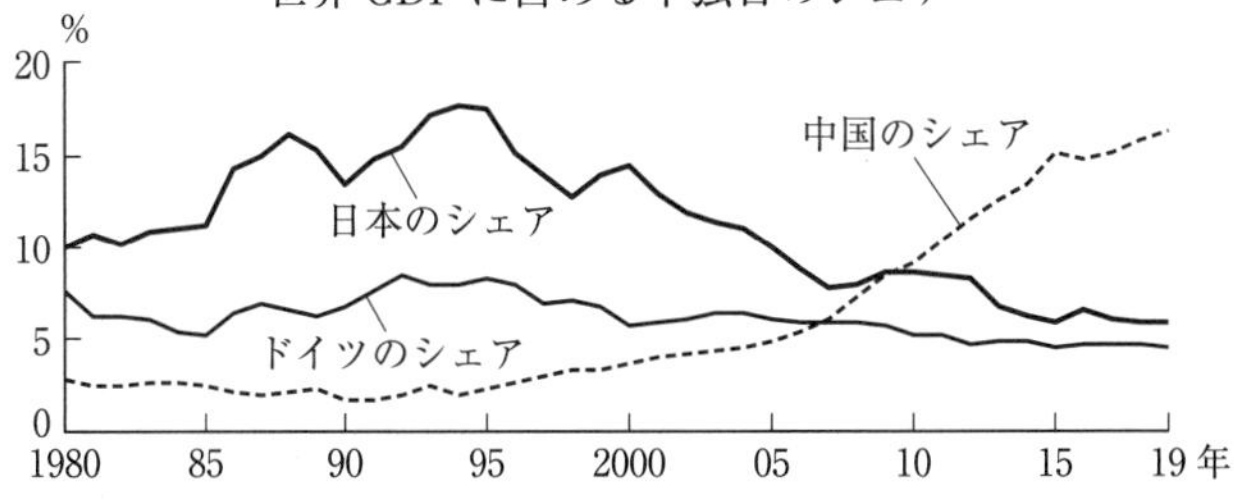


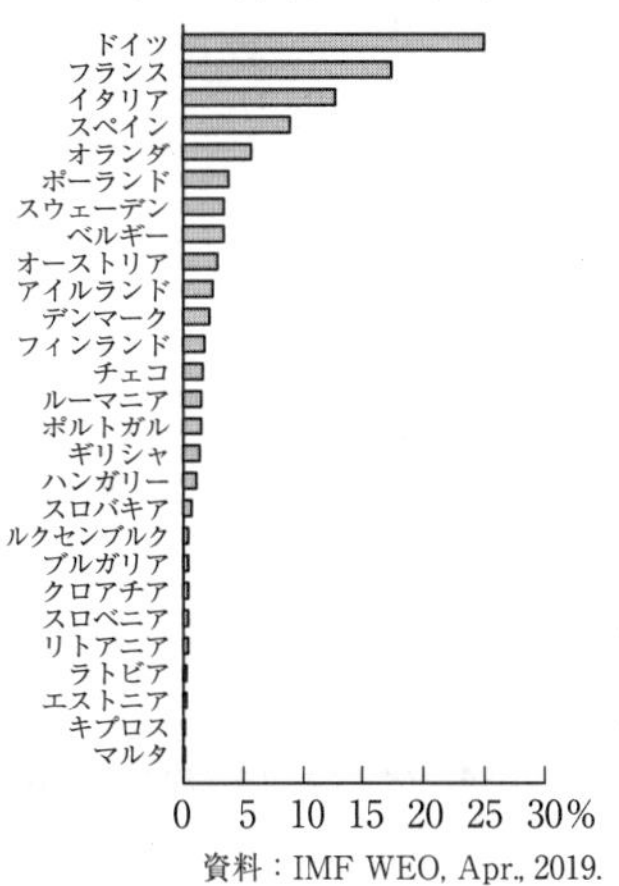


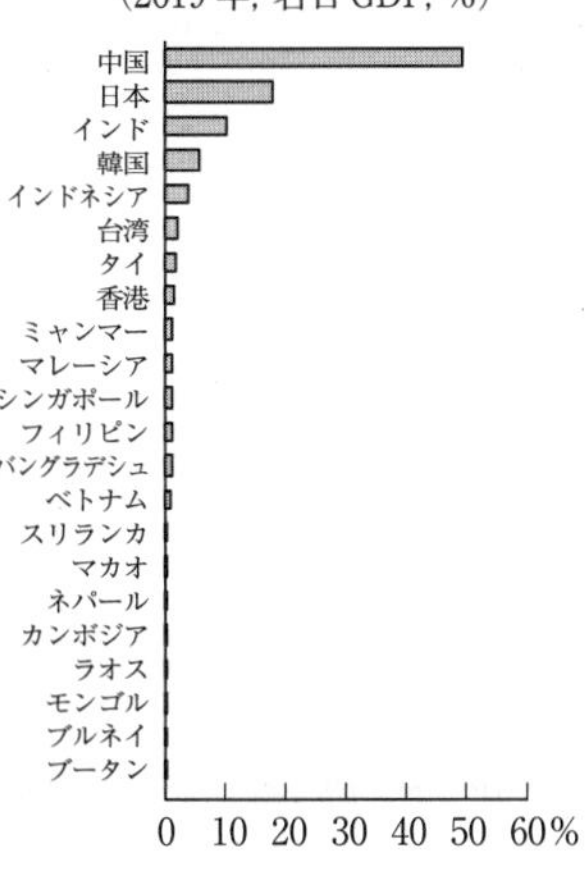


資料：IMF WEO, Apr., 2019.

②アメリカ経済：相対的強さの保持　第二次大戦後しばらくの間、アメリカはその圧倒的な経済力、政治力、軍事力によって世界に君臨した。ドルはポンドに代わってほぼ唯一の基軸通貨となった。国連、IMF、世界銀行、GATTなどの国際機関においてもアメリカの影響力は圧倒的だった。しかし、日本および欧州が経済的な力をつけてくる一方、アメリカ経済は〝黄金の六〇年代〟以降やや勢いを失い、ベトナム戦争で苦しい立場に立ち、日・米・欧の力関係に相対的変化が起こった。そして、ソ連の崩壊とともに〝アメリカの冷戦疲れ〟も顕在化し、世界経済は多極化の時代となった。一九七〇年代以降九〇年代初めまで、ドルは日欧通貨に対して下落し、アメリカ経済の相対的低下はその後も続くと思われた。

しかし、一九九〇年代に入って以降のアメリカ経済はみごとに復活した。情報通信分野などでの規制緩和、金融制度改革、国防費の削減などが大きかった。活発化した情報通信関連投資が設備投資をリードし、物価安定下の成長に貢献した。

二〇〇〇年春に大幅な株価下落を経験したが、その後は再び長期にわたる安定成長を遂げた。しかし、〇七年秋のサブプライム問題で金融不安が生じ、〇八年九月リーマン・ブラザーズの破綻を機に金融危機が起こり、世界各地に混乱をもたらした。その後、景気は回復し、デジタル経済に向けての経済の活性化もあり、経済成長が続いた。コロナウイルス禍に直面しても、金融緩和にも助けられて株価はかえって上昇した。こうしてみると、アメリカ経済は先進諸国の中では情勢変化への柔軟性と高い対応力によって比較的高い成長を遂げてきたといえるだろう。

アメリカの実質経済成長率と消費者物価変化率の推移

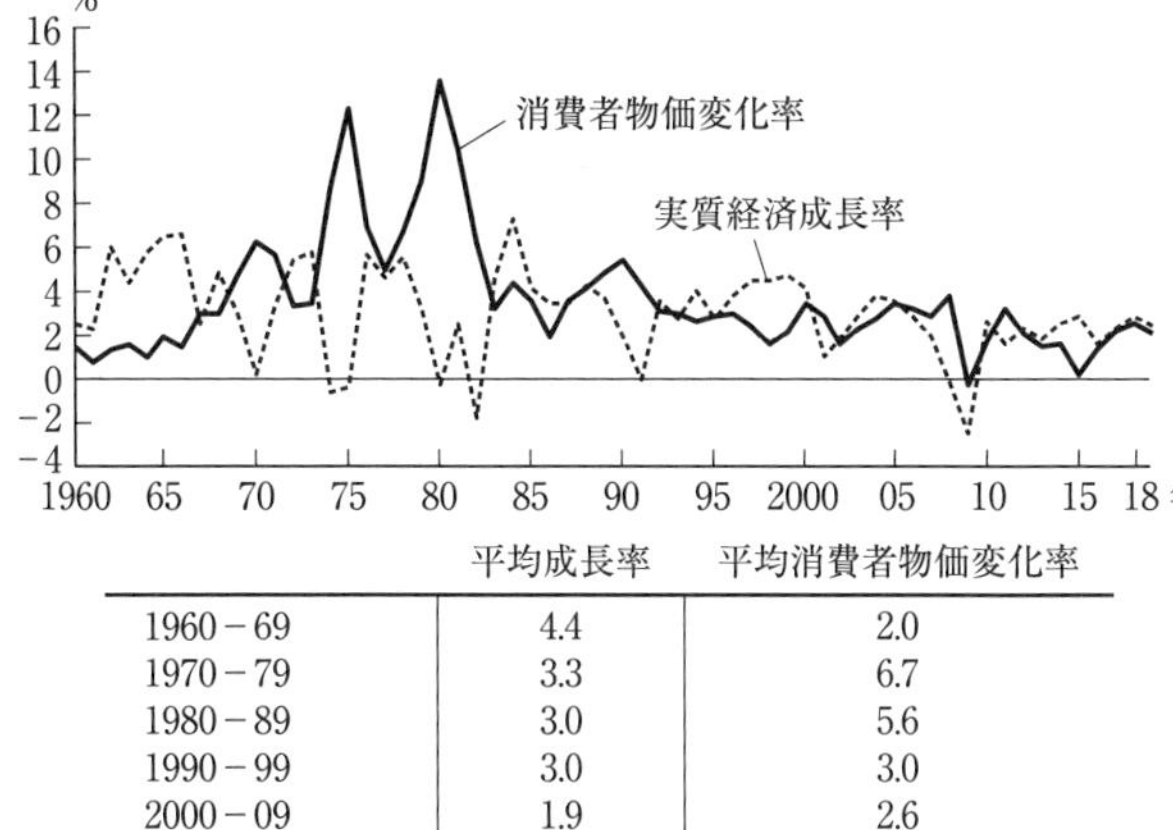


| | 平均成長率 | 平均消費者物価変化率 |
|---|---|---|
| 1960－69 | 4.4 | 2.0 |
| 1970－79 | 3.3 | 6.7 |
| 1980－89 | 3.0 | 5.6 |
| 1990－99 | 3.0 | 3.0 |
| 2000－09 | 1.9 | 2.6 |
| 2010－19 | 2.3 | 1.8 |

資料：US Bureau of Economic Statistics, US Bureau of Labor Statistics, IMF WEO, Apr., 2019.

アメリカ株価(S&P 500)の推移

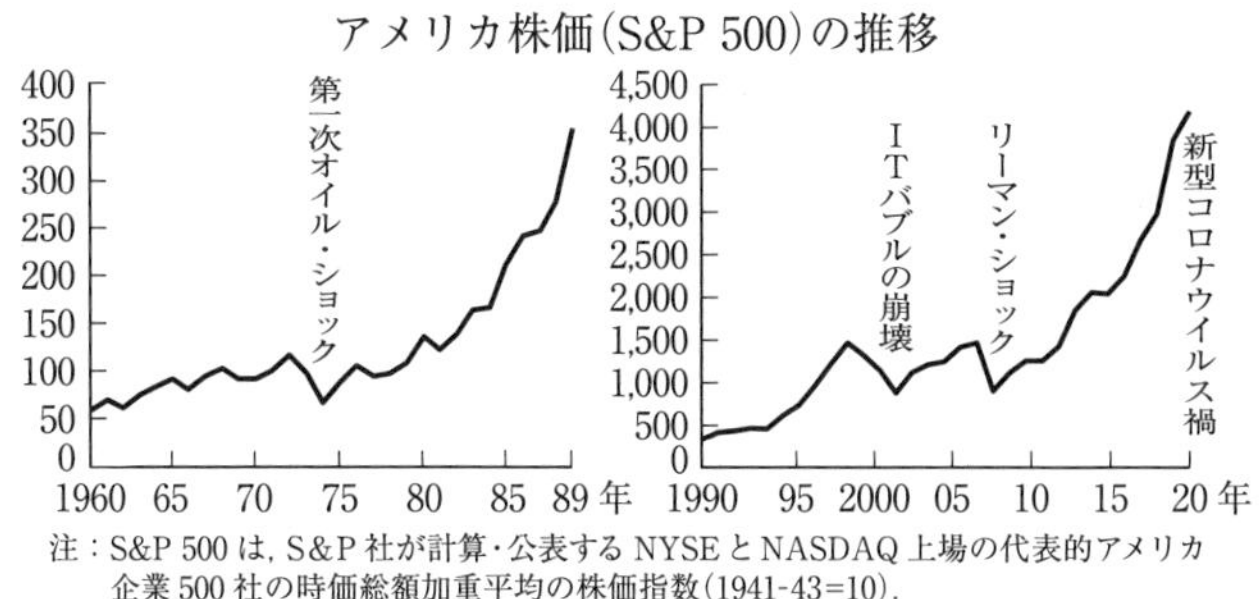


注：S&P 500 は，S&P 社が計算・公表する NYSE と NASDAQ 上場の代表的アメリカ企業 500 社の時価総額加重平均の株価指数(1941-43=10).

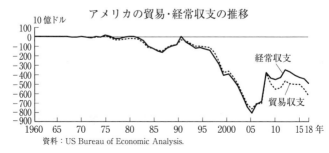

アメリカの貿易・経常収支の推移

10 億ドル
100
0
−100
−200
−300
−400
−500
−600
−700
−800
−900
経常収支
貿易収支
1960 65 70 75 80 85 90 95 2000 05 10 15 18 年

資料：US Bureau of Economic Analysis.

③ＥＵ：東への拡大とブレクジット　ＥＣ（欧州共同体）は、一九六七年、ＥＣＳＣ（欧州石炭鉄鋼共同体）、ＥＥＣ（欧州経済共同体）、ＥＵＲＡＴＯＭ（欧州原子力共同体）の三共同体が決定・執行機関を統一し、発足した。その背景には、ドイツとフランスの間の「永遠の和解」を基礎として欧州全土に恒久平和をもたらそうという強い団結の意識があった。

ＥＣはヨーロッパの復権と繁栄をめざした。経済の分野では域内の統一関税などを進め、非関税障壁を撤廃することにより、一九九三年にはＥＣ内でのヒト、モノ、カネ、サービスの国境を越える自由な移動を可能にする統一市場が発足した。

また、マーストリヒトにおける欧州首脳会議での欧州統合に関する条約が一九九三年には発効し、ＥＵ（欧州連合）が発足した。ＥＵはその前身のＥＣをさらに発展させ、域内通貨統一と欧州中央銀行（ＥＣＢ）による金融政策の一元化に加え、共通の外交・安全保障政策や司法・内務に関する協調にまで踏み込んだものである。金融政策以外の経済政策全般の協調も必要になってくる。二〇一〇年には財政政策の一本化を目指すことにもなった。しかし、社会政策、外交・安全保障政策についての協調は道半ばである。

ＥＵの東欧諸国への拡大も最終段階に入ってきた。その一方で、イギリスが離脱することになった。イギリスの離脱は大陸諸国主導の政策に対する不満と移民・難民の増加に対する拒否反応によるところが大きい。近年の難民の増加はその他の加盟国内でもＥＵ懐疑派を増やしてきている。しかし、ＥＵの東方諸国への拡大はこれからも続く方向にあり、それはロシアとの緊張を高める面もある。

## 欧州統合の歩み

| | |
|---|---|
| 1950 | シューマン・プラン発表(戦間期にも汎欧州運動) |
| 1952 | 欧州石炭鉄鋼共同体(ECSC)発足 |
| 1958 | 欧州経済共同体(EEC), 欧州原子力共同体(EURATOM)発足 |
| 1967 | 欧州共同体(EC)発足：ECSC, EEC, EURATOM の主要機関の統合 |
| 1979 | 欧州通貨制度(EMS)発足：為替相場メカニズム＋欧州通貨単位(ECU) |
| 1987 | 単一欧州議定書の発効(92年までに共同市場の創設) |
| 1989 | 欧州経済通貨同盟(EMU)に関するEC委員長ドロールの3段階案 |
| 1990 | EMU第1段階開始：域内資本移動の完全自由化と加盟国のEMS参加 |
| 1991 | マーストリヒトの首脳会議で欧州連合(EU)に合意：EMUの創設と共通の外交・安全保障政策および司法・内務協力 |
| 1993 | 単一市場開始, マーストリヒト条約発効 |
| 1994 | EMU第2段階開始：経済・金融政策の協調を進め, ECBの前身の欧州通貨機構(EMI)を創設 |
| 1998 | 欧州中央銀行(ECB)設立 |
| 1999 | EMU第3段階開始：単一通貨ユーロの導入(当初の参加11ヵ国通貨の対ユーロ・レートを非可逆的に固定) |
| 2002 | ユーロ紙幣・硬貨の流通開始 |
| 2004 | 中東欧等10ヵ国が加盟 |
| 2007 | 東欧2ヵ国が加盟 |
| 2013 | 東欧1ヵ国が加盟 |
| 2020 | イギリスが離脱 |

## 欧州連合の諸機関

欧州理事会：EU各国首脳と欧州委員会委員長による政治レベルの最高協議機関
EU理事会：EU各国の閣僚級代表による決定機関
欧州委員会：加盟各国1名の委員による執行機関
欧州議会：諮問機関から出発したが, 権限が強化され, 理事会とともに共同決定機関に
欧州裁判所：EUの最高裁
その他：欧州中央銀行, 欧州会計検査院, 欧州投資銀行など

## EUの拡大

1958年(EC)原加盟国：ドイツ, フランス, イタリア, ベルギー, オランダ, ルクセンブルク
1973年(EC)第1次拡大：イギリス, アイルランド, デンマーク
1981年(EC)第2次拡大：ギリシャ
1986年(EC)第3次拡大：スペイン, ポルトガル
1995年(EU)第4次拡大：オーストリア, スウェーデン, フィンランド
2004年(EU)第5次拡大(Ⅰ)：ポーランド, チェコ, ハンガリー, エストニア, ラトビア, リトアニア, マルタ, キプロス, スロバキア, スロベニア
2007年(EU)第5次拡大(Ⅱ)：ブルガリア, ルーマニア
2013年(EU)第6次拡大：クロアチア

資料：外務省.

④ＮＡＦＴＡの改定：ＵＳＭＣＡ　アメリカ、カナダ、メキシコの三ヵ国は、一九九二年、市場統合をめざしてＮＡＦＴＡ(北米自由貿易協定)を締結した(発効は九四年一月)。内容は関税を段階的に撤廃し、さらに非関税障壁も取り除き、投資規制も除去する、というものだった。実際に、三国間の経済的結びつきは強まったし、九四年のメキシコ経済危機が短期で収束したのも、関係強化を背景としたアメリカの助けが大きかった。

協定の目的は、ＥＣに対抗するというよりは、この地域の統合を土台として、まずは米加の間で協定が結ばれ、次いでメキシコを入れ、さらにその他の中南米諸国にも広げる意図があったと言われる。しかし、そうはならなかった。

しかも、その後、アメリカは協定が自国の貿易赤字拡大をもたらし、アメリカ労働者の職を奪ってきたとして、協定の見直しを求めた。再交渉が行われ、二〇一八年九月にＵＳＭＣＡ合意となった。それは多分にアメリカの意図に沿ったもので、メキシコ、カナダからの年間自動車輸入に数量制限を設けたり、原産地規制を強化したりして、それまでの協定が謳う「自由貿易」の文言を取り払うものになった。カナダにしても、メキシコにしても、国全体の経常収支が基調的に赤字であり、二国間の貿易収支のみを問題にされることは理不尽とも考えられる。

かつて、ブッシュ元大統領は「ＮＡＦＴＡは市場を開放し、雇用を創出する。われわれは最も競争力のある企業になる」と述べたが、それは同時に、カナダ、メキシコの企業にとってもそうでなければならないわけで、互恵共存ということは口でいうほど簡単ではない。

3ヵ国のGDP, 人口(2019年)

| | GDP<br>(兆ドル) | 人口<br>(100万人) | 1人当たりGDP<br>(ドル) |
|---|---|---|---|
| アメリカ | 21.3 | 329.6 | 64,767 |
| カナダ | 1.7 | 37.5 | 46,420 |
| メキシコ | 1.2 | 125.9 | 9,858 |

資料：IMF WEO, Apr., 2019.

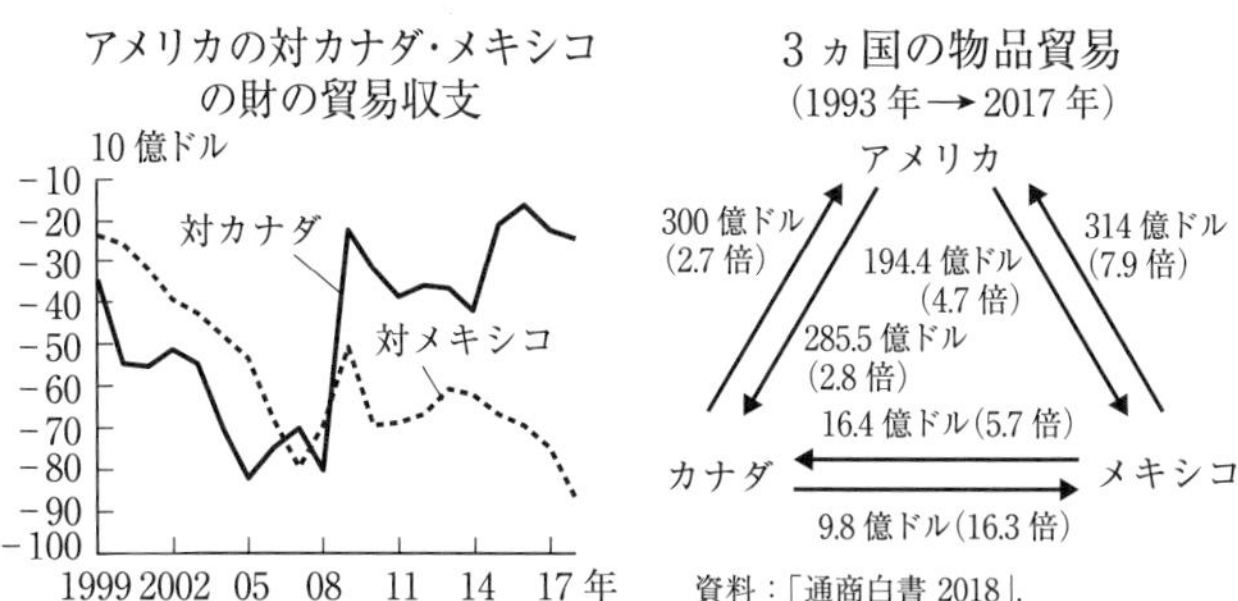


資料：US Bureau of Economic Analysis.

資料：「通商白書 2018」.

USMCA Agreement(2018年9月合意・2020年初発効予定)

自動車関連
自動車の域内原産比率を62.5%から75%へ3年以内に引き上げる
重要な自動車部品についても同様とする
部品の40%以上は, 時給16ドル以上の労働者が生産する割合が40-45%以上に
メキシコは, 乗用車の対米輸出が年間260万台を超えず, 自動車部品の対米輸出が1,080億ドル以下の場合は, 追加関税は免れる
カナダについても, 乗用車の対米輸出が260万台を超えず, 自動車部品の対米輸出が324億ドル以下の場合は, 追加関税は免れる
両国とも, 軽トラックへの追加関税は適用されない

乳製品
カナダは, 乳製品などの無税での輸入割当枠を増やす

為替条項
自国の輸出を有利にするための為替介入を含む競争的な通貨切り下げを控える. お互いの執行状況を監視しあう協議の枠組みも設ける

非市場経済国との貿易協定
中国を念頭に, 非市場経済国と自由貿易協定を締結する場合, 他のメンバーはUSMCAから離脱できる

その他
政府調達, 国境を越えた電子商取引の関税と消費税, 紛争解決スキーム等

⑤TPP11とアジアの経済統合　一九八〇年代半ばから二〇一〇年あたりにかけてのアジアGDPの世界に占める割合は二〇〜二五％くらいであった。しかし、その後、日本のGDPシェアの低下を大きく上回る中国GDPシェアの上昇を主因に、その割合は世界GDPの三〇％を大きく上回るまでになってきた。その一方で、アジアの人口の世界に占める割合は、ここ四〇年ほど変化がなかった。人口が顕著に増えているのはすでにアフリカであってアジアではない。したがって、アジアでは一人当たりGDPも顕著に増えてきたことになる。

アジア地域における貿易は、伝統的には垂直分業的であった。つまり、この地域(日本を除く)は食料、原材料などの一次産品を先進工業国に輸出し、先進工業国から工業製品を輸入するというパターンであり、多分に植民地型であった。それが、経済成長とともに変化してきた。この地域では、高貯蓄、活発な技術導入、勤勉さなどを背景に高成長を遂げる過程で、工業化が進み、消費が拡大し、第三次産業も伸びた。そのため、アジア域内で消費財的な工業製品の輸出入が活発になった。水平分業的になってきたのである。

域内貿易の活発化と高度化に伴って、域内での経済圏の形成も活発になってきた。しかし、これまでのところEUなどのように強固なものにはなってきていない。域内各国の経済発展段階も経済制度も異なり、域外のEUやアメリカへの依存も高かったからである。しかし、日本が主導権を取る形でTPP11(環太平洋経済連携協定)が発効し、東アジア地域包括的経済連携(RCEP)協定についても合意したことは大きな前進であり、今後その実効性が問われる。

アジア GDP が世界 GDP に占める割合

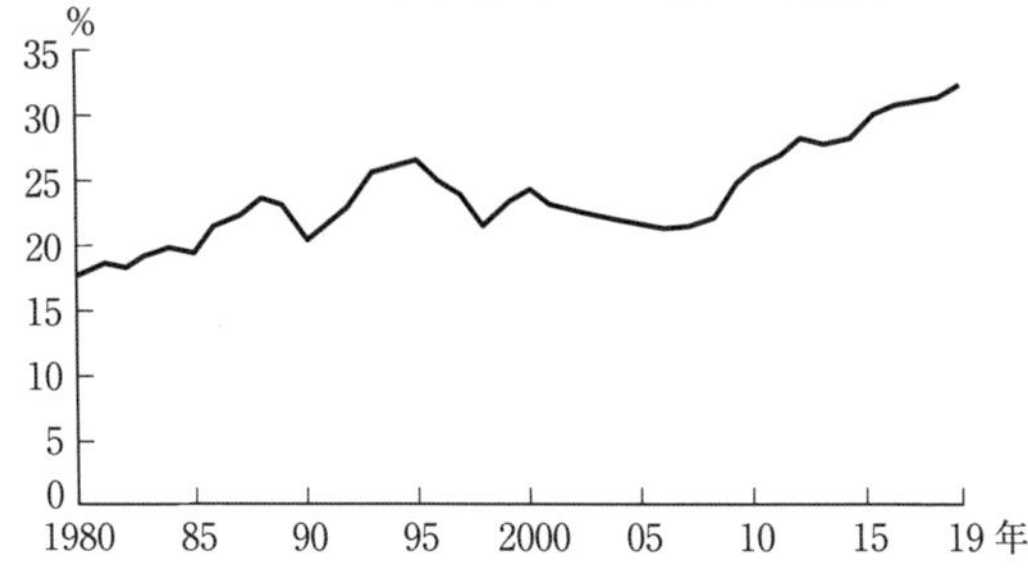


アジアの経済連携協定の推進状況(2020 年)

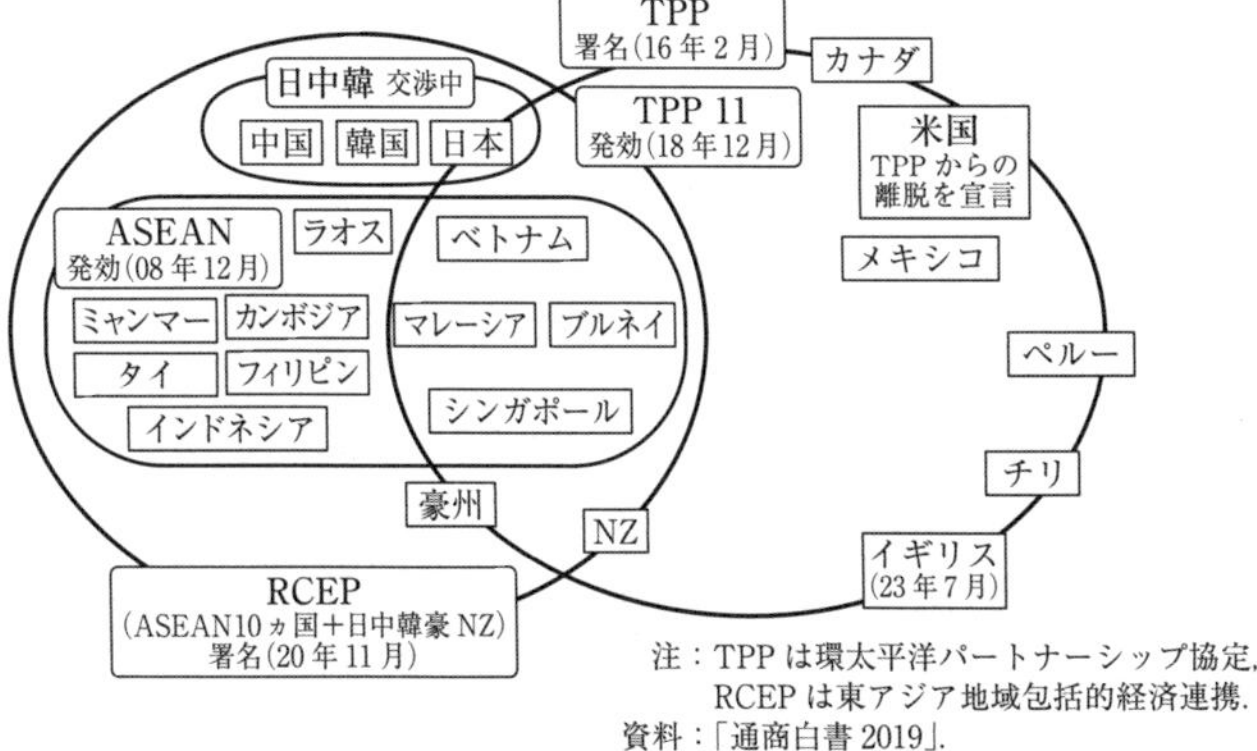


注：TPP は環太平洋パートナーシップ協定，RCEP は東アジア地域包括的経済連携．
資料：「通商白書 2019」．

## TPP 11(2018 年末発効)の概要

経済的意義：モノの関税だけでなく，サービス，投資の自由化を進め，さらには知的財産，電子商取引，国有企業の規律，環境など，幅広い分野で新時代にふさわしいルールをアジア太平洋地域に構築し，自由で公正な巨大市場(世界の GDP の約 13%，貿易総額の 15%，人口約 5 億人)を作り出す．

戦略的意義：自由，民主主義，基本的人権，法の支配といった普遍的価値を共有する国々とともに今後の世界貿易・投資ルールの新たなスタンダードを提供する（交渉過程で参加していたアメリカが最終的に参加しなかったことにより各国とも当初合意していたいくつかの項目について――アメリカが参加するまで――凍結することに同意）．

資料：経済産業省「TPP 11 について」平成 30 年 12 月，他．

**⑥その他の地域統合の現状と地域間貿易**　一九九〇年代に入って以降、欧州、北中米、東アジア以外の地域でも、統合の動きが続いてきたが、実効性のある地域統合は少ない。

多くの中東欧諸国はＥＵへの加盟を果たした。しかし、旧ソ連圏のＣＩＳ（独立国家共同体）諸国は経済共同体としての統一性を欠いている。中東地域もサウジアラビアを中心としたＧＣＣ（湾岸協力理事会）があるが、この地域の特性として集団安全保障の側面が強く、経済面での連携は進んでいない。アフリカでも、これまでさまざまな経済統合が推進されてきたが、それぞれの地域共同体における域内貿易は活発化せず、非関税障壁も撤廃されてきていない。南西アジアには、インドを中心としたＳＡＡＲＣ（南アジア地域協力連合）があるが、これも有効な地域経済協力には踏み込んでいない。メキシコ以外の中南米諸国もさまざまな地域協定を結んだが、メルコスール以外はあまり活発な枠組みは見当たらない。

メルコスール以外では、有効な地域経済協定は欧州・中北米・東アジアの三極にほぼ限定されるようだ。世界貿易もこの三極を中心に行われている。実際、これら三地域で世界貿易の八割以上を占めている。これら三極内の域内貿易にはそれぞれ特徴があり、その地域の資源、工業力、生産性の状況はもとより、その国と周辺諸国の融合関係によっても、発展のテンポや内容が左右される。三極とも加工品の貿易が最大の取引品目であるが、東アジアの場合、北米、欧州に加工品を輸出するための国際分業体制が構築されているため部品の取引が特に多い。

## 世界貿易額の0.1%以上を占める二国間貿易(2017年)

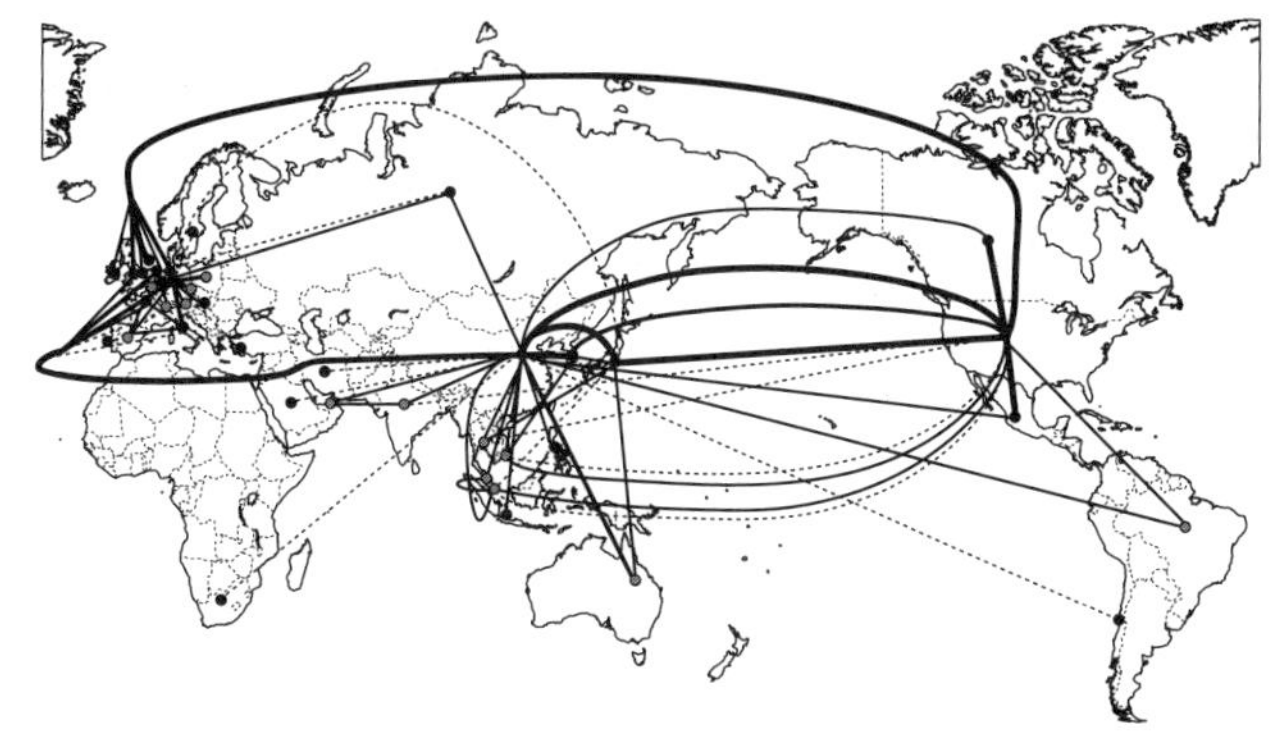

注：1)●は二国間貿易の合計が5000億ドル以上，●は1000億ドル以上．また，二国間の線は太い順に貿易総額が2000億ドル以上 >1000億ドル以上 >500億ドル以上，500億ドル未満は点線とした．
2)香港と各国の貿易は除いている．

## 主要地域の域内貿易

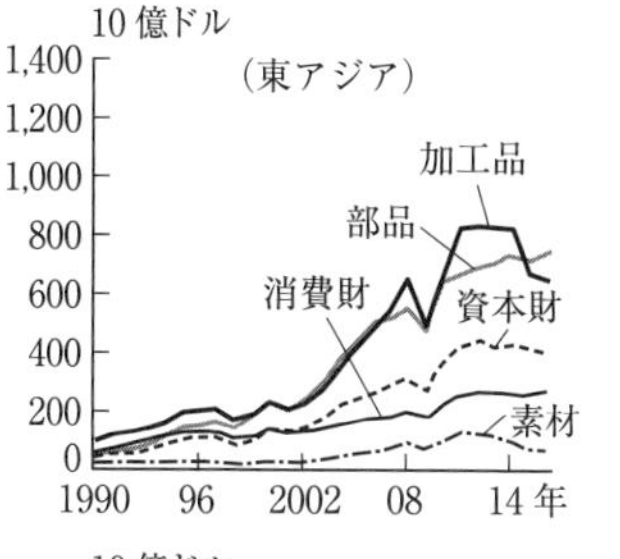

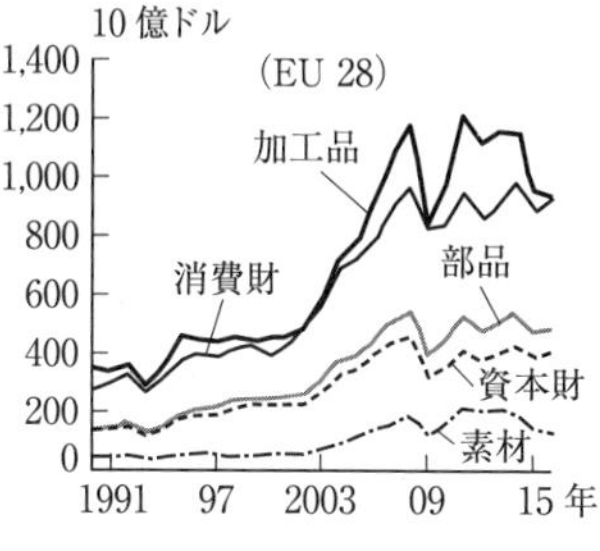

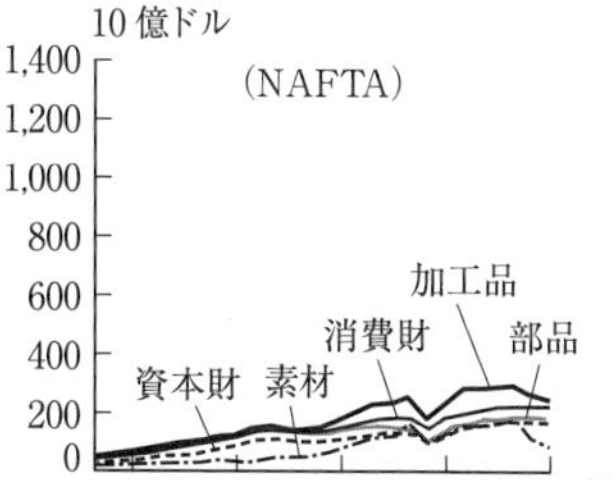

(東アジア)
10億ドル
1,400
1,200
1,000
800
600
400
200
0
1990 96 2002 08 14年
加工品
部品
消費財
資本財
素材

(EU 28)
10億ドル
1,400
1,200
1,000
800
600
400
200
0
1991 97 2003 09 15年
加工品
消費財
部品
資本財
素材

(NAFTA)
10億ドル
1,400
1,200
1,000
800
600
400
200
0
1992 98 2004 10 16年
加工品
消費財
部品
資本財
素材

資料：「通商白書 2019」．

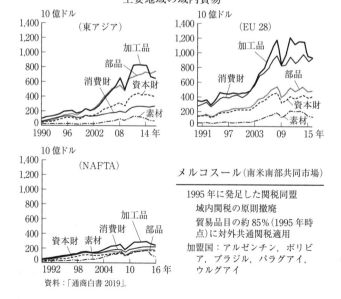

### メルコスール(南米南部共同市場)

1995年に発足した関税同盟
- 域内関税の原則撤廃
- 貿易品目の約85%(1995年時点)に対外共通関税適用

加盟国：アルゼンチン，ボリビア，ブラジル，パラグアイ，ウルグアイ

⑦**貿易・経済摩擦**　第二次大戦後七〇年以上過ぎ、戦争へと導いた経済のブロック化の記憶も薄れてきた。ＧＡＴＴ・ＷＴＯ体制の下での物品に関する関税の切り下げもかなり実現したが、二〇〇〇年代に入って以降、より自由な貿易へ向けての動きはストップした感がある。それは、貿易交渉がより複雑になってきたことや交渉国が増えたことと関係している。

二〇〇一年に始まったドーハ・ラウンドは二〇二四年に至っても決着の気配がない。交渉の対象が物品の関税だけでなく、サービス、知的財産権、環境、投資ルールなどに拡大したし、最近では、データの国際間流通のルール作りもある。また、有力な新興国を中心にＷＴＯの加盟国が拡大してきた。その結果、先進諸国の世界経済に占めるウエイトも低下し、彼らの主張も通りにくくなってきた。つまり、国際取引が複雑化すると同時に、プレイヤーも拡大し、全員一致を旨とするＷＴＯの決定方式が働きにくくなってきた。一方でＷＴＯへの提訴は増えてきている。

経済がグローバル化し、デジタル化するとともに、それに適応できる人々とできない人々の二極分化が起こる。所得格差が拡大する社会では、そのスケープゴートが輸入品となり、政治的には保護主義的になる。各国とも産業構造が重なる部分ではどうしても軋轢が生じる。一時的に職を失ったり、所得が下がったりする人々の利害が政治に反映されやすくなる。日米貿易摩擦と交渉の歴史が典型的な貿易摩擦の記録である。米中の対決にも参考になるが、交渉が長期化することが予想される。最近では中国の経常収支の黒字は小さく、近年のドイツあるいはかつての日本と異なり、マクロ経済面から内需不足ではないだけに、対応が難しい。

WTOにおける年間平均訴訟件数(1995-2018年)

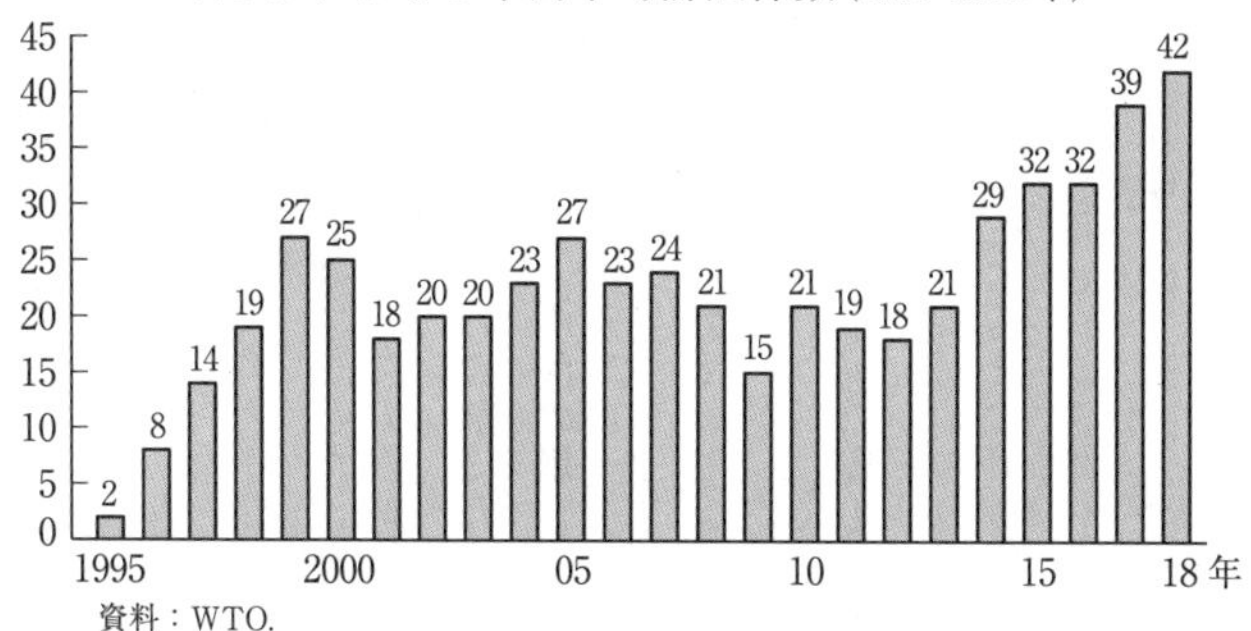


資料：WTO.

主な日米経済交渉

| | |
|---|---|
| 1970年 | 日米繊維交渉開始(1972年協定調印) |
| 1972年 | 対米第二次鉄鋼自主輸出規制(1974年末まで) |
| 1981年 | 対米自動車輸出規制(1984年3月まで) |
| 1985年 | MOSS(市場志向型分野別)協議(1986年決着)プラザ合意 |
| 1989年 | 日米構造協議開始(1990年最終報告) |
| 1991年 | 日米新半導体取極(1996年7月まで) |
| 1993年 | 日米包括経済協議 |
| 1997年 | 日米規制緩和対話 |
| 2001年 | 成長のための日米経済パートナーシップ対話 |
| 2013年 | TPP協定に関する日米協議(2015年大筋合意) |
| 2018年 | 日米物品貿易協定交渉開始に合意(2019年開始) |

資料：外務省「日米経済関係年表(1970年代以降)」.

主要国の経常収支の対GDP比率

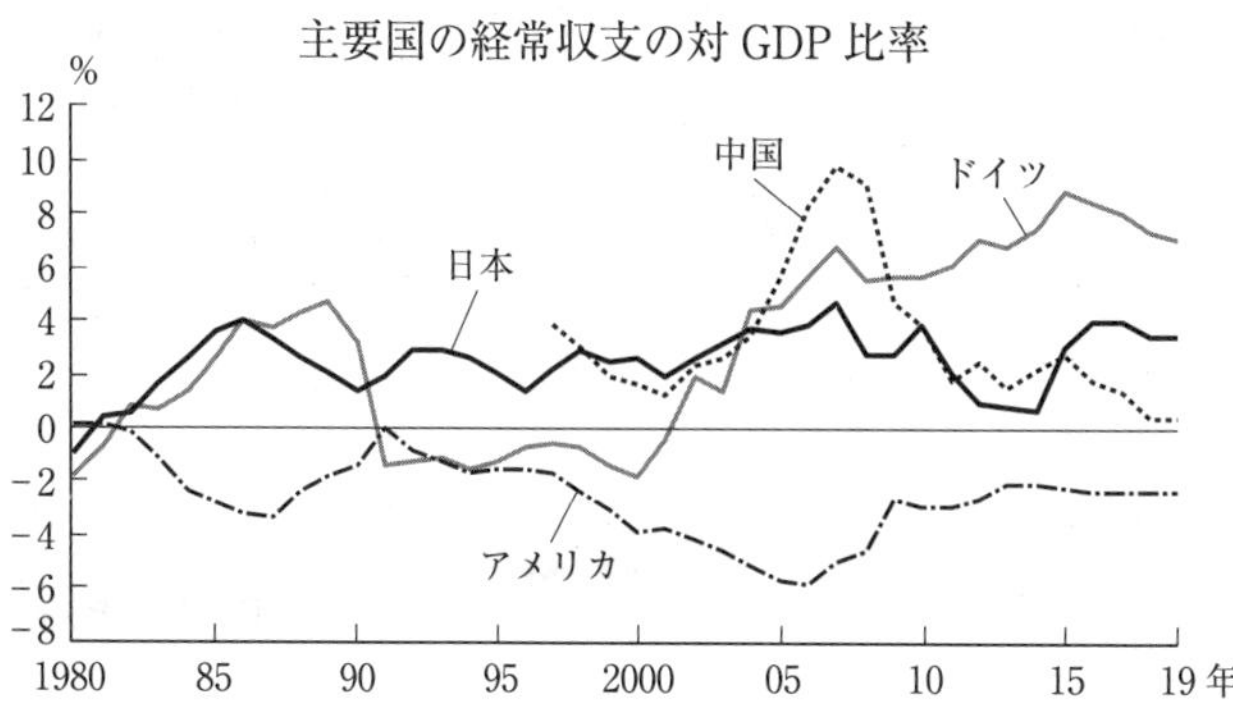

⑧米中貿易摩擦　二〇一八年頃から米中貿易摩擦が激しくなってきた。いくつかの背景がある。まず、中国の経済力が米国から見ても大きくなり、それまでのように鷹揚な対応が難しくなってきた。たとえば、日米貿易摩擦が激化したのは一九八〇年代から九〇年代にかけてで、その当時の日本のGDPはアメリカのGDPの約七割にも達した。二〇一八年の中国のGDPもアメリカのGDPの約七割に達した。アメリカからすれば、自らの地位を脅かす国が出現してきたことになる。しかも、貿易赤字の五割近くが対中国で発生している。日本の対米貿易黒字も九〇年代にはアメリカの貿易赤字の六割にも達していた。

しかも、中国の場合、アメリカから見るとさまざまな点で違和感がある。まず、経済発展の結果として期待していた民主化が実現していない。経済の市場化とともに期待していた共産党と政府の分離が実現していない。それどころか、共産党の一党独裁体制が強化されてきている。

二〇一八年のペンス米副大統領の演説が、アメリカが中国に対して抱く違和感を表している。二〇〇一年に中国のWTO加盟を後押ししたのも中国の民主化を期待したためであり、最近のような言論統制や、二〇一八年に習近平国家主席の任期を撤廃したことは、期待外れということになる。中国からすれば、国家の統一を維持するために不可欠な対応ということになる。

日米間での貿易経済摩擦と米中間の摩擦の根本的な違いは、日本が片務的な日米安全保障条約の存在ゆえに、米国との経済交渉では多くの点でアメリカに譲らざるを得なかったが、中国にはそうしたことはないことだ。米中の貿易経済摩擦はより解決が困難なものになるかもしれない。

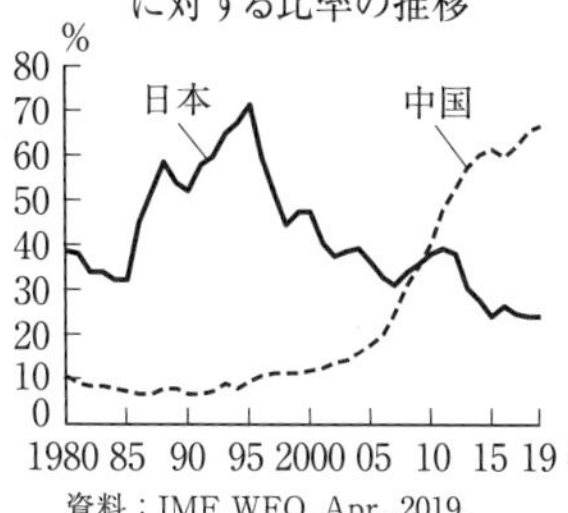


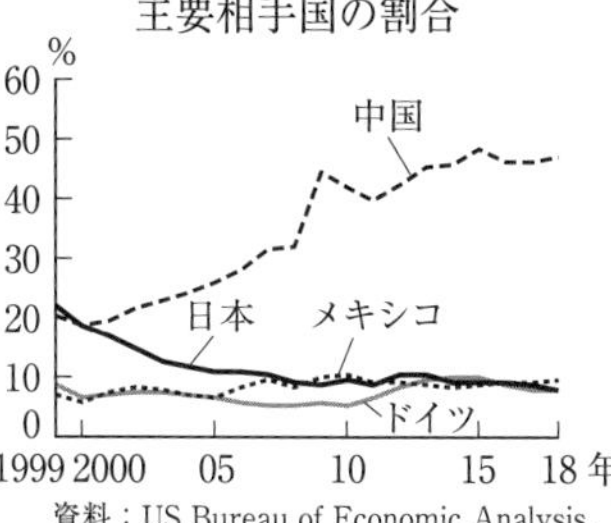


## 中国批判のペンス米副大統領演説(2018 年 10 月 4 日)

経済的自由化が政治面でも進むと期待したが失望
　国内における自由な情報へのアクセス制限
国家資本主義といった異質なルールに基づく国が経済安全保障を脅かす存在に
　GDP の飛躍的拡大と対米貿易黒字の拡大
　貿易面では，関税，元安(為替操作)，強制的技術移転，知的財産権の窃盗
　先端技術の支配指向とそれに向けた産業補助金等
米国への軍事的挑戦：南シナ海での軍事的攻勢等
「一帯一路」にからめた借金漬け外交

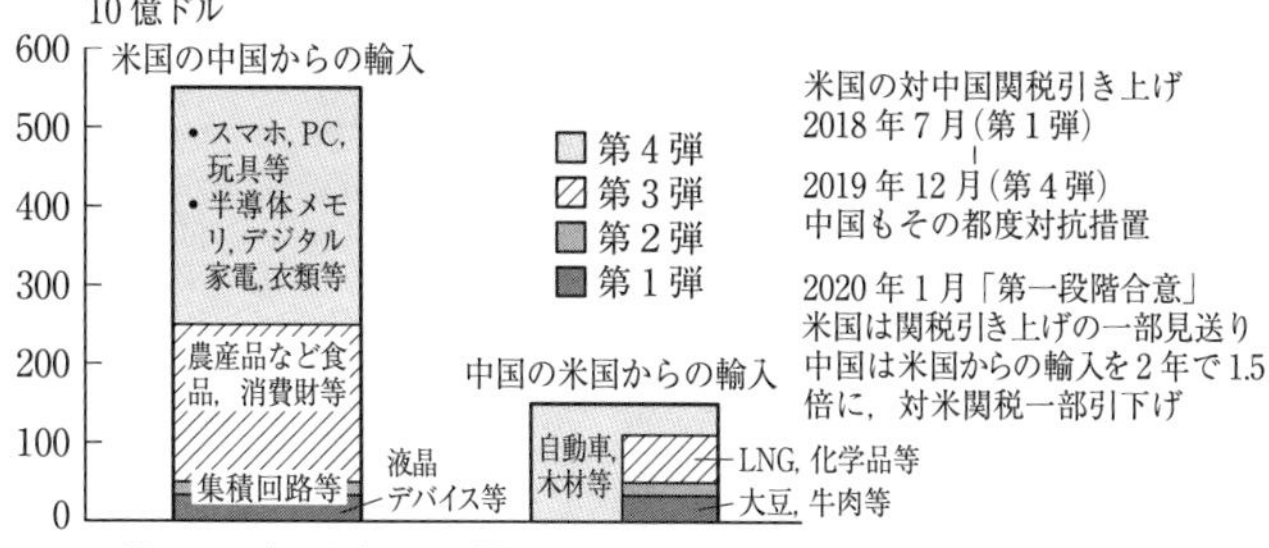

注：2020 年 1 月末までの措置.

## 米中による相手国企業に対する制裁措置

米国による中国企業に対する制裁
　ファーウェイに輸出規制発動(2019 年 5 月)
　中国のスパコン大手「中国曙光」など 5 団体に輸出規制を拡大(2019 年 6 月)
中国による米企業に対する制裁等
　中国航空会社 13 社が米ボーイング社に損害賠償請求(2019 年 5 月)
　信頼できない組織リスト作成を表明(2019 年 5 月)

**⑨G７・G20サミット**　国家間の経済交流が拡大・深化すると、「分業の利益」と「規模の利益」が発揮されて、それぞれの国の経済発展は促進される。しかし、その過程では同時に各国間の対立や摩擦も激化しやすくなる。したがって、各国間の話し合いが従来以上に必要になるが、経済的に影響力の強い国々は、同時に、世界経済に対して責任を持っている。

そうした背景をもって誕生したのが、G７であり、G20であり、各種のサミットである。G７サミット参加国は日本、アメリカ、ドイツ、イギリス、フランス、イタリア、カナダで、会議にはEU代表が参加する。一九九七年から二〇一三年まではロシアが正式に参加し、その時は〝先進国〟から〝主要国〟首脳会議になった。九九年からは一一の新興国・途上国が加わり、二〇ヵ国財務大臣・中央銀行総裁会議が開かれてきたが、二〇〇八年からは二〇ヵ国の首脳会議も始まった。

G20に入っている国は、さまざまな指標からみてトップ二〇ヵ国に入る国が多い。経済力としてのGDP、政治力としての人口、金融力としての外貨準備や株式時価総額、軍事力としての軍人の数、環境面でのマイナスの重要度を表す二酸化炭素排出量などである。当初、G７はG20に取って代わられるとも考えられたが、拡大したG20は各国間の立場の違いがあったりして統一見解が打ち出せず、G７にもそれなりの役割が残った。

サミットでは経済情勢、通商問題、途上国問題が恒例として取り上げられ、最近では、核の拡散問題、国際金融システムの安定化、デジタル経済化に向けての協力などが取り上げられている。サミットのショー化・儀式化は避けるべきだが、定期的な話し合いの場としての意義は大きい。

## G7, G7 以外の G20, その他世界各国の GDP シェア

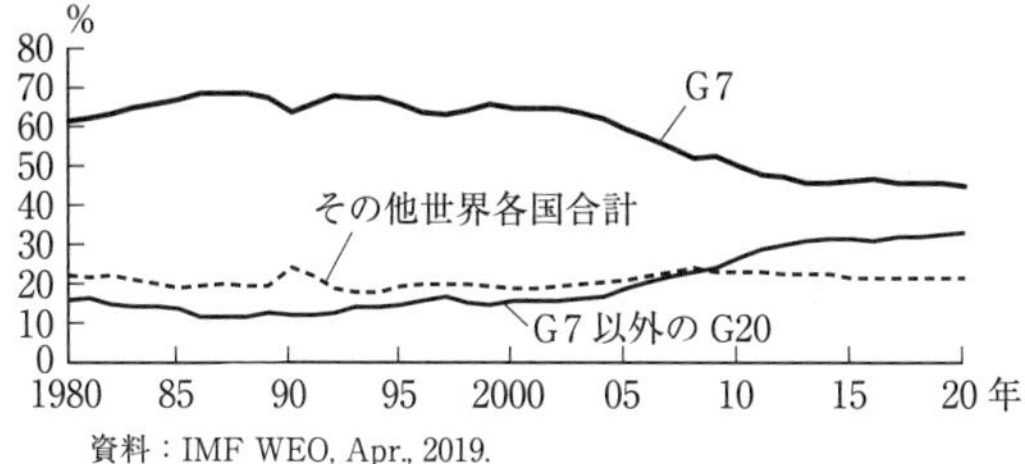


資料：IMF WEO, Apr., 2019.

## G 20 メンバーとボーダーラインの国々

| | ① GDP 2017 | ② 人口 2019 | ③ 国土 2017 | ④ 外貨準備 2018 末 | ⑤ 株式時価総額 2018 末 | ⑥ $CO_2$ 排出量 2016 | ⑦ 軍人数 2018 | 合計スコア |
|---|---|---|---|---|---|---|---|---|
| 1 アメリカ | ○ | ○ | ○ | ○ | ○ | ○ | ○＊ | 7 |
| 2 中国 | ○ | ○ | ○ | ○ | ○ | ○ | ○＊ | 7 |
| 3 日本 | ○ | ○ | | ○ | ○ | ○ | ○ | 6 |
| 4 ドイツ | ○ | ○ | | | ○ | ○ | | 4 |
| 5 イギリス | ○ | | | ○ | ○ | ○ | ＊ | 4 |
| 6 フランス | ○ | | | | ○ | ○ | ＊ | 3 |
| 7 インド | ○ | ○ | ○ | ○ | ○ | ○ | ○＊ | 7 |
| 8 ブラジル | ○ | ○ | ○ | | ○ | ○ | ○ | 6 |
| 9 イタリア | ○ | | | | | ○ | | 2 |
| 10 カナダ | ○ | | ○ | | ○ | ○ | | 4 |
| 11 ロシア | ○ | ○ | ○ | ○ | ○ | ○ | ○＊ | 7 |
| 12 韓国 | ○ | | | ○ | ○ | ○ | ○ | 5 |
| 13 オーストラリア | ○ | | ○ | | | ○ | | 3 |
| 14 メキシコ | ○ | ○ | ○ | ○ | | ○ | ○ | 6 |
| 15 インドネシア | ○ | ○ | ○ | ○ | ○ | ○ | ○ | 7 |
| 16 トルコ | ○ | ○ | | | | | ○ | 3 |
| 17 サウジアラビア | ○ | | ○ | ○ | ○ | ○ | ○ | 6 |
| 18 アルゼンチン | | | ○ | | | | | 1 |
| 19 南アフリカ | | | | | | | | 0 |
| オランダ | ○ | | | | ○ | ○ | | 3 |
| スイス | ○ | | | ○ | ○ | | ○ | 4 |
| スペイン | ○ | | | | | ○ | | 2 |
| エジプト | | ○ | | | | | ○ | 2 |
| タイ | | ○ | | ○ | | | ○ | 3 |
| パキスタン | | ○ | | | | | ○＊ | 2 |
| イラン | | ○ | ○ | | | | ○ | 3 |
| ベトナム | | ○ | | | | | ○ | 2 |
| コンゴ民主共和国 | | ○ | ○ | | | | | 2 |
| 台湾 | | | | ○ | ○ | | | 2 |
| 香港 | | | | ○ | ○ | | | 2 |
| ベルギー | | | | | ○ | ○ | | 2 |

注：各項目の上位 20 位以内に○をつけてある．＊は核兵器保有国．G 20 には 19ヵ国に加えて EU(欧州連合)が含まれる．それぞれの項目は世界に占めるそれぞれの国の重要度を示している．①は経済力，①−③は政治力，③は資源の豊富さ，④と⑤は金融力，⑥は環境関連指標，⑦は軍事力を表す代理変数として採用し，最後の合計点はそれぞれの国の重要度を示す．

資料：「世界国勢図会 2019/20」他．

⑩経済協調と国民国家　世界経済での市場経済化が進めば，モノ，ヒト，カネ，技術，情報がますます自由に国境を越えて，経済的には市場の〝一体化〟がますます進むことになる。しかし，それで直ちに世界で単一の国家ができるわけではない。いつの日にか，現在のような形態の組織としての国民国家――一定の領土とその住民を治める自主的な権力組織と統治権を持つ政治社会――が消滅するとしても，国民感情や固有の伝統・文化を考えるとき，そうした事態はすぐには来ない。

しかし，やや極端な表現であるが，〝市場の力〟は〝人為的権力の力〟より強く，経済的にみれば国境の意味は次第に薄れていくであろう。にもかかわらず，人間の経済活動は，〝分業〟という行為にみられるように，つねに共同体としての活動の性格を持っている。

いま世界経済では多極化が進み，同時に，その中でグループ化，地域統合が進んでいる。それは個々の国の主権，自主性を基本としながらも，グループとしての協調性を不可欠の前提としている。そのため，特定の国の〝国益〟と全体の共同体としての〝国際益〟（ないし〝地域益〟）の衝突と調整の問題が，これからはつねにつきまとう。利害の調整に当たって必要なことは何か。第一は，地域構成国のそれぞれの自主性と自治権を尊重することである。第二に，経済的な利害の調整を図るために，武力を行使することはもちろん，それと類似の内政干渉も避けなければならない。第三に，一つの地域ないしグループの優位性を保つために，他の地域に対し排他的，閉鎖的であってはいけない。そのうえで第四の国際協調が生きてくる。

# 五　指令経済と途上国の市場経済化

「冷戦構造の終結にともない、新たな秩序の構築が必要となっている。旧ソ連・東欧等の民主化、市場経済への円滑な移行は世界経済の大きな利益でもある」

（経済審議会「生活大国五ヵ年計画」資料、一九九二年）

**①社会主義対資本主義ではない**　冷戦の終焉とともに東西体制も解体した。その中で、最も劇的な出来事は一九二二年に成立したソビエト連邦の崩壊であり、その指令経済の崩壊だった。

経済的観点からいえば、しばしばこの歴史的出来事は、共産主義経済の崩壊あるいは社会主義経済の終焉といわれることがあったが、これは必ずしも正確な言い方ではなかった。まず、共産主義経済は旧ソビエトでも実現していたわけではなく、それ以前の発展段階としての社会主義経済であった。その経済が失敗したというのは事実であるが、厳密にいえばソビエト型の指令経済の崩壊であった。現に、世界人口の五分の一近くを占める中国では社会主義市場経済がみられるし、その他にもベトナムのように独自の市場経済を取り入れた社会主義国もある。

崩壊したのは指令経済であるが、それが失敗した原因は、①硬直的・官僚的・非効率的な経済運営、②人為的な資源配分は効率的な配分を保障せず、③政治・軍事が経済問題に優先した、④対外的に閉鎖的ないし制限的な措置がとられたこと、⑤軍事部門の比率が高く、しかも〝聖域化〟され、一国の中に軍民二つの経済圏ができがちであったこと、などによる。

全体として自由化と開放化が進んできた世界経済の中にあっては、指令経済の崩壊は必然的だった。しかし、同じ社会主義圏にあった中国の場合、政治体制は共産党による指導を維持しつつ、思い切った市場経済化を進めて、目覚ましい経済発展を遂げてきている。したがって、資本主義が勝ったわけでもない。現在は、自由民主主義に基づくこれまでの先進諸国経済が、高い経済パフォーマンスを上げてきている一部新興諸国の挑戦を受けてきている。

## 資本主義と社会主義

| | 資本主義<br>アメリカ | 指令経済から市場経済へ移行，ロシア | 社会主義市場経済<br>中国 |
|---|---|---|---|
| <基礎データ> | | | |
| 面積(万 $km^2$) | 963 | 1,707 | 960 |
| 人口(2018年，100万人) | 329 | 147 | 1,417 |
| 言語 | 主として英語 | ロシア語 | 漢語(中国語) |
| 宗教 | 主にキリスト教 | ロシア正教，イスラム教，ユダヤ教など | 仏教，イスラム教，キリスト教など |
| <政治> | | | |
| 政体 | 大統領制(任期4年，3選禁止)<br>連邦制(50州他) | 大統領制(任期6年，3選禁止)<br>連邦制(共和国や州等83) | 人民民主共和制<br>共産党による指導<br>党総書記(任期5年，任期制限なし) |
| 議会 | 二院制：上院(100議席，2年ごとに3分の1改選)，下院(435議席，2年ごとに全員改選) | 二院制：連邦院(83×2名，任期4-5年)，国家院(450議席，任期5年) | 全国人民代表大会(2,980名，2018年) |
| 政府 | 大統領(元首) | 首相 | 首相(国務院総理) |
| <軍事力> | | | |
| 兵力(万人) | 135.9．志願制<br>推定予備役 84.6 | 90．推定予備役<br>200．準軍隊　66 | 203.5．推定予備役<br>51．準軍隊　66 |
| <経済> | | | |
| GDP(国内総生産)(2019年，10億ドル) | 21,440 | 1,638 | 14,140 |
| 1人当たりGDP(2019年，ドル) | 65,112 | 11,163 | 10,099 |
| 実質経済成長率 | | | |
| (2000-19，年平均%) | 2.1 | 3.7 | 9.0 |
| (1980-2019，年平均%) | 2.6 | (1993-2019平均)1.8 | 9.5 |
| 失業率(2000-19，年平均%) | 5.9 | 6.7 | 4.0 |
| 消費者物価変化率(2000-19，年平均%) | 2.2 | 10.4 | 2.2 |
| 企業 | 私企業 | 国有企業の復活 | 国有・国営，私企業 |
| 経済活動 | 原則自由 | 自由化は進展 | 外資流出入，基礎的投資は規制あり |
| 経済活動規制 | 独禁法，反ダンピング法 | 国家管理一部復活 | 経済・社会安定のための規制あり |

注：プーチン大統領の任期：2000.5-2008.5の2期8年，2008.5-2012.5メドベージェフ大統領の下で首相，この間，大統領の任期が4年から6年に延長，2012.5以降再び大統領に(2018.5再選)．

資料：IMF WEO, IISS The Military Balance 2019，外務省HP，他．

**②ソ連の解体・混乱と復興・発展**　旧ソ連の経済は、指令的性格、特に硬直的な中央集権体制と軍事部門への傾斜によって生産構造がゆがみ、国民の勤労意欲を損ない、崩壊した。

しかし、直ちに復興と発展が始まったわけではない。当初は混乱が続いた。いかなる経済体制でも、ある一定のルールが必要であるが、旧制度の撤廃だけが先行し、混乱が生じた。具体的にいえば、①政治改革が先行し、しかもそれすらうまくいかなかった、②軍需から民需への転換の難航、中央集権から共和国の独立、③市場機構の未成立、④市場経済に対する経験と知識の欠如、とくに経済指導層、中間管理層での経験欠如が、経済混乱をもたらした。

プーチンが大統領になった二〇〇〇年以降、経済改革も行われ、市場経済に移行することになった。その後も、天然ガス、石油の生産・輸出が伸び、それらの価格上昇とともに、経済成長率が高まり、失業率が低下し、インフレ率もやや高めながら安定化し、財政収支も改善し、経常収支の黒字も定着した。しかし、二〇一四年のロシアのウクライナへの侵攻とクリミア半島の実効支配、さらに二〇二二年からのウクライナへの再侵攻に対するアメリカを中心としたロシアに対する経済制裁以降、困難に直面している。また、近年の経済困難はロシアの経済構造が過度に天然ガス、石油に依存していることにもよる。経済・産業構造の転換がうまくいっていないし、ますます経済活動に占める国営企業のウエイトが高まっている。ロシアの連邦反独占局によると、「一九九八年にGDPに占める国有企業の割合は二五%だったのが、二〇〇八年に四〇～四五%に拡大し、……二〇一七年には六〇～七〇%に達し、二〇一八年も状況の変化はない」としている。

ロシアの実質GDP成長率の推移

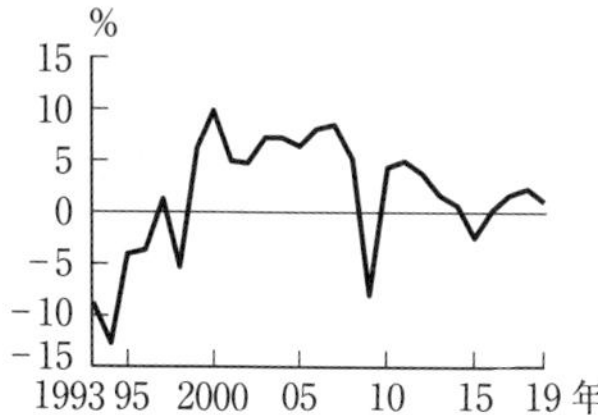


ロシアの失業率の推移

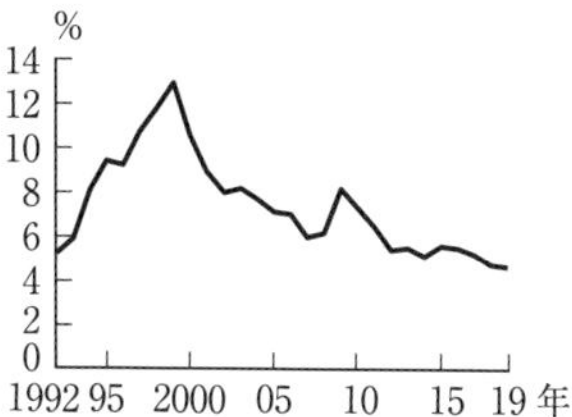


ロシアのインフレ率

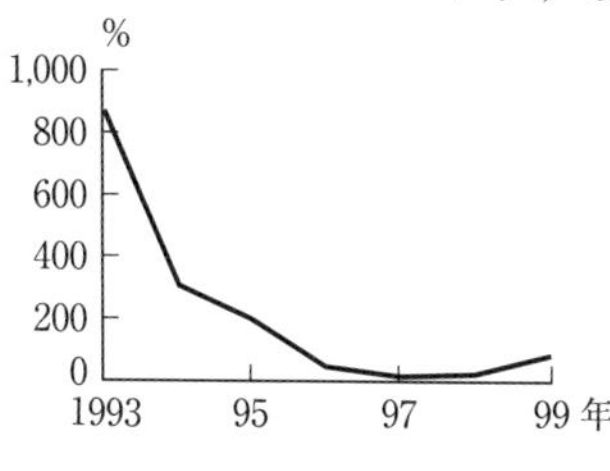


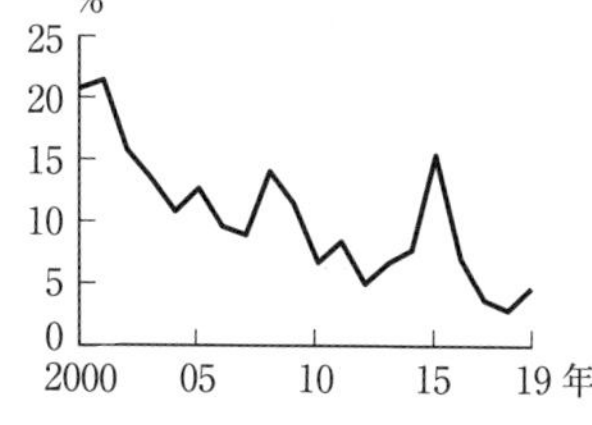


ロシアの一般政府財政収支と経常収支
（対 GDP 比）

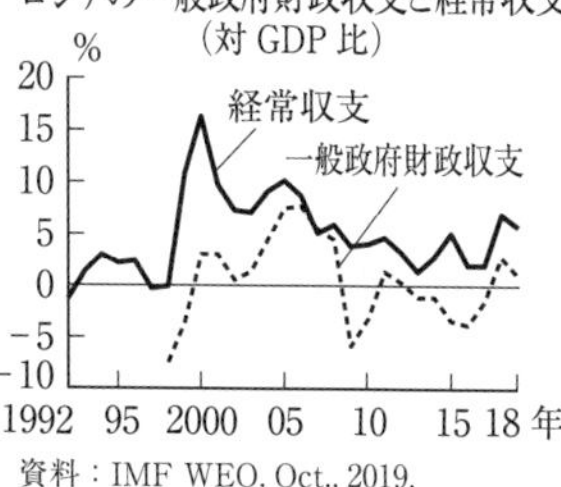


ロシアの名目 GDP と原油価格の推移

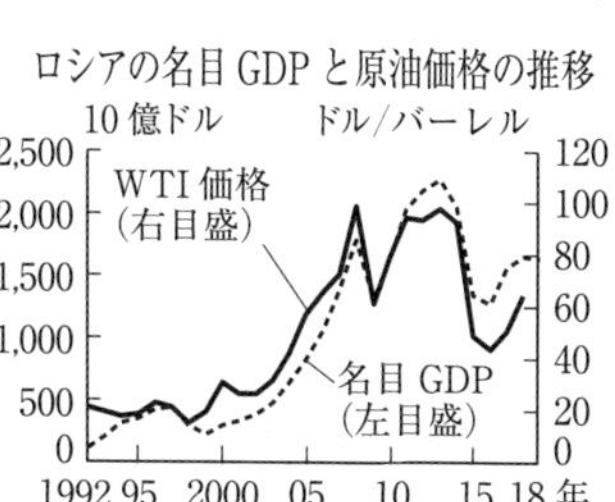


資料：IMF WEO, Oct., 2019.

ロシアの産業構造（付加価値ベース）の変化

（%）

| | 1992 | 2000 | 2010 | 2017 |
|---|---|---|---|---|
| 農業，狩猟，林業，漁業 | 7.1 | 6.3 | 3.8 | 4.4 |
| 産業 | 42.0 | 40.0 | 34.8 | 33.3 |
| 鉱工業，公益 | 35.5 | 33.5 | 28.4 | 25.8 |
| 製造業 | 23.5 | 22.6 | 15.0 | 13.2 |
| 建設 | 6.5 | 6.5 | 6.5 | 7.4 |
| サービス | 51.0 | 53.9 | 61.4 | 62.2 |
| 卸・小売，レストラン，ホテル | 30.8 | 23.9 | 20.8 | 17.3 |
| 運輸，倉庫，通信 | 7.3 | 8.7 | 8.9 | 7.7 |
| その他サービス | 12.9 | 21.3 | 31.7 | 37.3 |
| 合計 | 100.0 | 100.0 | 100.0 | 100.0 |

資料：UNCTAD Stat, 2019.

**③中国の市場経済化と発展**　中国では、一九九三年の全国人民代表大会(全人代、国会にあたるもので年一回開催)で、憲法の改正が行われ、経済体制について従来「社会主義公有制を基礎とする計画経済」と規定していたのを「国家は社会主義市場経済を実施する」と変更した。これは現実の経済が、とくに華南地方を中心に急速に発展したことを背景に「国力の発展と人民の生活向上に有効だとわかれば、何でも試みよ」(鄧小平)との意向を受けて、硬直的なイデオロギーからの脱却と市場経済の重要性を認識して生まれたものである。その結果、企業の私有制もふえ、企業活動の自由化が急速に進み、対外開放も行われた。

社会主義市場経済は、体制改革の中で生まれた新しいシステムで、「分権化」と「市場化」を二本の柱にしている。前者は、中央に集中していた決定権の多くを地方政府、企業、農家などの経済主体に移譲することであり、後者は、政府の行っていた生産計画、価格決定、流通・分配、労働力の配置などを市場メカニズムに委ねようとするものである。

その後、政府はいわば〝混合体制〟の下で、国有企業改革、金融改革、行政組織改革をはじめとする「改革・開放」を強力に推し進めてきた。その結果、物価の動きも安定化し、高い経済成長率が続き、世界第二のGDP大国に上りつめてきた。この間、経済構造の脱一次産業化、サービス化が進み、民営企業活動のウエイトが高まってきた。当面の目標だった二〇二〇年の実質GDPを二〇一〇年比で倍増することもほぼ達成するほどである。しかし、最近のアメリカとの貿易摩擦や民営企業活動への党の指導強化などの影響が今後どういった結果をもたらすか注目される。

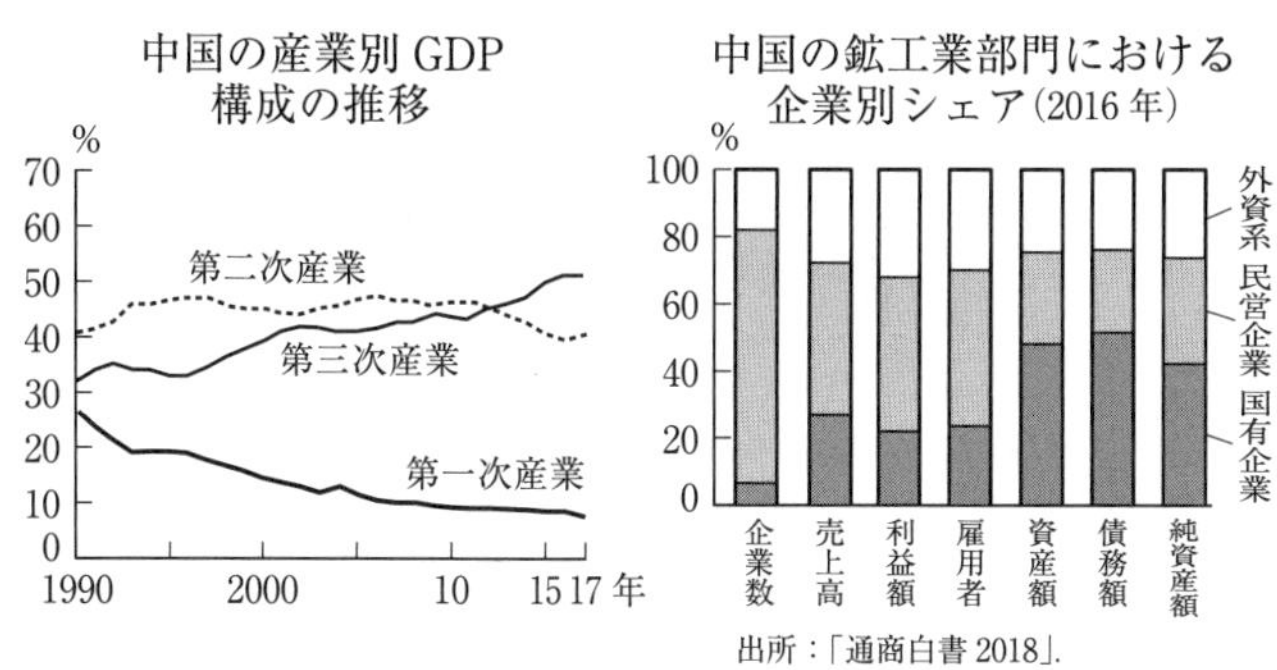

出所：「通商白書 2018」.

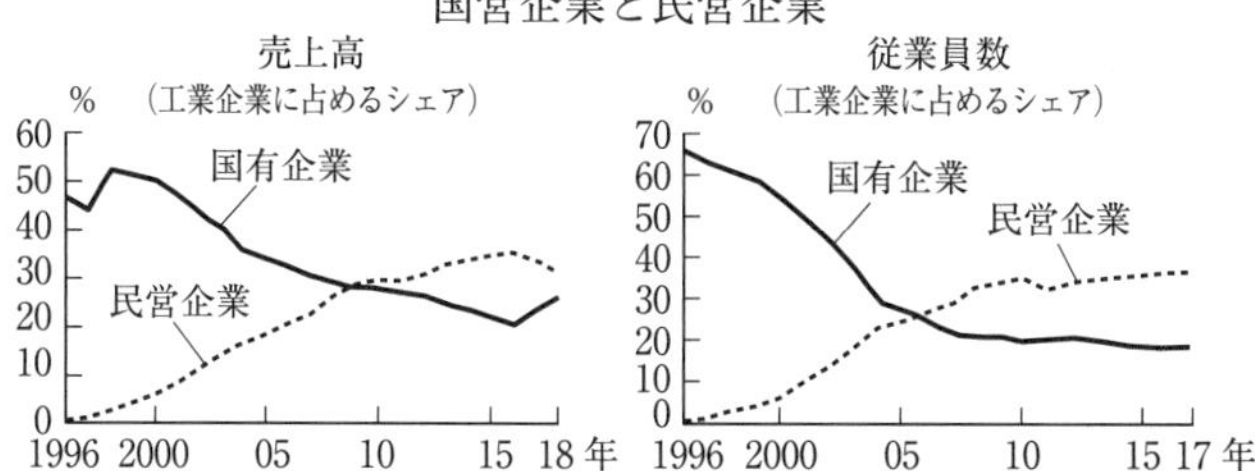


注：1)国有企業は，統計の分類では(国有資本が非国有資本より高い)国有支配企業.
2)従業員は年平均. 2018 年の売上高は 1－10 月計数.

出所：関志雄「難局に差し掛かる中国における民営企業の発展」RIETI.

中国の実質 GDP 成長率と消費者物価変化率の推移

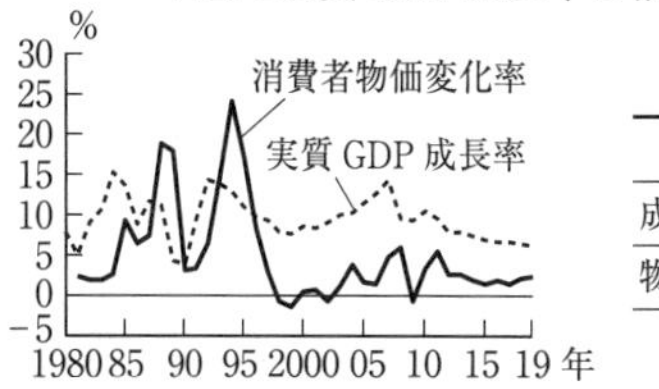


資料：IMF WEO, Oct., 2019.

年平均変化率 (%)

| | 80-89 | 90-99 | 00-09 | 10-19 |
|---|---|---|---|---|
| 成長率 | 9.8 | 10.0 | 10.4 | 7.6 |
| 物価変化率 | 7.7 | 7.8 | 1.9 | 2.5 |

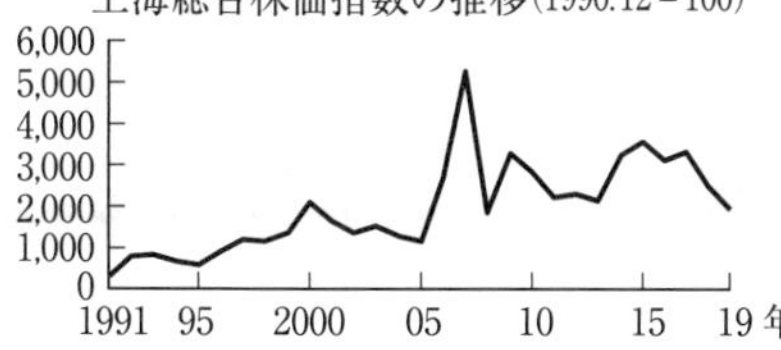

**④インドの経済発展**　一九四七年のイギリスからの独立後、インドは社会主義的経済運営を指向し、貿易面では旧ソ連との結びつきが強かった。しかし、極端な中央集権指令経済体制はとらず、政治的には民主主義をとる一方、行政的には経済活動への関与を強めた。市場経済と社会主義的経済の混合体制だった。

一九八〇年代後半から、他の多くの国と同様、経済改革（改革、開放）を始めたが、本格的な改革は九〇年代に入ってからだった。その後、外国資本の流入もあり、めざましい経済発展を遂げてきている。中国ほどではないが高い経済成長がつづいており、将来、中国に次ぐ経済大国に戻る（ある研究によると、一九世紀までの二〇〇〇年間近く、両国のＧＤＰの合計は世界の約半分を占めていた）との見方もある。インフレ率が高めで、財政・経常収支の赤字が続き、通貨ルピー価値がドルに対して下がり気味であり、時として困難もあるだろうが、ドル建てのＧＤＰはアジアでは、日本を除き、二〇〇七年以降、すでに中国に次ぐ規模になっている。

産業別では、農業生産が経済活動に占める割合は急速に下がってきたが、主要国の中ではまだ大きい。製造業のウエイトは、中国などと比べて低いが、二〇〇〇年代に入ってすでに下がり気味になってきている。それに比べてサービス部門の成長が顕著で、その中でもＩＴ関連産業の発展が目立つ。インド国民の英語能力や教育水準の高さが関係しているといわれる。

生産年齢人口（一五～六四歳）割合が高く、成長しやすい（人口ボーナス）状況がまだ今後二〇～三〇年続きそうな点は、中国などと比べて有利な点であろう。

## インドの実質GDP成長率と消費者物価変化率の推移

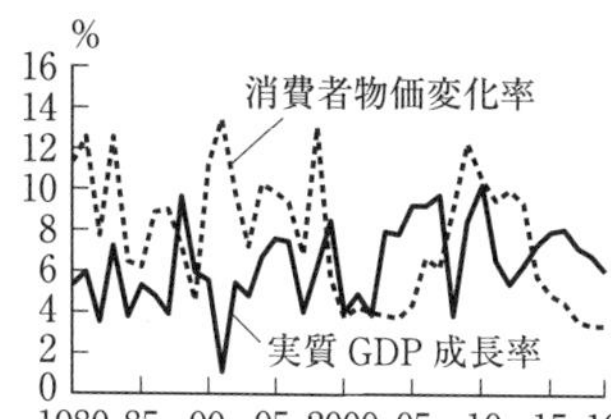


年平均変化率

| | 1980-89 | 90-99 | 2000-09 | 10-19 |
|---|---|---|---|---|
| 実質成長率 | 5.5 | 5.7 | 6.9 | 7.2 |
| 消費者物価変化率 | 8.7 | 9.7 | 5.9 | 6.5 |

資料：IMF WEO Oct., 2019.

### インドの経常収支の対GDP比率

### インドの産業別名目GDP構成比の推移

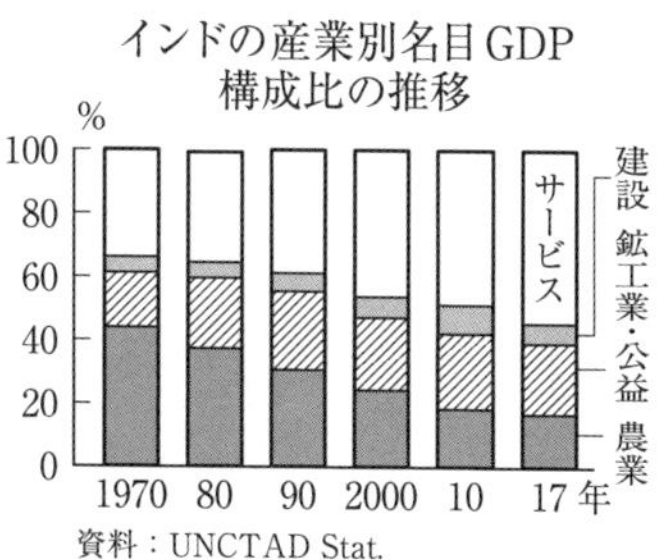


資料：UNCTAD Stat.

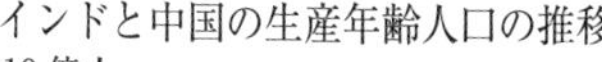

### インドと中国の生産年齢人口の推移

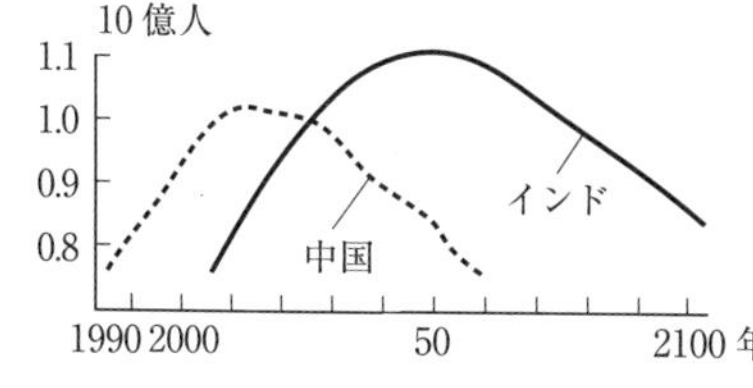


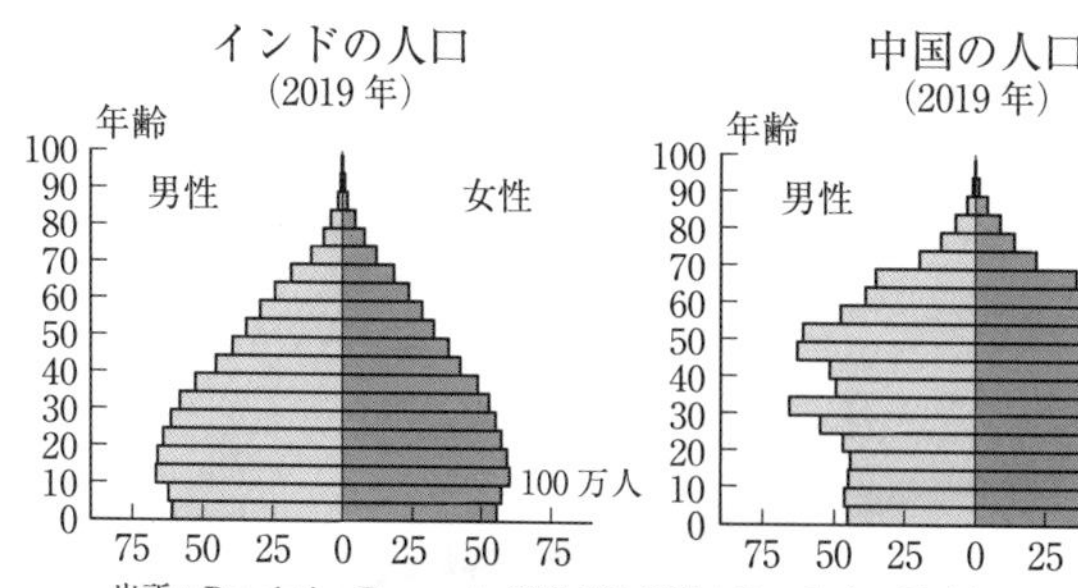


出所：Population Prospects 2019, UN DESA Population Division.

⑤東アジア諸国（日本、中国を除く）の経済発展　アジアの経済社会は、人口、宗教、言語などの点で多様である。しかし、概して人々は高貯蓄、勤勉、教育熱心で、経済成長の基礎条件が整っている。さらに開発型の政治制度の下で、改革を進めてきた結果、一九七〇年代後半から輸出中心の高成長をとげた。しかし、九〇年代後半に構造改革の遅れもあって、金融・通貨危機に見舞われた。九九年頃から立ち直り始めたが、成長の基本条件は失われたわけではないから、経済改革によって二一世紀には再び発展の軌道に乗ってきた。

ひと頃、アジアは日本を初発として「四匹の竜（NIEs）―韓国、香港、台湾、シンガポール」、ASEAN中核国（マレーシア、タイ、フィリピン、インドネシア）、同後発国（ベトナム）、その他（カンボジア、ラオス、ミャンマー）の順で〝雁行形態〟的な発展をしてきたと言われた。しかし、近年の開放政策の下での相互協力の進展で、従来の〝垂直分業〟的貿易型から、〝水平分業〟型に変わり、雁行形態も崩れてきた。シンガポール、香港、台湾は早くから市場経済化が進み、韓国も一九九八年の金融危機後、さまざまな改革を進め、市場経済への移行テンポを速めた。その他のASEAN諸国も、ミャンマーを除けば、それぞれの国情に即して改革が進められてきている。ベトナムは、八六年末からの「ドイモイ（刷新）」政策で、経済発展が軌道に乗ってきた。東アジア全体として、財政赤字は総じて小さめだし、物価も、ミャンマーがやや高めだが、そのほかの国々ではおおむね安定している。また、域内貿易比率が高くなり、経常収支も一部の国を除けば黒字基調の国が多いことから高めの安定的成長が続いている。

### アジア NIEs の年平均経済成長率

(%)

| | 香港 | 韓国 | シンガポール | 台湾 |
|---|---|---|---|---|
| 1980-89 | 7.4 | 8.8 | 7.8 | 8.5 |
| 1990-99 | 3.6 | 7.1 | 7.2 | 6.6 |
| 2000-09 | 4.2 | 4.9 | 5.4 | 3.8 |
| 2010-19 | 3.1 | 3.3 | 4.7 | 3.3 |
| 1980-2019 | 4.6 | 6.0 | 6.3 | 5.6 |

### ASEAN 5 の年平均経済成長率

(%)

| | インドネシア | マレーシア | フィリピン | タイ | ベトナム |
|---|---|---|---|---|---|
| 1980-89 | 6.5 | 5.9 | 2.0 | 7.2 | 5.0 |
| 1990-99 | 4.8 | 7.3 | 2.8 | 5.4 | 7.4 |
| 2000-09 | 5.3 | 4.7 | 4.5 | 4.3 | 6.9 |
| 2010-19 | 5.4 | 5.3 | 6.3 | 3.7 | 6.3 |
| 1980-2019 | 5.5 | 5.8 | 3.9 | 5.2 | 6.4 |

### アジア NIEs, ASEAN 5 の経常収支の対 GDP 比率の推移

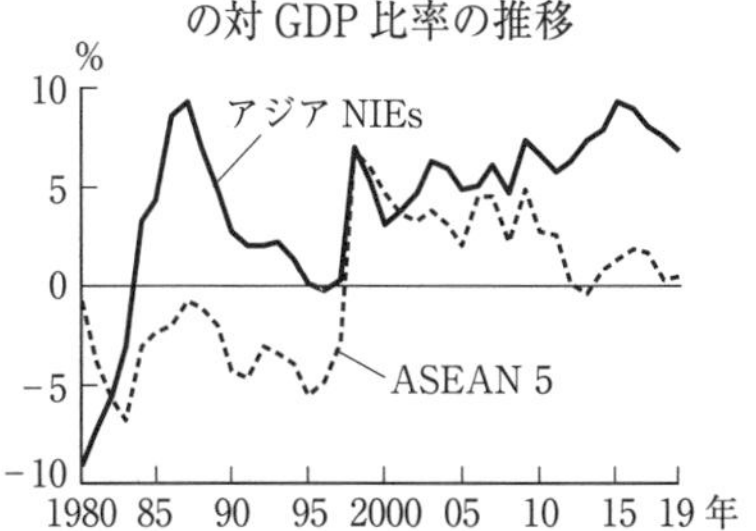


### その他東南アジア諸国の実質経済成長率

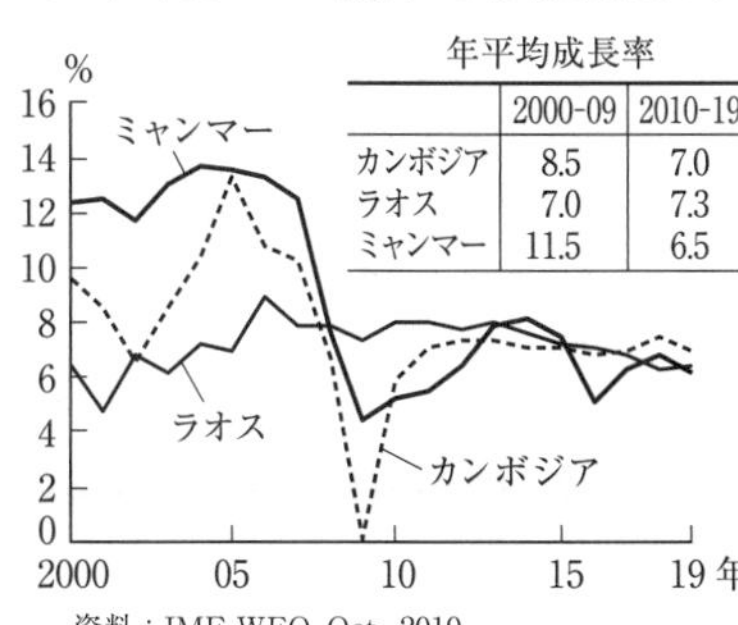


年平均成長率

| | 2000-09 | 2010-19 |
|---|---|---|
| カンボジア | 8.5 | 7.0 |
| ラオス | 7.0 | 7.3 |
| ミャンマー | 11.5 | 6.5 |

資料：IMF WEO, Oct., 2019.

### アジア諸国の輸出／GDP 比率 (2018 年)

(%)

| | |
|---|---|
| バングラデシュ | 14.6 |
| カンボジア | 57.2 |
| 中国 | 18.3 |
| 香港 | 156.6 |
| 台湾 | 57.2 |
| インド | 11.8 |
| インドネシア | 17.3 |
| 日本 | 14.8 |
| 韓国 | 37.3 |
| ラオス | 29.1 |
| マレーシア | 69.8 |
| モンゴル | 55.5 |
| ミャンマー | 23.8 |
| ネパール | 2.9 |
| フィリピン | 20.4 |
| シンガポール | 118.9 |
| スリランカ | 13.4 |
| タイ | 50.1 |
| ベトナム | 99.3 |

**⑥中東欧、ＣＩＳ諸国の経済改革と発展**　ソ連の解体とともに、その衛星諸国もＣＩＳ諸国も旧体制に決別を告げた。経済的には自由・市場経済体制に移行したが、しばらくは転換期の混乱を経験した。特に、ＣＩＳ諸国と一部の東欧諸国におけるインフレ率は三桁に達した。

中東欧諸国の場合、市場経済への移行は国によってさまざまだったが、概して、アジアの場合と異なり、政治改革が先行し、また、旧チェコスロバキアや旧ユーゴスラビアにみられるように、多くの国で民族問題が絡み合っていた。そうした中、ショック療法をとったポーランド、東ドイツ（のちに西ドイツと再統一）、どちらかといえば漸新主義的改革を選んだハンガリー、チェコなどと比べると、他の東欧諸国の改革は遅れが見られた。しかし、その後、九〇年代の経済構造調整期を経て、二〇〇〇年代に入って比較的安定的な成長軌道に入った。

この間、ほとんどの国の経常収支の赤字が拡大し、外国資金がこの地域に流入した。しかし、二〇〇七年以降、資金の流出に見舞われ、さらに、二〇一〇年以降の西ヨーロッパ諸国の景気鈍化の影響をうけた。多くの国がＩＭＦ融資を受け、二〇〇四年以降にメンバーとなった欧州連合の支援を受けることとなったが、その後は安定的に推移してきている。

ＣＩＳ諸国経済は、多くの場合、限られた資源に依存するモノカルチャー的側面があり、体制転換はそれだけ困難を伴うものだった。そうした中でも、カザフスタン、ウズベキスタンは比較的うまく転換してきた。ウクライナ、ベラルーシは二〇〇八年以降もＩＭＦ融資を受けるなど、困難に直面した。その上、ウクライナは二〇二二年からロシアの軍事侵攻を受け苦境に陥った。

中東欧諸国の実質経済成長率の推移

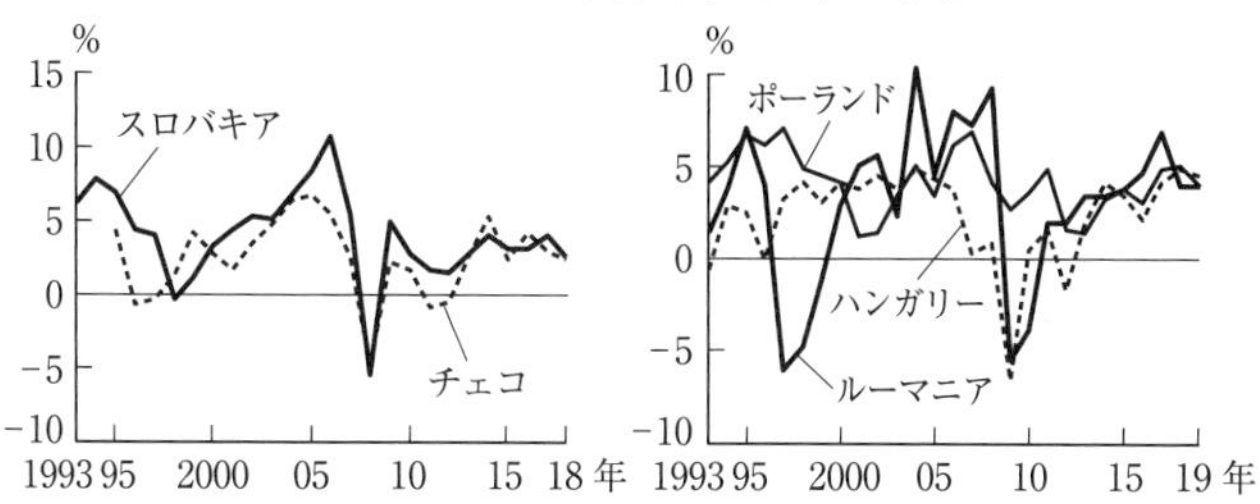


中東欧諸国の名目 GDP
(2019 年)

CIS 諸国の名目 GDP
(2019 年)

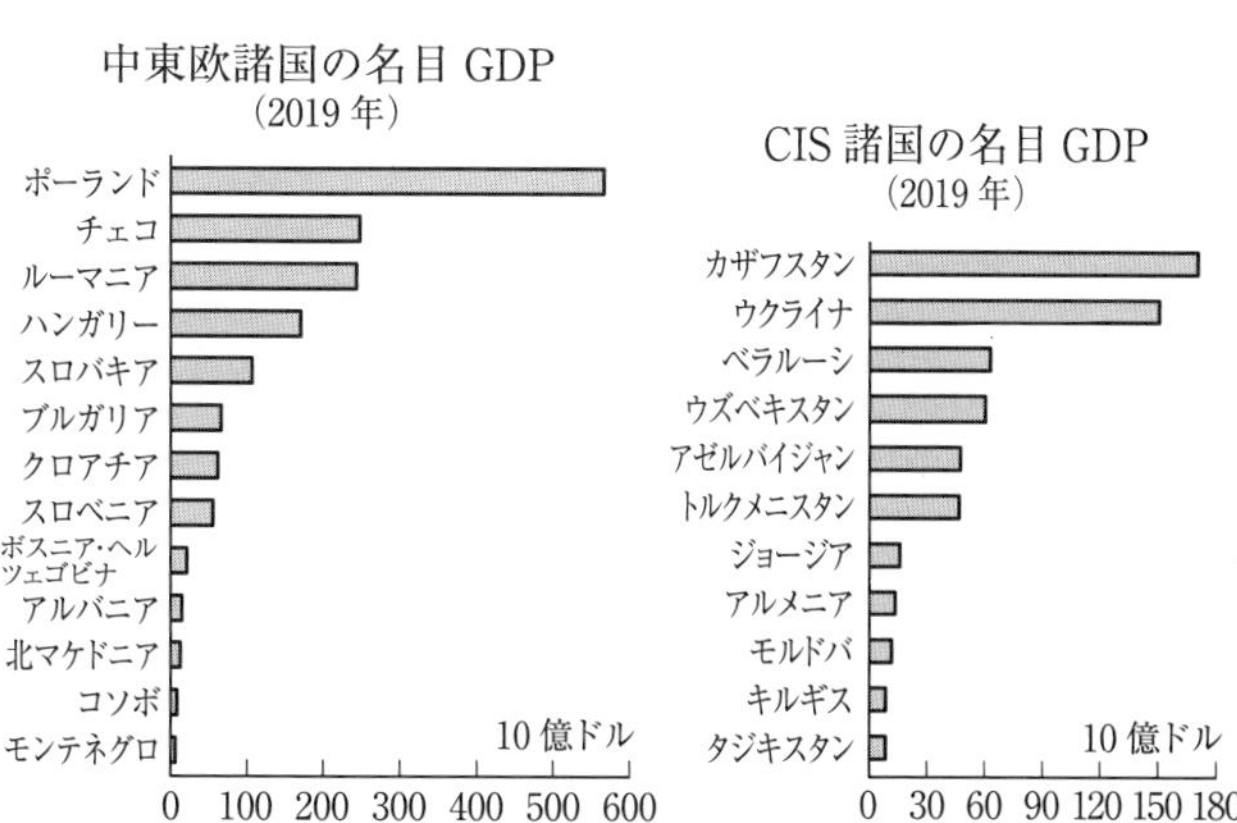


CIS 諸国の実質経済成長率の推移

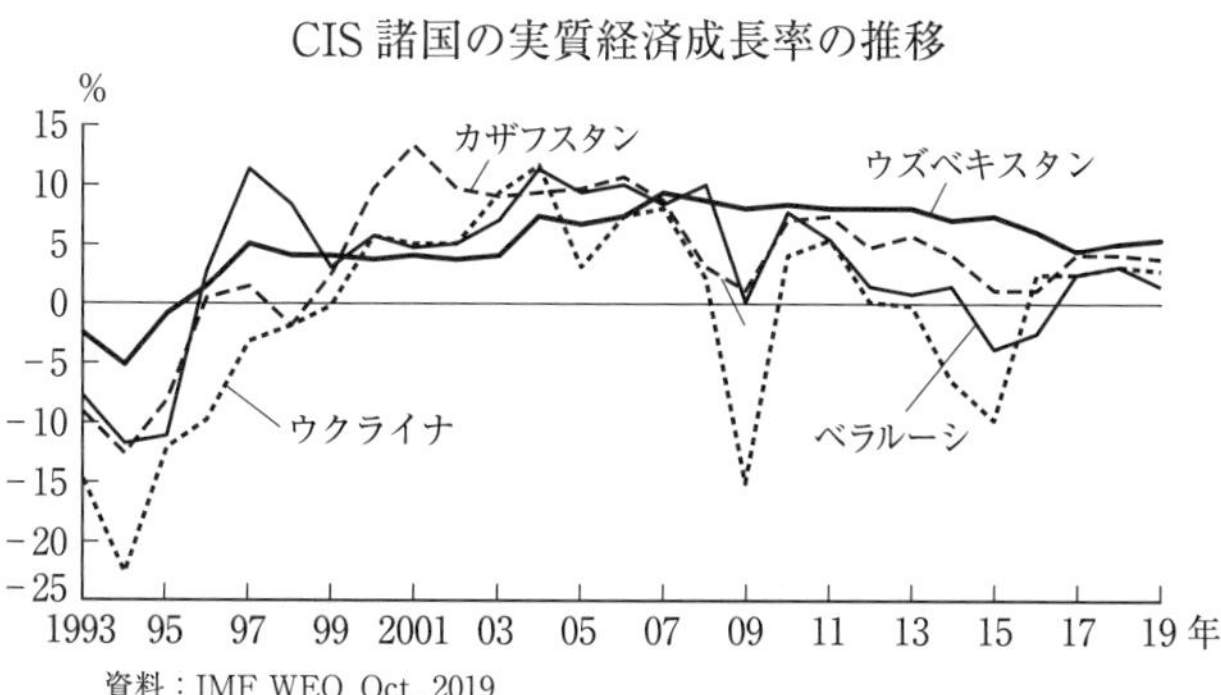


資料：IMF WEO, Oct., 2019.

⑦中南米経済の発展と停滞　一九八〇年代から九〇年代にかけて中南米経済は、インフレ、財政赤字、累積対外債務などが問題となり、困難な経済状況が続いた。国によって、経済悪化の要因も性格も異なっていたが、その後、経済パフォーマンスを改善させてきた国（チリ、ペルー、コロンビア、メキシコ）、改善傾向が見えたかに思えたが再び悪化してしまった国（アルゼンチン）、改善が見られなかった国（ベネズエラ）に分けられるだろう。ブラジルはアルゼンチンほど悪くはないが、二〇一〇年代に入って低成長が続いてきている。

総じて言えることは、九〇年代以降、アジアの諸国などと比べると、中南米諸国の経済パフォーマンスは相対的に劣後していた。その一つの要因は政治的な不安定性に関係している。アジアでも、その時々で政情不安になる国はある。しかし、中南米ほどつねにそれが問題になり続けることはない。中南米の政治的不安定性の背景となっているのは、アフリカの一部を除けば、中南米が世界でも最も所得格差の大きい地域であることと関係がある。そのことが、経済格差を拡大させる側面を持つ改革開放政策の遂行を政治的に困難にした面がある。

アジア諸国とのもう一つの違いは、経済構造の違いにある。アジア諸国の多くは、かつての一次産品輸出への依存度を下げ、製造業、サービス業、金融業など産業構造を多角化してきた。一方、ほとんどの中南米諸国の場合、メキシコを除けば、依然として鉱物、農水産物を域外への主要輸出品としている。こうした一次産品の所得弾性値が低いことから、貿易、経常収支の改善がままならなかった。今後とも、この地域についてはなかなか楽観的になれない。

## 中南米諸国の名目 GDP(2019 年)

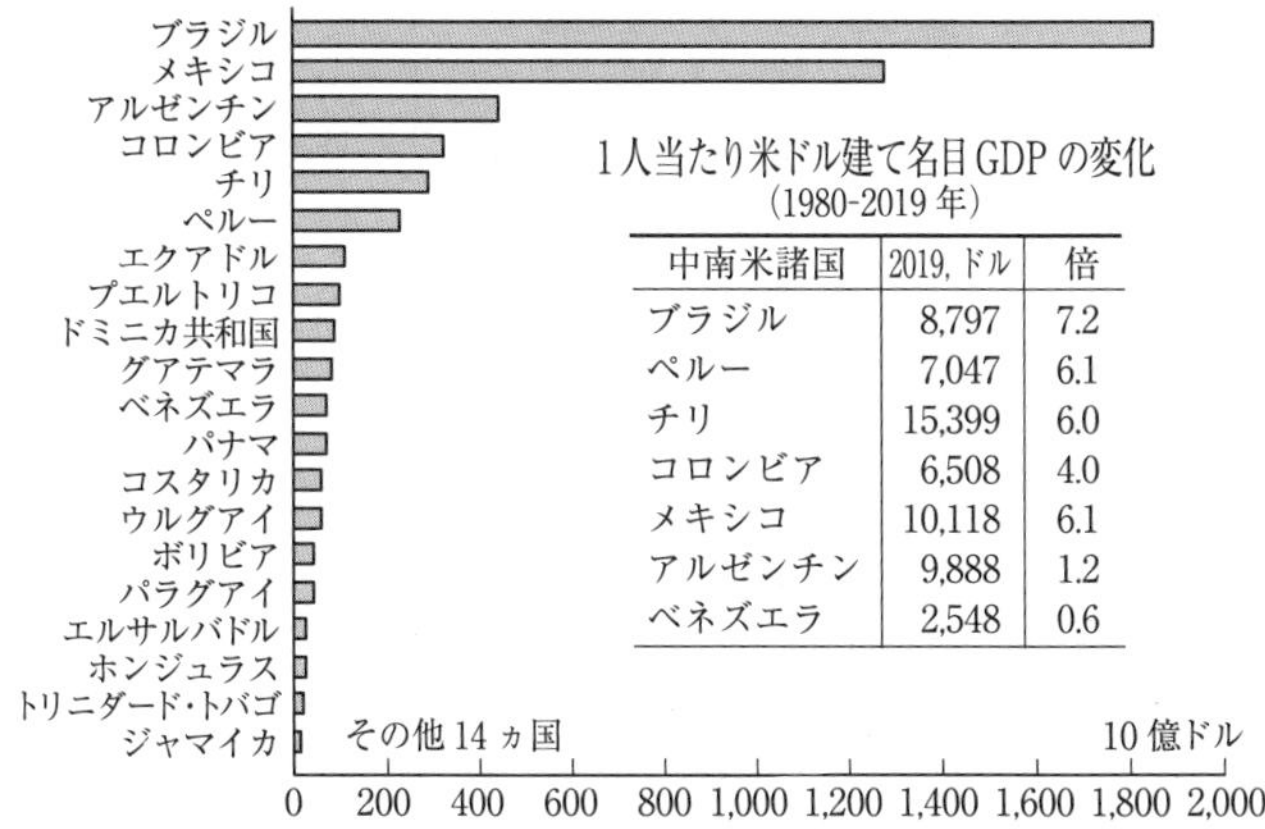


1人当たり米ドル建て名目 GDP の変化
(1980-2019 年)

| 中南米諸国 | 2019, ドル | 倍 |
|---|---|---|
| ブラジル | 8,797 | 7.2 |
| ペルー | 7,047 | 6.1 |
| チリ | 15,399 | 6.0 |
| コロンビア | 6,508 | 4.0 |
| メキシコ | 10,118 | 6.1 |
| アルゼンチン | 9,888 | 1.2 |
| ベネズエラ | 2,548 | 0.6 |

## 中南米諸国の実質経済成長率の推移

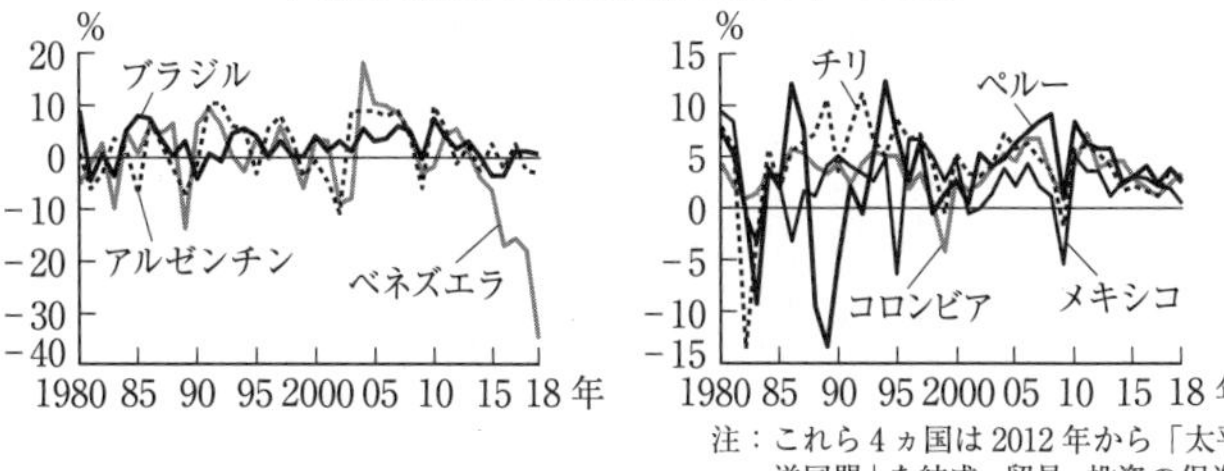


注：これら 4 ヵ国は 2012 年から「太平洋同盟」を結成，貿易・投資の促進，円滑化に取り組んできている．

## 中南米諸国の年平均実質経済成長率

(%)

| | アルゼンチン | ブラジル | チリ | コロンビア | メキシコ | ペルー | ベネズエラ |
|---|---|---|---|---|---|---|---|
| 1980-89 | −0.9 | 3.0 | 3.6 | 3.4 | 2.4 | 0.6 | −0.4 |
| 1990-99 | 4.3 | 1.6 | 6.1 | 2.9 | 3.6 | 3.2 | 2.5 |
| 2000-09 | 2.6 | 3.4 | 4.2 | 3.9 | 1.5 | 5.0 | 4.0 |
| 2010-19 | 1.3 | 1.3 | 3.5 | 3.7 | 2.7 | 4.6 | −8.6 |

資料：IMF WEO, Oct., 2019.

⑧その他地域の経済情勢　中東・北アフリカ諸国経済は、二〇〇〇年代に入って以降の原油価格の上昇と高止まりによって比較的好調さを維持してきている。ただ、二〇〇〇年代と二〇一〇年代を比較すると、前半の期間のほうが後半の期間より高い原油価格による(輸出収入と政府歳入への)プラス効果は大きかった。エジプト、イランを除くこの地域のほとんどの国で、産業構造の多角化、民営化などが推進されてきたが、なかなか結果に結びついてきていない。また、この地域はイスラエルを中心とした紛争の解決が長年の課題となっているし、イランの核開発に対する西側先進国による制裁が長引いている問題もある。これらの問題も中東地域の経済発展を阻害している。また、中東の一部と北アフリカの多くの国で二〇一〇年代に入る前後で権威主義体制が倒れたが、その後の政情が不安定な国が多く、経済発展が遅延している。

サハラ以南アフリカは、一部の人口が少なく資源(石油、鉱物、観光)に恵まれた国を除くと、順調な経済発展を遂げている国は少ない。一つの大きな理由は、この大陸が常に多くの紛争を抱えていることにある。地域間経済協力も難しい。国境が民族、歴史によらずに引かれた植民地支配の負の遺産でもある。したがって、統治が難しい地域であり、安定した経済発展の基盤が整っているとは言い難い面がある。また、石油、鉱物など資源を持つ少数の国(ナイジェリア、アンゴラ、南アフリカなど)と多くの持たざる国の格差も大きい。

東アジアのモンゴルは、一九九〇年に社会主義経済から民主化と市場経済への転換を始めた。鉱物資源の存在や隣接する中国経済の影響もあって近年は比較的高い経済成長を遂げてきている。

世界各グループ・地域の
名目 GDP シェア
(2019 年)

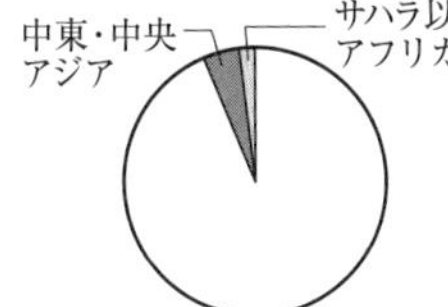


注：ここでのグループ分けは IMF によるもので，本書のさまざまなところでの分類と必ずしも一致しない．

モンゴルの実質経済成長率の推移

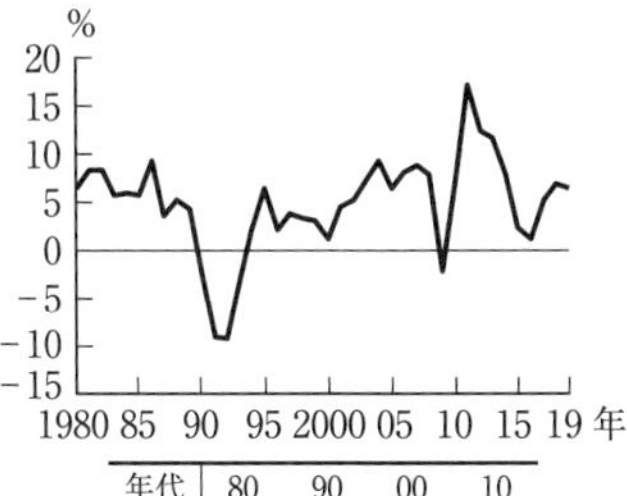


| 年代 | 80 | 90 | 00 | 10 |
|---|---|---|---|---|
| % | 6.3 | −0.3 | 5.7 | 7.9 |

中東・北アフリカ諸国の名目 GDP(2019 年)

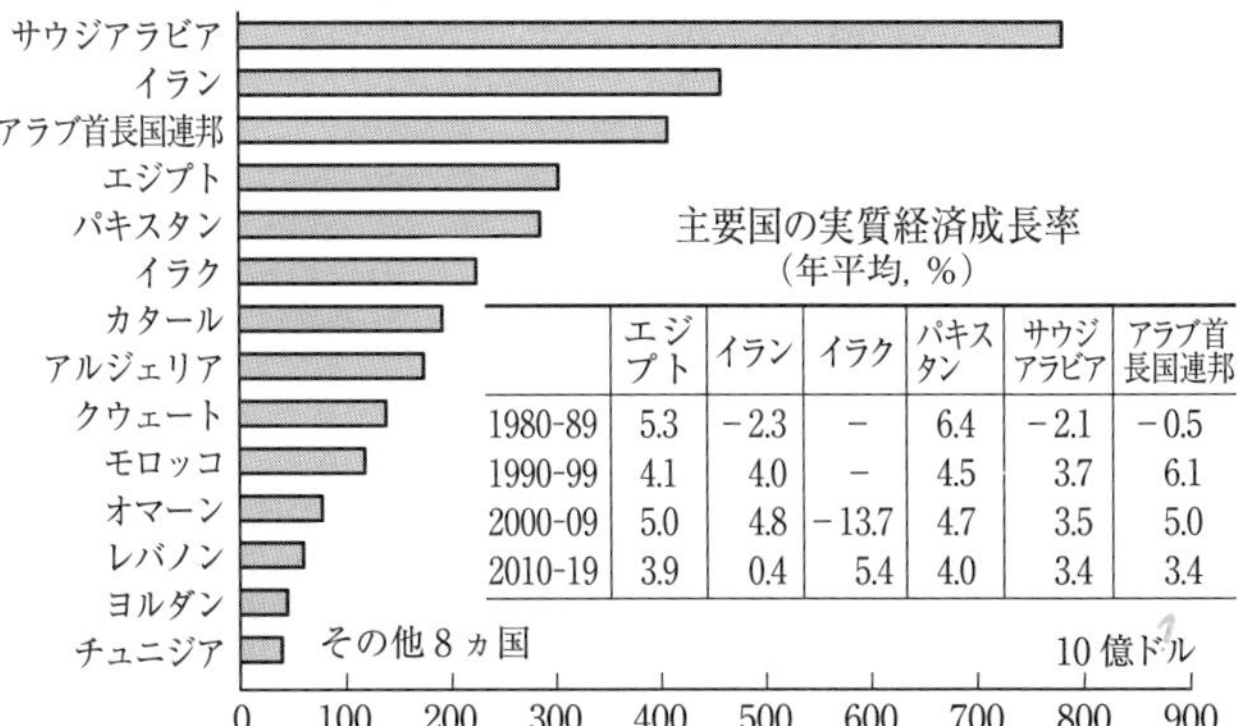


主要国の実質経済成長率
(年平均，%)

| | エジプト | イラン | イラク | パキスタン | サウジアラビア | アラブ首長国連邦 |
|---|---|---|---|---|---|---|
| 1980-89 | 5.3 | −2.3 | − | 6.4 | −2.1 | −0.5 |
| 1990-99 | 4.1 | 4.0 | − | 4.5 | 3.7 | 6.1 |
| 2000-09 | 5.0 | 4.8 | −13.7 | 4.7 | 3.5 | 5.0 |
| 2010-19 | 3.9 | 0.4 | 5.4 | 4.0 | 3.4 | 3.4 |

サハラ以南アフリカ諸国の名目 GDP(2019 年)

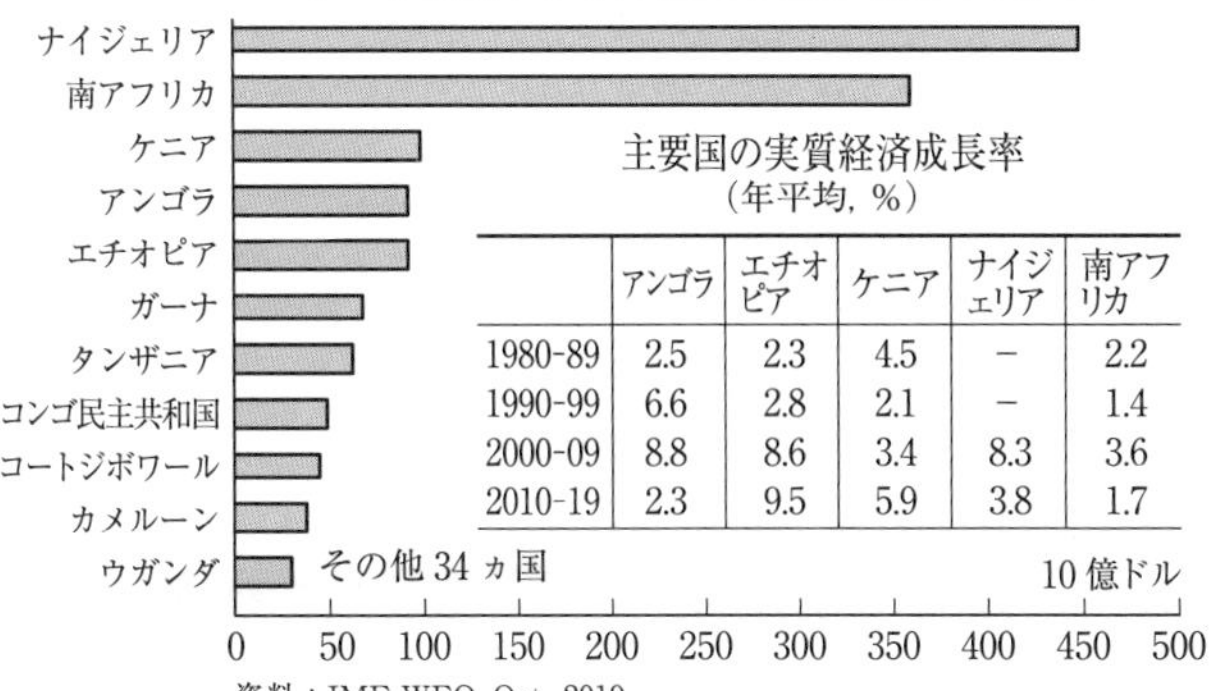


主要国の実質経済成長率
(年平均，%)

| | アンゴラ | エチオピア | ケニア | ナイジェリア | 南アフリカ |
|---|---|---|---|---|---|
| 1980-89 | 2.5 | 2.3 | 4.5 | − | 2.2 |
| 1990-99 | 6.6 | 2.8 | 2.1 | − | 1.4 |
| 2000-09 | 8.8 | 8.6 | 3.4 | 8.3 | 3.6 |
| 2010-19 | 2.3 | 9.5 | 5.9 | 3.8 | 1.7 |

資料：IMF WEO, Oct., 2019.

**⑨南北問題と経済格差**　第二次大戦後、ほとんどの植民地ないし従属国がその宗主国から独立した。しかし、政治的には独立したが、経済的には欧米諸国に後れをとった。一九五〇年代末、イギリスの銀行家で当時の駐米大使サー・オリバー・フランクスが、富める国が主として地球の北側に、貧しい国が南側に位置したことから、この関係を「南北問題」と名付けたが、その後南北間の所得格差を縮小することが、世界経済の大きな課題となってきた。

全般的にみると、一九九〇年代末あたりまでは格差はほとんど縮小せず、多くの地域で拡大さえしてきた。先進国の経済支援も――実態は東西両陣営がそれぞれの内部団結のために行ったことが多いが――南側の人口増加や一次産品輸出国であるために貿易上も不利な立場にあることから、格差縮小にはつながらなかった。先進諸国による資金援助の活用もうまくいかず、かえって一九八〇年代には中南米を中心とした対外債務問題が発生したりした。

しかし、一九九〇年代末あるいは二〇〇〇年代に入るあたりから、発展途上国は二つの地域に分かれてきた。一つはアジアと欧州の旧ソ連衛星諸国で、一人当たり所得が先進国にキャッチアップしてきている。他方は、中南米やサハラ以南アフリカ諸国で、そうした動きがみられない。

そうした中で、中国(日本を含め多くの先進諸国は中国に対する援助の終了を決めている)やその他新興諸国の近年の興隆に直面して援助の必要性に一部懐疑的になっている国もある。しかし、南北問題を「平和と共生」の観点から地域、国を絞って今一度見直す必要がある。

## DAC 諸国の政府開発援助(ODA)実績(暫定値, 2017 年)

| ODA 実績支出総額(グロス:億ドル) | | | | | |
|---|---|---|---|---|---|
| 1 | 米国 | 358.5 | 16 | ベルギー | 22.4 |
| 2 | ドイツ | 274.2 | 17 | オーストリア | 12.3 |
| 3 | 日本 | 184.7 | 18 | フィンランド | 10.6 |
| 4 | 英国 | 180.0 | 19 | アイルランド | 8.1 |
| 5 | フランス | 136.9 | 20 | ポーランド | 7.0 |
| 6 | イタリア | 58.2 | 21 | ニュージーランド | 4.4 |
| 7 | スウェーデン | 55.5 | 22 | ポルトガル | 4.3 |
| 8 | オランダ | 50.6 | 23 | ルクセンブルク | 4.3 |
| 9 | カナダ | 43.3 | 24 | ギリシャ | 3.2 |
| 10 | ノルウェー | 41.5 | 25 | チェコ | 2.7 |
| 11 | スイス | 31.0 | 26 | ハンガリー | 1.5 |
| 12 | オーストラリア | 29.6 | 27 | スロバキア | 1.1 |
| 13 | スペイン | 27.3 | 28 | スロベニア | 0.8 |
| 14 | デンマーク | 24.8 | 29 | アイスランド | 0.7 |
| 15 | 韓国 | 22.9 | | | |
| DAC 合計 | | | 1,602.0 | | |

| 支出純額対 GNI 比(%) | | | | | |
|---|---|---|---|---|---|
| 1 | スウェーデン | 1.01 | 16 | カナダ | 0.26 |
| 2 | ルクセンブルク | 1.00 | 17 | ニュージーランド | 0.23 |
| 3 | ノルウェー | 0.99 | 18 | 日本 | 0.23 |
| 4 | デンマーク | 0.72 | 19 | オーストラリア | 0.23 |
| 5 | 英国 | 0.70 | 20 | スペイン | 0.19 |
| 6 | ドイツ | 0.66 | 21 | 米国 | 0.18 |
| 7 | オランダ | 0.60 | 22 | ポルトガル | 0.18 |
| 8 | スイス | 0.46 | 23 | スロベニア | 0.16 |
| 9 | ベルギー | 0.45 | 24 | ギリシャ | 0.16 |
| 10 | フランス | 0.43 | 25 | 韓国 | 0.14 |
| 11 | フィンランド | 0.41 | 26 | チェコ | 0.13 |
| 12 | オーストリア | 0.30 | 27 | ポーランド | 0.13 |
| 13 | アイルランド | 0.30 | 28 | スロバキア | 0.12 |
| 14 | イタリア | 0.29 | 29 | ハンガリー | 0.11 |
| 15 | アイスランド | 0.29 | | | |
| DAC 平均 | | | 0.31 | | |

注:DAC 諸国とは OECD 加盟国(36 ヵ国)のうち開発援助委員会に入っている 29 ヵ国.

## OECD 開発援助委員会による ODA 受取国リスト

| 後発開発途上国 | 低所得国<br>(-$1,005) | 低位中所得国<br>($1,006-$3,955) | 高位中所得国<br>($3,956-$12,235) |
|---|---|---|---|
| アフガニスタン, ラオス, バングラデシュ, ネパール, カンボジア, エチオピア, ミャンマー他 40 ヵ国 | 北朝鮮, ジンバブエ | エジプト, インド, インドネシア, モンゴル, ナイジェリア, フィリピン, ベトナム他 30 ヵ国・領域 | アルゼンチン, ブラジル, 中国, コロンビア, イラン, イラク, マレーシア, メキシコ, ペルー, 南アフリカ, タイ, トルコ他 44 ヵ国・領域 |

注:( )は 2016 年の 1 人当たり GNI(国民総所得). 分類は世界銀行による. 後発開発途上国は国連定義による.

## 主要国の ODA 金額の推移

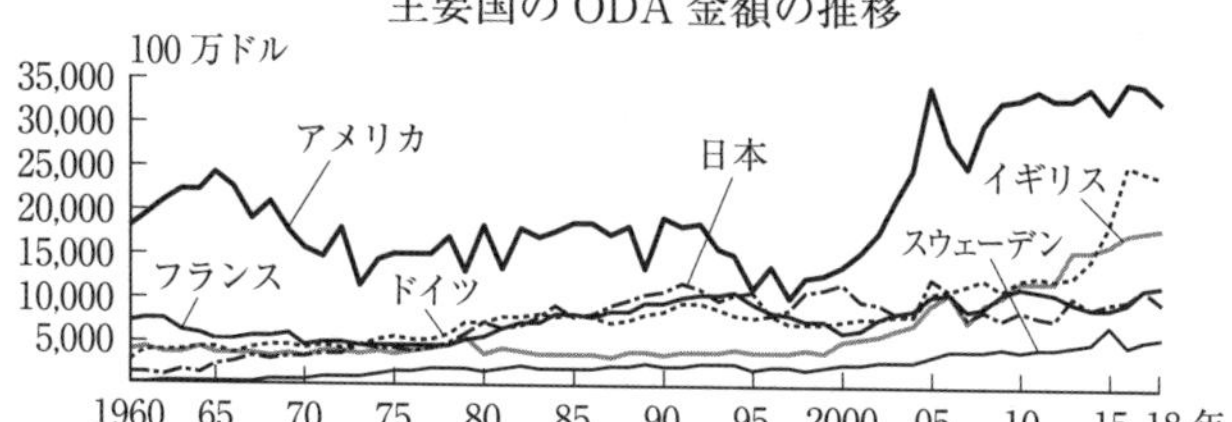


## 世界各地域の 1 人当たり GDP の先進経済諸国の 1 人当たり GDP に対する比率の推移

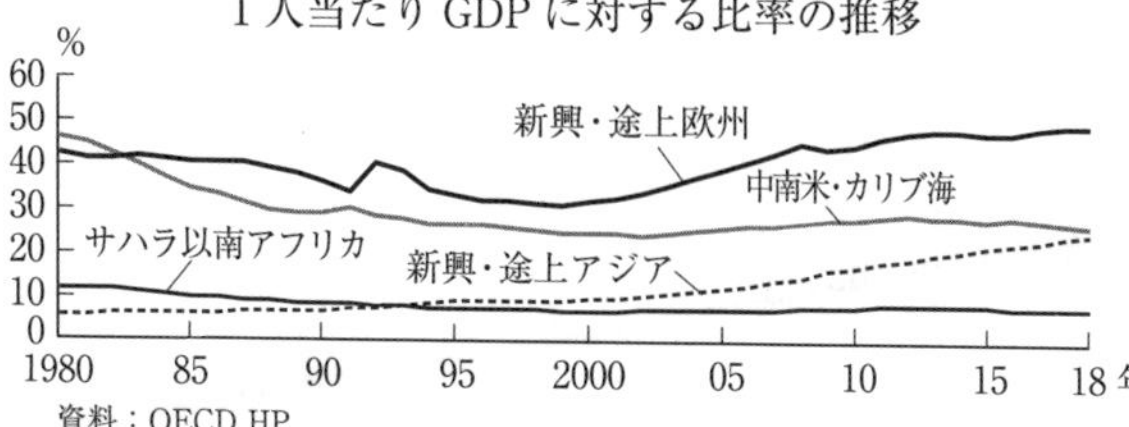


資料:OECD HP.

⑩市場経済化と先進国による後押し　市場経済への移行の第一義的責任は、あくまでも当該国の政府と国民の自助努力にある。しかし、それを促進するために外部の経済協力や支援も不可欠である。先進国による支援は〝自助努力〟のための支援が基本で、被支援国での自らの影響力を強めるためのものであったり、冷戦時代のように特定グループの利益を守るものであってはいけない。

支援の形態の第一は、被支援国の国際機関への参加である。地球レベルでの自由市場の枠組みとしてWTO（現状では十分機能しているとは言えないが）への加盟が必要であり、金融面では、IMF、世界銀行への参加である。また、地域開発金融機関への参加も有益である。欧州諸国の場合、欧州連合に加盟することも大きな力になる。

第二は、金融支援である。従来これらの国が持っていた債務の返済を猶予したり、公的債務の一部切り捨てや棚上げをしたり、民間債務のリスケジュール（返済延期）をしたりすることである。その上で、公的資金による新規融資、民間資金の新規流入が奨励される。

第三は、貿易分野での支援である。このためには先進国が率先して自国市場へのアクセスの障害を除去することが必要である。OECD諸国はほとんどの途上国に対して、規制の緩和・撤廃を行い、最恵国待遇を与えている。アジア諸国の近年の発展にみるように、途上国からの脱皮には輸出拡大が大きな決め手である。

第四は、市場経済のノウハウ、情報を提供し、市場化の自助努力を支援する知的支援である。

# 六　デジタル・エコノミーの拡大・深化

「いま（インターネットによってアメリカで）進行している構造的変化は一世紀に一回か二回あるような根本的なものなのかもしれない」
（グリーンスパン米連邦準備制度理事会議長・一九九九年）

**①情報通信革命と物価**　近年の情報通信技術の発展によって、大容量の情報を高速でしかも安く伝達しあうことが可能となった。大型コンピューターは小型化し、パソコン(PC)に取って代わられ、そのPCは一九九〇年代末からはインターネットに接続され、さらに、二〇〇〇年代末あたりからはモバイル型PCと言ってもいいスマホが普及してきた。通信も、アナログ通信からデジタル通信となり、大容量・高速・安価になった。情報機器、通信技術の発展に加え、電波管理など通信・放送の規制緩和、それに情報の処理、蓄積、分析面の発達が加速し、革命と呼ばれるにふさわしい衝撃を政治、経済、社会に与えるようになってきた。今や情報と情報産業の発達が経済構造をソフト化させ、知識化させることで経済社会を一変させた。情報化社会からさらに高度な知識社会に移行してきているとも考えられる。

情報通信技術の進展と業者間競争の激化は、情報通信機器と関連サービス価格の大幅な低下をもたらした。たとえば、日本におけるPCの平均価格は一九九〇年代初めには三〇万円ほどであったものが二〇一〇年代には一〇万円を切るまでになったが、その間の性能向上を考えれば、価格の強烈な低下が起こったということができる。そうした品質の向上を調整した情報関連機器価格の低下は、何年にもわたって物価の低下圧力となってきた。さらに、イーコマース(EC、インターネット上での電子的商取引)の拡大は、価格に対する低下圧力、いわゆる〝アマゾン効果〟をもたらしてきている。消費者の選択幅は、国内にとどまらず国際的にひろがり、グローバルに物価が上がりにくい現象を引き起こす要因となってきている。

有線通信の高速化

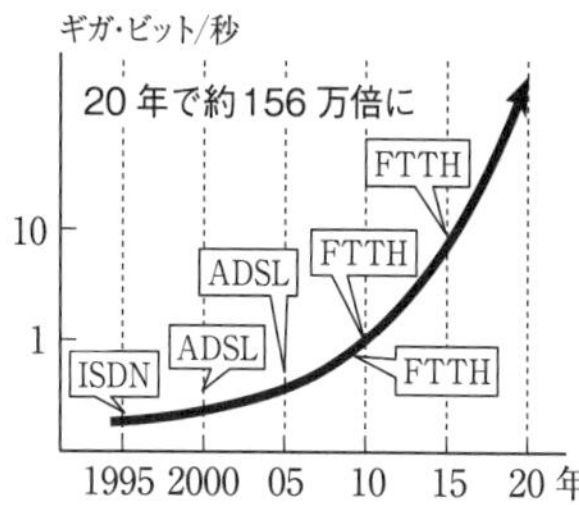


注：縦軸は1秒間に送受信できるデータ量. ISDNはデジタル通信網, ADSLは高速デジタル通信網, FTTHは光ファイバー通信網.

無線通信の高速化

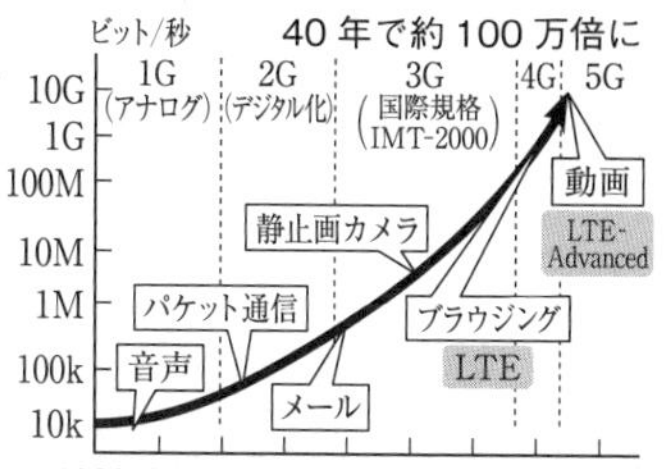


注：パケット通信とは, 大きなデータを小さなパケット(かたまり)に分割して送ること. ブラウジングとはウェブ・サイトの閲覧. LTEは高速携帯電話通信規格. LTE-AdvancedとはLTEの後継無線通信規格.

出所：「Society 5.0と第4次産業革命について」政府広報, 平成30年.

CPUの処理速度の推移

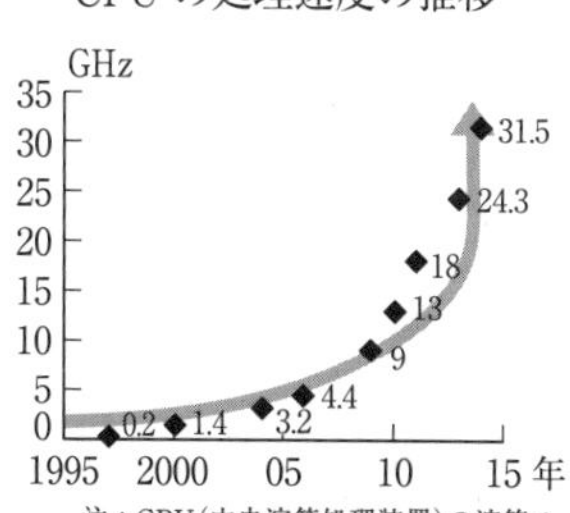


注：CPU(中央演算処理装置)の演算スピードはクロック周波数Hzで表され, 1GHz(ギガ・ヘルツ)とは1秒間に10億回の2進法計算ができることを表す.

出所：「平成27年版 情報通信白書」.

世界における情報通信の発展

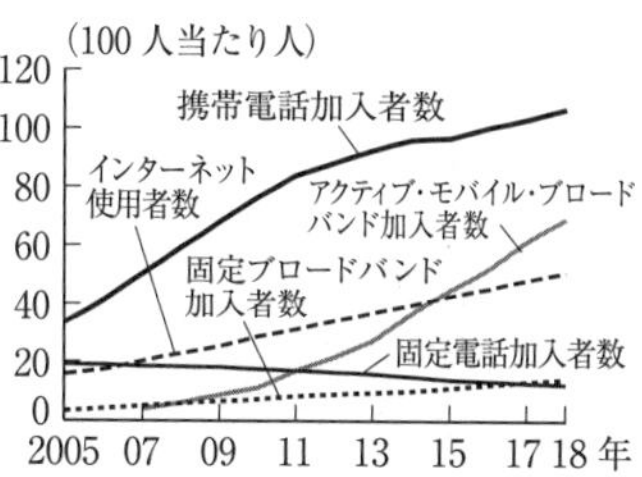


注：アクティブ・モバイル・ブロードバンドとは, 無線アクセスの移動体通信でブロードバンド・インターネットへ接続すること.

資料：ITU Statistics, 2019.

情報通信機器に係る物価指数の推移

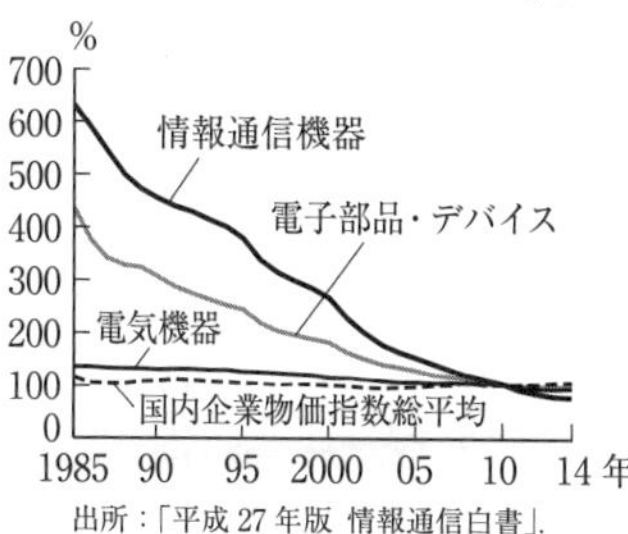


出所：「平成27年版 情報通信白書」.

世界のBtoC電子商取引市場規模

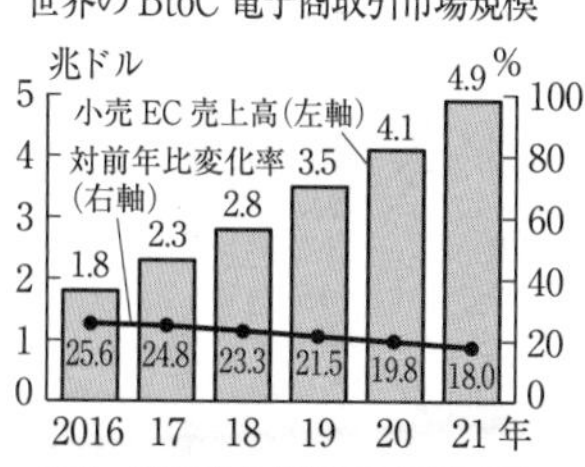


出所：経済産業省「平成29年度我が国におけるデータ駆動型社会に係る基盤整備(電子商取引に関する市場調査)報告書」.

**②産業の情報化と生産性、企業経営**　一九八〇年代末、著名な米経済学者R・ソローが、米国においてコンピューター投資が進んできたにもかかわらず生産性の上昇がみられないことを指摘し、後に「ソロー・パラドックス」と呼ばれた。しかし、一九九〇年代に入って以降二〇〇〇年代半ばあたりまで米国経済は、世界の先進国の中でも最も安定的で持続的な経済成長を記録した。その重要な要因の一つが情報化であったことは議論の余地がない。投資を牽引したのも、雇用拡大に貢献したのも、情報関連部門であった。日本の場合は、情報関連投資が低調なままに推移し、生産性の伸びも低下トレンドをたどり、産業の情報化が生産性にプラス効果を持ったとしても、そうした低下トレンドを逆転させることはできなかった。

情報化投資が当該企業の生産性をあげることは間違いないが、その投資の結果、従来の情報通信伝達手段を陳腐化したり、不要にしたりすることによって社会全体の生産を縮小させたりする部分もある。長期的に社会全体の生産性を引き上げるということであろう。

当然、情報化を進める過程では企業の経営管理もさまざまな影響を受ける。かつて、製造業が農業に代わって登場したときには、流れ作業や大量生産など工学的技術革新がその推進力となった。企業経営はもの（原材料）とヒト（労働力）とカネ（資金）を最も合理的、効果的に組み合わせることを目標とした。今、情報化が進む経済社会では、企業戦略は最新の情報を迅速に入手し、分析することによって形成され、情報を駆使することによって最大の利潤を獲得することを目標とすることになった。

## 実質 ICT（情報通信技術）投資

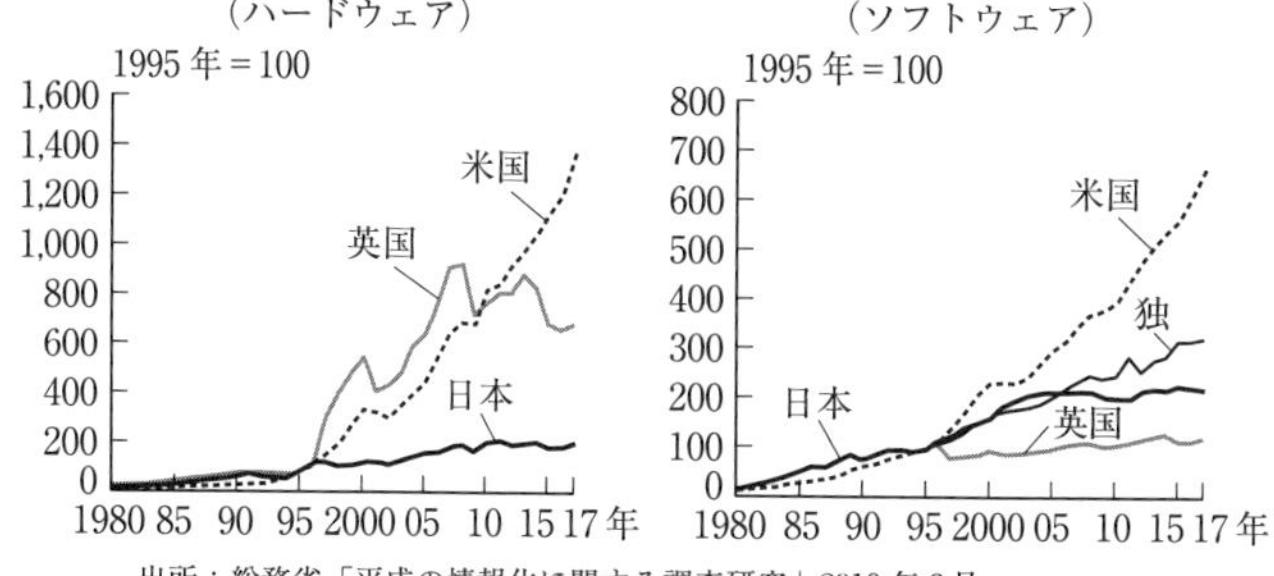


出所：総務省「平成の情報化に関する調査研究」2019 年 3 月.

## ICT による生産性向上の効果

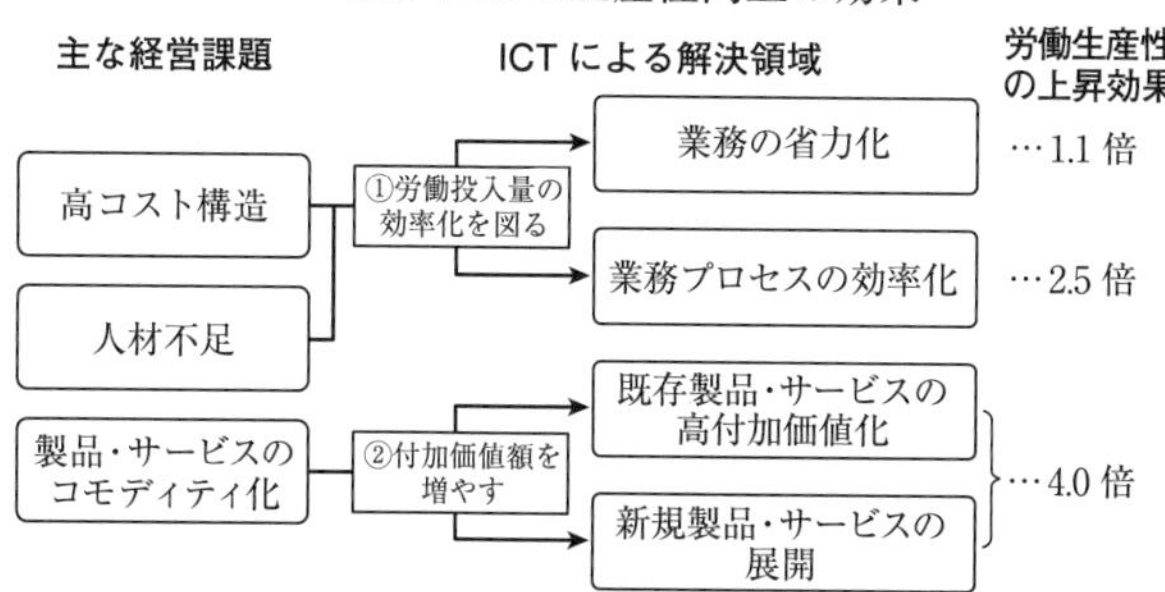


出所：「平成 30 年版 情報通信白書」.

## IT化期間における労働生産性伸び率（1971-2017 年）

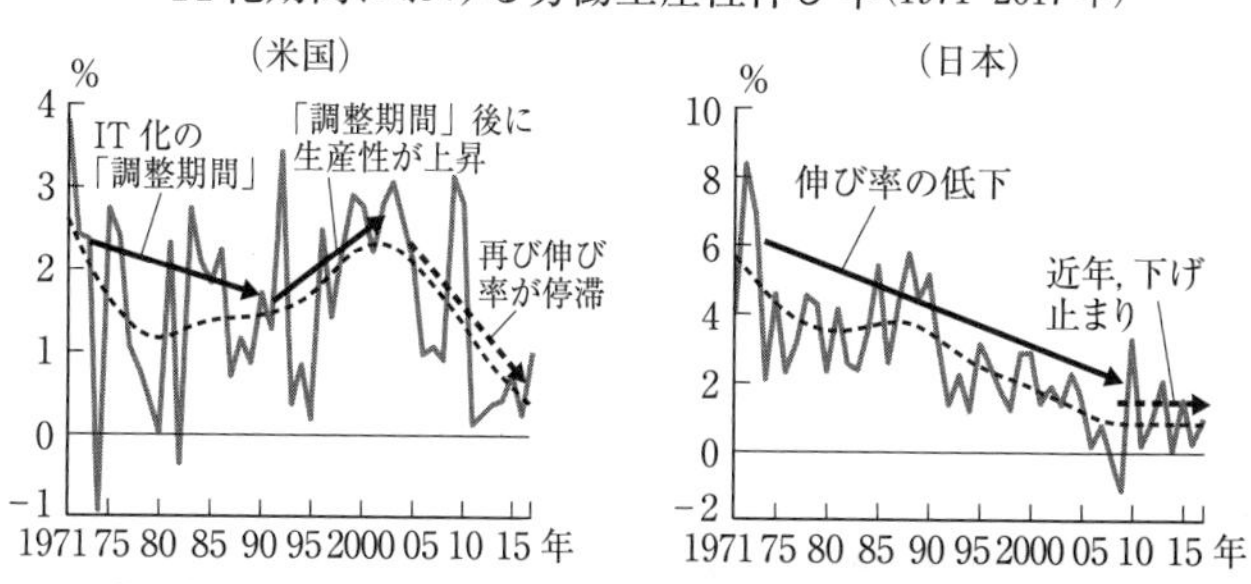


注：米ドル，PPP（購買力平価）ベースの就業者・時間当たり労働生産性．破線部は HP フィルターにより平滑化したもの.

出所：経済産業省「第 4 次産業革命に向けた産業構造の変化と方向性に関する基礎資料」2019 年 5 月.

**③情報化と雇用、所得**　情報化は一方で新しい職場を創出するが、他方で情報化によってなくなったり縮小したりする職場も多い。情報化の拡大によって減少するのは特に定型的な業務を行う職業が多い。比較的低いスキル・低い賃金の業務が情報通信関連機器によって代替される傾向がある。その一方で、情報通信関連機器の導入によって付加価値が加わったり、新規事業の創出が起こったりもする。こうした面からは、新たな雇用も創出されることになる。情報関連分野そのものの賃金は各国とも相対的に高く、雇用も増加してきている。こうした展開は、先進国や中国などの新興国ばかりでなく、インドなど発展途上国でも起こってきている。

たとえば、アメリカでは、専門・技術職等の高スキル職や医療・対個人サービス等の低スキル職で就業者が増える一方で、製造業や事務職等の中スキル職が継続的に減少してきている。これは、労働市場の二極分化（ポーラライゼイション）と呼ばれる。こうした現象は日本においても、程度の差こそあれ、観察されてきている。

先進諸国における製造業労働者の減少などは、この間に進展してきた経済のグローバル化の影響も考えられる。しかし、製造業労働者ばかりでなく、一般事務職員や販売職員の減少などの主要な原因の一つに情報通信分野における進展が影響していることは間違いないだろう。

労働市場のこうした変化は所得の変化にも表れてきている。左のグラフにみられるように、一九八〇年代末から二〇〇八年までの約二〇年間、先進諸国の低位中所得層の所得がほとんど増えなかった一方、高所得層の所得は大きく上昇することで、所得格差が拡大した。

スキル別就業者のシェアの変化

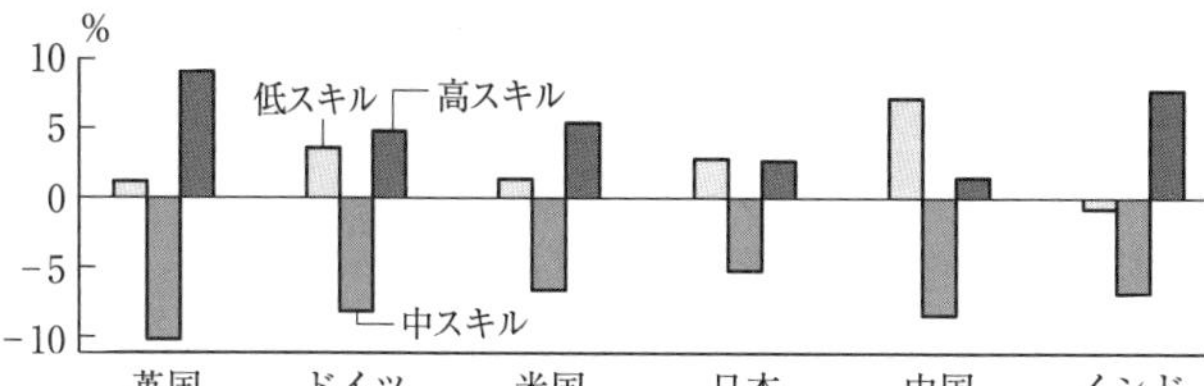


注：日米英独は 1995-2015 年，中国は 2000-10 年，インドは 1994-2012 年.
出所：日本経済新聞 2019 年 11 月 18 日(データは OECD).

米国における職業別就業者シェアの変化(16-64 歳)

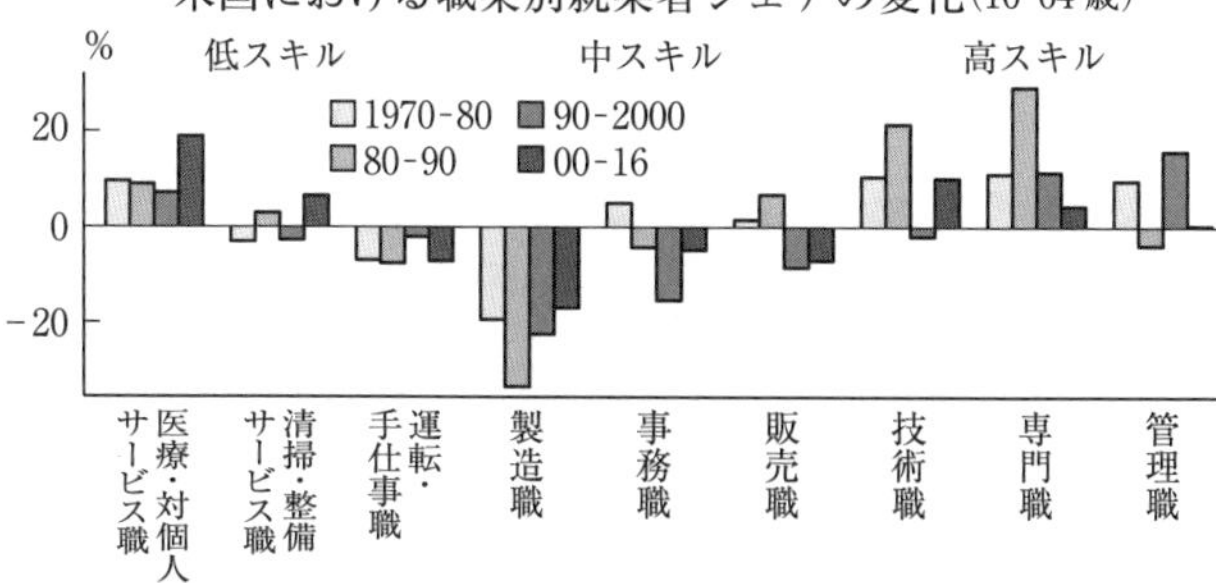


注：各職業に係る総労働時間(就業者数に労働時間を乗じたもの)のシェア伸び率であることに留意.
出所：Autor, D.「Work of the Past, Work of the Future」,「第 4 次産業革命に向けた産業構造の変化と方向性に関する基礎資料」.

世界の実質所得水準ごとの所得変化率(1988-2008 年)
― エレファントカーブ ―

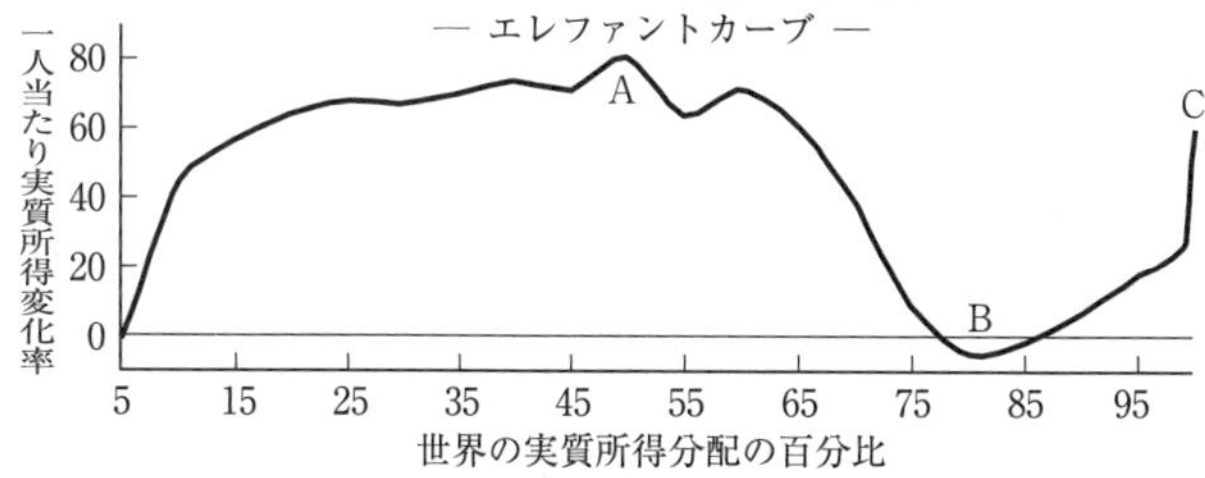


注：実質所得は 2005 年国際ドルで計算. 横軸は左の所得の低い方から右に行くにしたがって高くなっており，5% ずつの所得グループに分けられているが，95-100% は 95-99% と最後の 1% に分けられている.
A：ここに含まれる 90% の人々は中国を中心としたアジア新興国の中所得層の人々.
B：ここに含まれる人々の 3 分の 2 は先進高所得国の低位中所得層の人々.
C：トップ 1% の半分はアメリカ人で，それ以外の多くの人々は日欧の高所得者層の人々.
出所：Global Income Inequality by the Numbers: in History and Now, Branko Milanovic, World Bank 2012 and Global Inequality: A New Approach for the Age of Globalization, Branko Milanovic, Harvard University Press, April 2016.

**④情報化と産業構造**　情報化の進展は供給、需要の両面から産業構造を変える。情報の利用者はなるべく早く、良い、多くの情報を得ようと情報源（供給者）に期待し、供給者はそれに応えようと技術向上に努めながら生産を増やしコストを下げる。そこで情報通信産業が発達し、産業構造を変える。

近年の情報通信業の変化のスピードは速く、一九九〇年代からみても、左の図に示されているように、他の産業には見られないスピードでその構造が変化してきた。まず、一九九〇年代半ばまでは大手通信事業者や大手製造・販売業者中心のかなり安定的な産業であったが、情報機器のインターネット接続によって産業構造が大きく変わり始めた。変化の特徴は、さまざまな情報、通信専業者が台頭してきたことである。二〇〇〇年代半ばあたりからは、さらに産業内の統廃合が活発化してきた。こうした中でも、必要な情報は情報機器、ソフト等を自ら保有して手に入れるより、必要な時に必要なだけサービスとして手に入れる、クラウド（・コンピューティング）が市場規模を急拡大させてきている。圧倒的に効率的だからである。

情報通信技術の進展は、その他の産業の情報化も促すが、情報通信業者自体がさまざまな産業分野に進出し、それぞれの分野における既存の業者と競争するようになってきた。それらはX-Tech（クロステック）と呼ばれる。それが医療分野であればメディテック、農業であればアグリテックである。それぞれの産業の情報化とのみ捉えられない現象である。これは、情報通信産業の拡大であり、それぞれの産業の情報化でもあり、産業全体の情報化でもある。

ICT 産業の構造変化(レイヤーとプレイヤー)

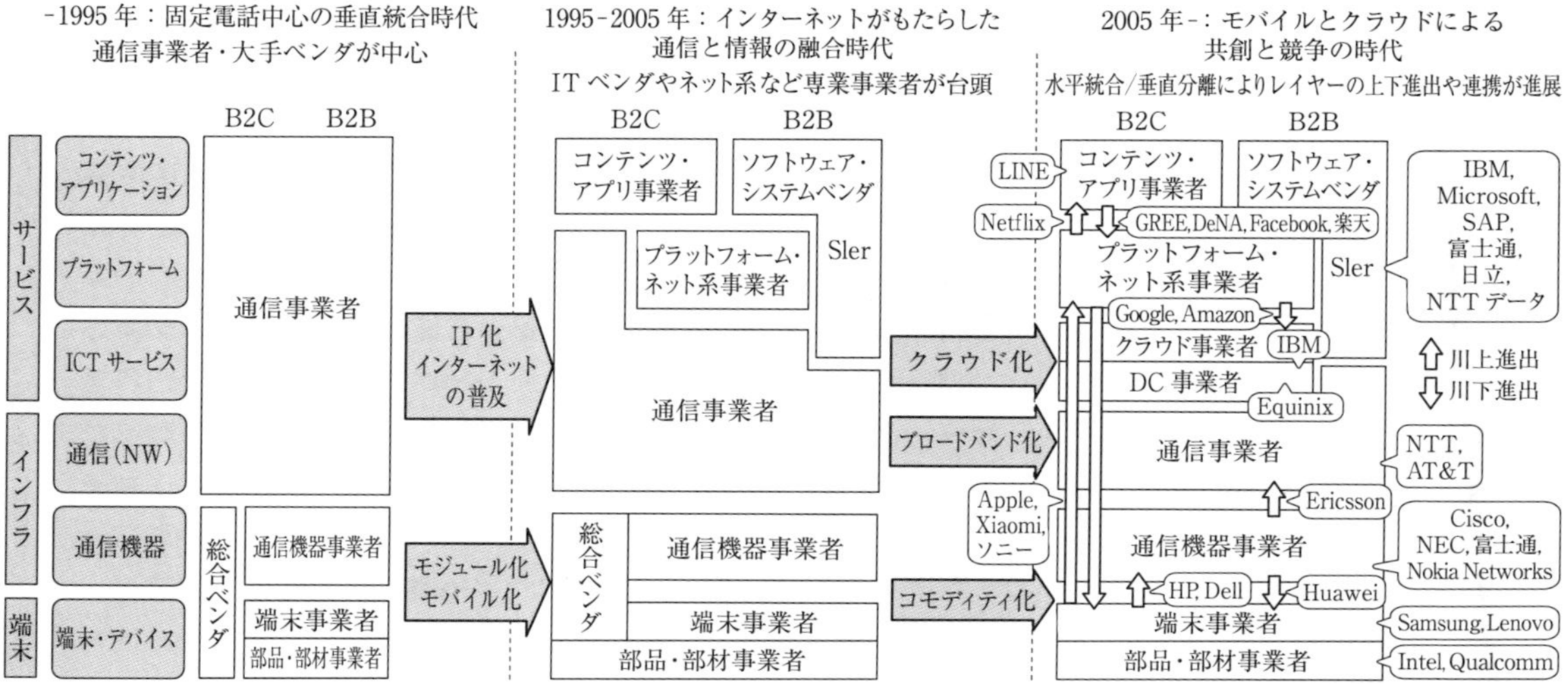

-1995 年：固定電話中心の垂直統合時代
通信事業者・大手ベンダが中心

B2C B2B

サービス
コンテンツ・アプリケーション
プラットフォーム
ICT サービス
インフラ
通信(NW)
通信機器
端末
端末・デバイス

通信事業者
総合ベンダ
通信機器事業者
端末事業者
部品・部材事業者

IP 化
インターネットの普及

モジュール化
モバイル化

1995-2005 年：インターネットがもたらした
通信と情報の融合時代
IT ベンダやネット系など専業事業者が台頭

B2C B2B

コンテンツ・アプリ事業者
ソフトウェア・システムベンダ
プラットフォーム・ネット系事業者
Sler
通信事業者
総合ベンダ
通信機器事業者
端末事業者
部品・部材事業者

クラウド化
ブロードバンド化
コモディティ化

2005 年-：モバイルとクラウドによる
共創と競争の時代
水平統合/垂直分離によりレイヤーの上下進出や連携が進展

B2C B2B

LINE
コンテンツ・アプリ事業者
ソフトウェア・システムベンダ
IBM, Microsoft, SAP, 富士通, 日立, NTT データ
Netflix
GREE, DeNA, Facebook, 楽天
プラットフォーム・ネット系事業者
Sler
Google, Amazon
クラウド事業者
IBM
DC 事業者
Equinix
川上進出
川下進出
通信事業者
NTT, AT&T
Apple, Xiaomi, ソニー
Ericsson
通信機器事業者
Cisco, NEC, 富士通, Nokia Networks
HP, Dell
Huawei
端末事業者
Samsung, Lenovo
部品・部材事業者
Intel, Qualcomm

注：ICT は情報通信技術, NW はネットワーク, ベンダとは販売業者, SIer はシステム・インテグレーター, コンテンツ・アプリは OS にインストールして利用するソフトウェア全般で, OS(オペレーティング・システム)は PC やスマホを動かすための基本ソフト, モジュール化とはハード, ソフトの生産で標準化された部品を使うこと, コモディティ化は高付加価値商品が一般的商品になること, DC はデータ・センター.
出所：「平成 27 年版 情報通信白書」.

**⑤デジタル・エコノミーの拡大**　情報通信技術がさらに発展し、二〇一〇年代半ばあたりから、新たな局面に入ってきたように思われる。その頃から、IoT（アイ・オー・ティー、あるいは、インターネット・オブ・シングス）ということが言われるようになってきた。これは、あらゆるモノ・コトがインターネットにつながるようになったことを指す。

通信速度が飛躍的に速まり、通信容量が拡大するとともに、コンピューターの情報処理能力も急速に高まってきた結果、実社会のあらゆる情報がデジタル化され、それがインターネットを通じてやりとりされるようになった。たとえば、最も単純なケースで言えば、人々の購買行動がデータとして蓄積され、それが広告などに使われるようになった。また、データ化される範囲があらゆる分野に広がり、蓄積されるデータの量も膨大になり（これを総称して、ビッグデータと呼ぶ）、データの総量は二年ごとに二倍になる、あるいは、五年ごとに一〇倍になるといった見方さえ出ている。AI（人工知能）の進化とともに、ビッグデータの分析も容易になってきた。しかも、二〇二〇年あたりから日本を含め多くの国で5G（第五世代移動通信システム、特徴は高速大容量、同時多接続、低遅延）が実用化され始め、スマホ経由での情報のやり取りは飛躍的に進展することになる。4Gに比べると通信速度は約一〇〇倍になるとも言われる。

ビッグデータがAIの進化とともに5Gの環境下で利用され始める。それが、自動運転、ライド・シェア、民泊、医療（高密度画像の伝送やそれを使った遠隔地診断）などあらゆる分野で革命的な変化を起こしつつある。これを第四次産業革命と呼ぶことがある。

## 技術のブレークスルー

●実社会のあらゆる事業・情報が，データ化・ネットワークを通じて自由にやりとり可能に（IoT）
●集まった大量のデータを分析し，新たな価値を生む形で利用可能に（ビッグデータ）
●機械が自ら学習し，人間を超える高度な判断が可能に（人工知能（AI））
●多様かつ複雑な作業についても自動化が可能に（ロボット）
→これまで実現不可能と思われていた社会の実現が可能に
　これに伴い，産業構造や就業構造が劇的に変わる可能性

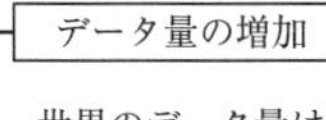


世界のデータ量は2年ごとに倍増

処理性能の向上

ハードウェアの性能は，指数関数的に進化

AIの非連続的進化

ディープラーニング等によりAI技術が非連続的に発展

出所：経済産業省「第4次産業革命について「産業構造部会 新産業構造部会」における検討内容」2017年4月．

## 世界のIoTデバイス数の推移及び予測

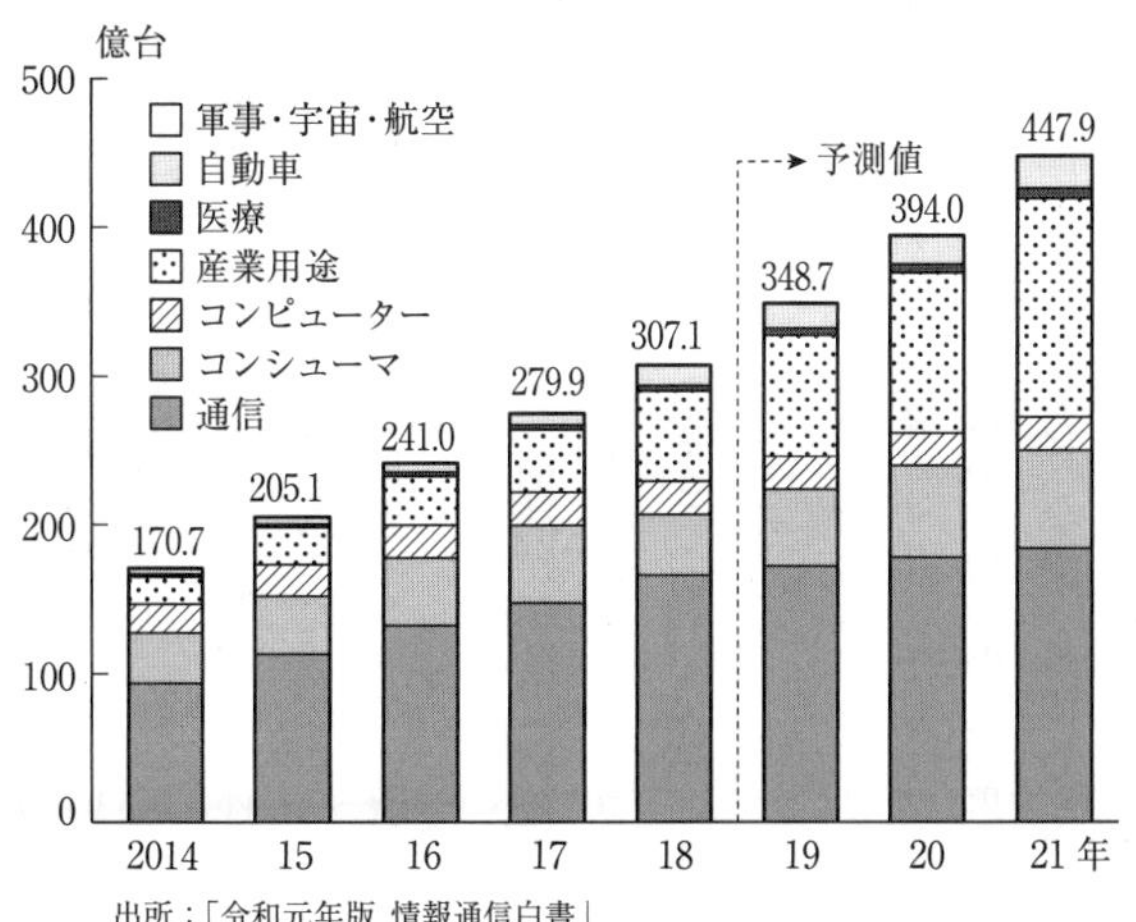


出所：「令和元年版 情報通信白書」．

⑥デジタル・エコノミーの深化　到来しつつある高度に情報化された経済をどう呼ぶかはまだ定まっていない。データ・エコノミー、データ・ドリブン・エコノミー(データ駆動経済)、あるいはデータ主導経済などと呼ぶ向きもあるが、ここではデジタル・エコノミーと呼ぶ。

データの収集・保存・送受信コストが下がり、データの加工・分析コストも下がり、あらゆるリアル世界の現象がデジタル化(0と1の並びで表されるデータ化)されるようになってきている。そうして蓄積されたデータが今度は逆に現実社会を変えようとしている。現実世界のすべての現象がデジタル化できるわけではないが、ますますその領域は拡大してきている。

二〇二〇年、新型コロナウイルスの世界的流行に直面して、ヒトの往来、面談が極度に制限され、人々はコミュニケーションをネット上で行わざるを得なくなった。それまでもオンラインのコミュニケーションは増えてはいたが、この年の前半における爆発的なズーム(Zoom)の利用は革命的であった。これは一部不可逆的な動きで、情報交換のあり方を変えることになるだろう。

各国とも、この状況下でさまざまなイニシアティブをとりはじめた。もっとも有名なものはドイツ政府による対応で、インダストリー4・0と呼ばれるもので、新しい技術・データを使って製造業を活性化させようとしている。アメリカでは民間企業主体の国際的にも自由参加型の民間事業体が、産業向けIoTの実装を推進してきている。中国では非常に意欲的でありながら具体的な、製造業分野においてトップ国家となる戦略を明らかにしている。日本でも、左の図に示されているように、デジタル・エコノミー時代に見合った取り組みをしてきている。

## IoT, ビッグデータ, AI などの進展に対する各国の動き

| 計画の総称 | 国 | 開始年 | 主な特徴 |
|---|---|---|---|
| インダストリー4.0 | ドイツ | 2013 | IoT, AI, ビッグデータによる第4次産業革命の下, スマート・ファクトリー(工場内, 工場間がつながり, 自ら考える)を目指す |
| インダストリアル・インターネット・コンソーシアム | 米国 | 2014 | AT&T や IBM など米企業によって設立された国際的オープン・コンソーシアム(共同事業体)で, 産業向け IoT の実装を推進 |
| 中国製造 2025 | 中国 | 2015 | 5つの基本方針と4つの基本原理の下, 2045年に製造強国のトップになることを目指す |
| Society 5.0 | 日本 | 2016 | サイバー空間とフィジカル空間を融合させることで快適で質の高い生活を実現する超スマート社会(狩猟・農耕・工業・情報社会に続く)を目指す |

## 進化するデジタル経済とその先にある Society 5.0

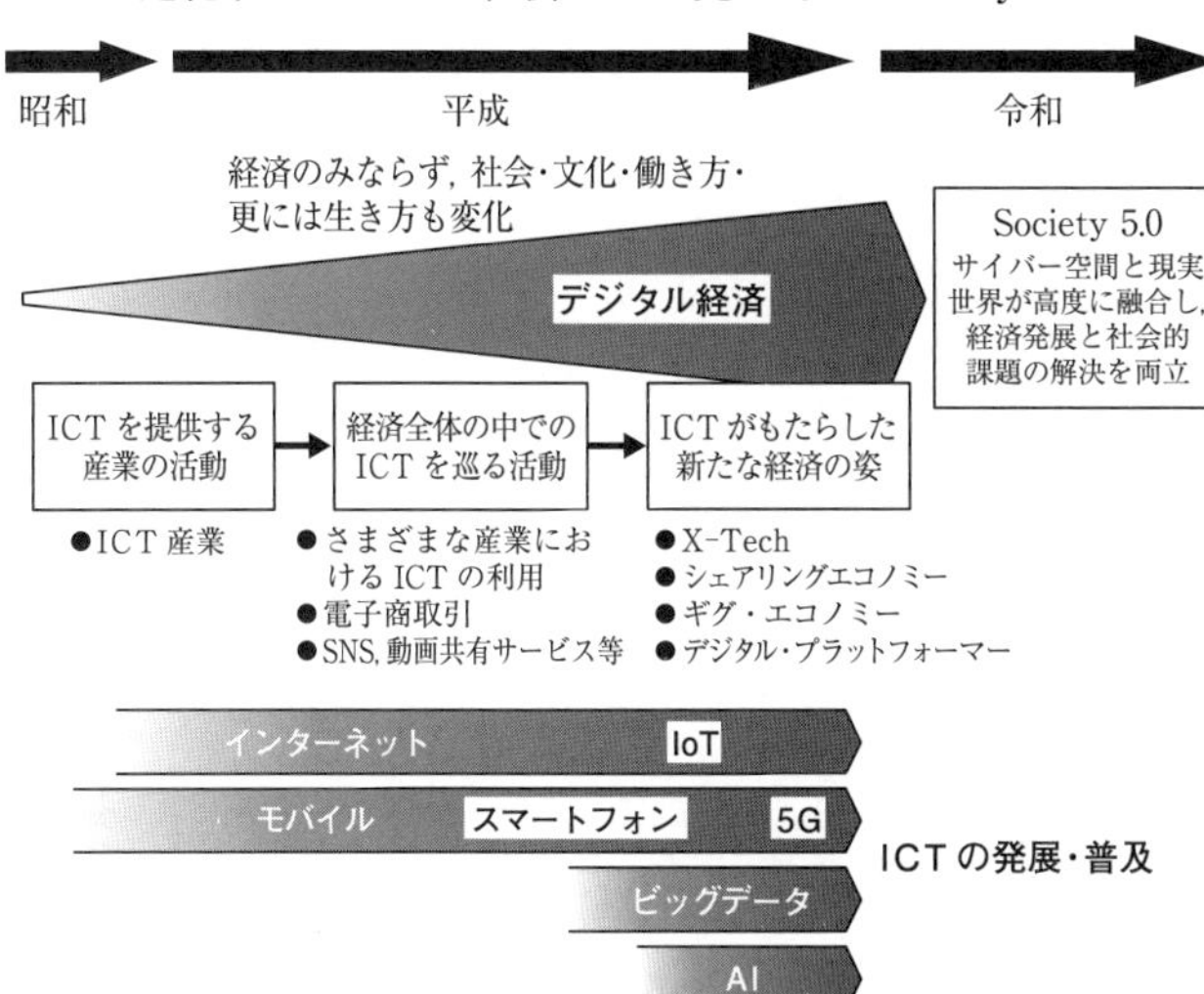


注：ギグ・エコノミーとは, インターネットを通じてその都度単発の仕事をする働き方やそうした仕事で回る経済のこと.
出所：「令和元年版 情報通信白書」.

**⑦巨大なデジタル・プラットフォーマーの出現**　二〇一〇年代に入る前後から、少数の巨大なデジタル・プラットフォーマーと呼ばれる企業が現れ、インターネット上のさまざまな活動の場を提供するようになってきた。GAFA、すなわち検索サービスのグーグル、EC（イー・コマース）のアマゾン、SNS（ソーシャル・ネットワーキング・サービス）を提供するフェイスブック、スマホなどネット・デジタル家電の供給者としてのアップルである。これら企業の株式時価総額はこの一〇年ほどで急拡大し、世界トップ一〇に入る企業となっている。中国でも、BAT（バイドゥ、アリババ、テンセント）といった同様の企業が成長してきた。

これら巨大デジタル・プラットフォーマーは、多くの人があるネットワークを使えば使うほどそのネットワークの使い勝手がよくなる〝ネットワーク効果〟があることもあって、巨大化してきた。最近は、これらの企業の活動も、巨大化したがゆえの問題も指摘されるようになってきたが、これらの企業がデジタル・エコノミーの急拡大を支えてきたことも事実である。

今後、これらの企業がどうなるかを予想することは難しい。第一に、これらメガテック（巨大テクノロジー）企業同士が相手領域に進出し合っていることがある。さらに少数の企業に集約されていくのかもしれない。あるいは、将来の技術革新によって、まったく別の種類の企業が成長してくるかもしれない。また、これらの企業を評価する際、アメリカ株が二〇一九年末時点でかなり高値圏にあったことも忘れてはならないだろう。日本も株式バブルの絶頂期だった一九八九年末には、世界株式時価総額トップ一〇のうち、一位のNTT以下七社が日本企業であった。

## 世界の株式時価総額トップ 10 公開企業(2020 年末)

| 企業名(国籍) | 主な事業 | 時価総額(10 億ドル) | トップ 10 入りの年 |
|---|---|---|---|
| 1 アップル(アメリカ) | ネット・デジタル家電の製造販売 | 2,254 | 2011 |
| 2 マイクロソフト(アメリカ) | Windows や Office などソフト提供 | 1,682 | 1996 |
| 3 アマゾン(アメリカ) | EC 企業と幅広い事業 | 1,634 | 2015 |
| 4 アルファベット(アメリカ) | 検索エンジン(グーグル)の提供 | 1,185 | 2009 |
| 5 フェイスブック(アメリカ) | SNS プロバイダー | 777 | 2015 |
| 6 テンセント(中国) | SNS プロバイダー | 683 | 2016 |
| 7 テスラ(アメリカ) | 電気自動車の製造販売 | 668 | 2020 |
| 8 アリババ(中国) | 企業間 EC マーケット運営 | 629 | 2017 |
| 9 TSMC(台湾) | 半導体ファウンドリー(生産) | 565 | 2020 |
| 10 バークシャー・ハサウェイ(アメリカ) | 投資会社 | 545 | 2012 |

参考：トヨタ自動車の株式時価総額は同時点で 2516 億ドルだった.

## 売上高・利益からみた GAFA・BAT の事業領域

| 主要事業領域 / 売上高(2018 年, 10 億ドル) | Google 137 | Amazon 233 | Facebook 56 | Apple 266 | Baidu バイドゥ 15 | Alibaba アリババ 52 | Tencent テンセント 47 |
|---|---|---|---|---|---|---|---|
| 広告 | Various☆ | Amazon Ads | Facebook☆ | Various | Various☆ | Various | WeChat |
| サービス(コンテンツ含む) | YouTube | Prime Video | Instagram | iTunes | iQiyi | Youku | Penguin e-Sports, Now Live☆ |
| 電子商取引 | Android Pay | Amazon.com | | Apple Pay | Baidu Wallet | Tmall, Alipay★ | WeChat Pay, QQ Wallet |
| クラウド | Drive | AWS★ | Workplace | iCloud | Baidu Cloud | Alibaba Cloud | Tencent Cloud |
| ハードウェア(OS 含む) | Chrome | Kindle | | iPhone, iPod | | | |
| AI/アシスタント | Google Assistant | Alexa | | Siri | | | |
| 他業種連携ヘルスケアなど | Google Home, Fit | Echo | | Apple Health, Homekit | | Ali Heath | |

■：売上額の占有率が 50% 以上, ▨：売上額の占有率が 10% 以上 50% 未満, □：売上額の占有率が 10% 未満, または「その他」のため分類不可, ★：営業利益額が最も大きい事業領域, ☆：営業利益額が最も大きいと推察される事業領域(事業領域別営業利益額は非開示のため).

## GAFA・BAT の売上高の内訳(2018 年)

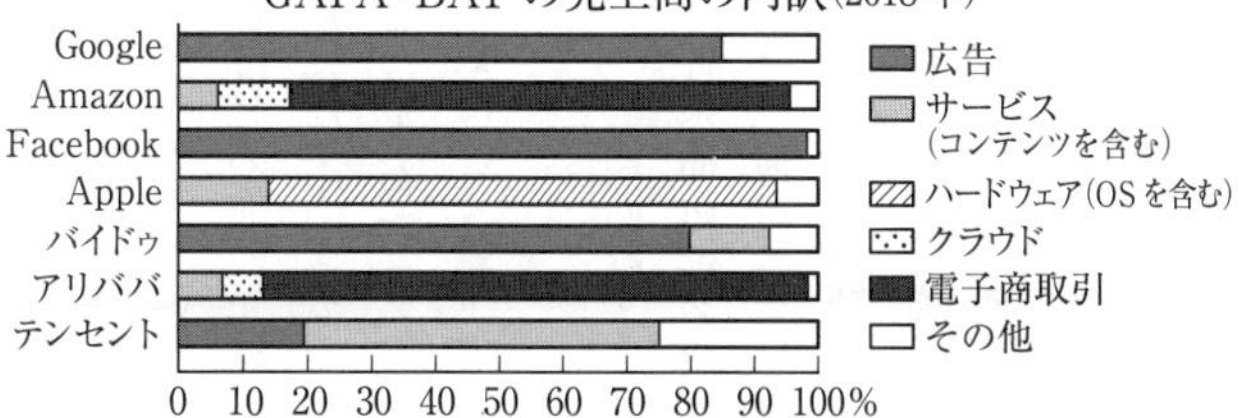


出所：「令和元年版 情報通信白書」.

**⑧米中の技術覇権摩擦**　二〇一八年頃から米中の先端技術をめぐる軋轢が、具体的な動きを伴って激しくなってきた。先端技術分野における中国の攻勢は顕著で、「中国製造二〇二五」の重点分野にも如実に現れている。実際、近年における特許出願件数をみると中国の攻勢はすさまじい。情報通信分野における特許出願件数も例外ではなく、分野によっては中国が米国をはじめ他の先進諸国を凌駕してきている。特に、5G（第五世代移動通信システム）に関する特許件数は中国（その中でも、ファーウェイ）がリードしている。もっとも、中国の持つ5G関連特許の質は米企業（クアルコムやインテル）などに比べるとまだ低いものが多く、特許件数や特許出願件数だけで競争力を云々することはできない、との見方もある。

二〇一九年、米国によるファーウェイ（非上場企業だが世界の時価総額トップ一〇に匹敵する中国を代表する移動体通信機器大手）に対する禁輸措置が発表された。今後とも、紆余曲折はあっても、米国による中国先端企業に対する圧力は止むことはないだろう。その背景には、何が公正な競争なのかについての両国の抜きがたい意見の相違がある。中国における外資企業に対する強制的な技術移転の要求、中国政府による国策にかなった国内企業に対する補助金等の優遇策などである。

今後とも、米中の先端技術をめぐる軋轢は続くことになり、これまでの中国を含めたサプライ・チェーンに大きな影響を与えてきている。今後、各国の企業は中国をサプライ・チェーンに入れるにしても、過度の依存は避けるようになるだろう。

| 「中国製造 2025」の重点分野 |
|---|
| 次世代情報技術(半導体, 次世代通信規格「5G」) |
| 高度なデジタル制御の工作機械・ロボット |
| 航空・宇宙設備(大型航空機, 有人宇宙飛行) |
| 海洋エンジニアリング・ハイテク船舶 |
| 先端的鉄道設備 |
| 省エネ・新エネ自動車 |
| 電力設備(大型水力発電, 原子力発電) |
| 農業用機材(大型トラクター) |
| 新素材(超電導素材, ナノ素材) |
| バイオ医薬・高性能医療器械 |

出所：日本経済新聞 2018 年 12 月 7 日.

| 米中ハイテク摩擦 |
|---|
| 2015 年 5 月　「中国製造 2025」発表. 半導体自給率 20 年までに 40%, 25 年までに 70% |
| 2018 年 4 月　米商務省中国 ZTE に取引規制(米企業からの半導体供給一時停止). イランへの違法輸出の疑い |
| 2018 年 10 月　米商務省が中国 DRAM 大手 JHICC に取引規制産業スパイ容疑 |
| 2018 年 12 月　カナダ, アメリカからの要請でファーウェイ副会長を逮捕 |
| 2019 年 5 月　米商務省がファーウェイに事実上の禁輸措置. イランとの金融取引に関与した疑い |

資料：日本経済新聞 2019 年 11 月 7 日.

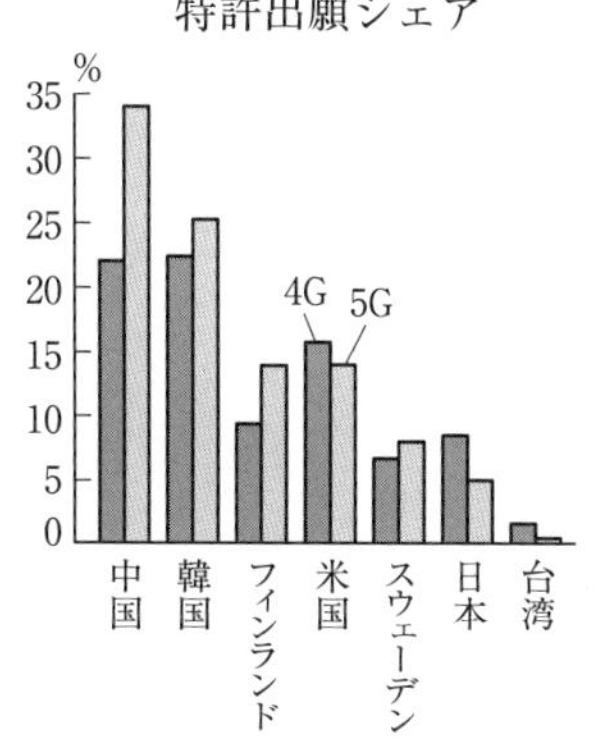


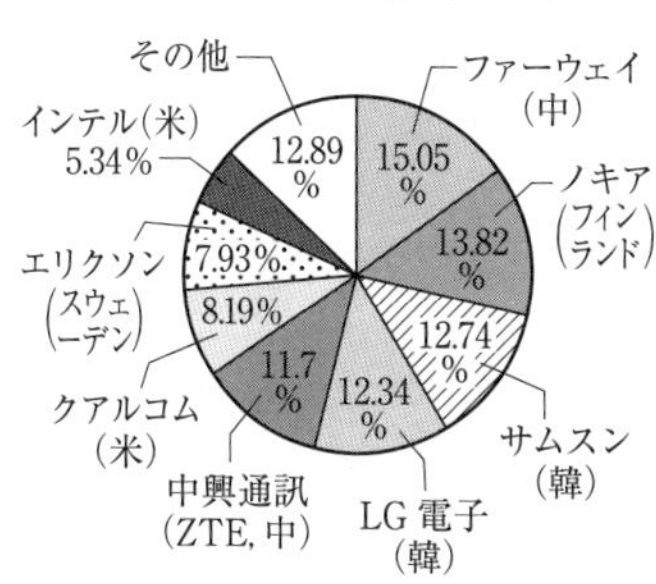


出所：日本経済新聞 2019 年 5 月 3 日.

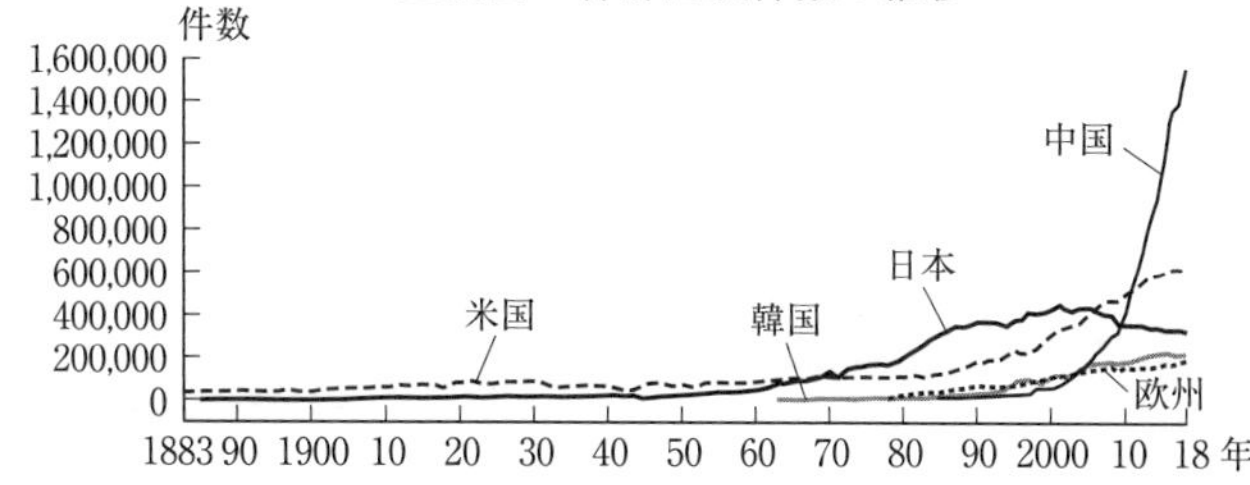


出所：World Intellectual Property Indicators 2019.

**⑨デジタル・エコノミーの課題**　経済のより広い側面がデジタル化され、情報がより豊富になり、それが瞬時に利用可能になることは、経済的には効率の向上となり、消費生活の面でも利便性が高まり、経済社会の発展にとって好ましいことである。しかし、課題もある。

まず、メガテック企業が情報を独占し、それを自らのビジネスに使っている。そこには、市場独占の恐れや個人情報保護の問題がある。たとえば、メガテック企業の用意するサービスを使って、より安いモノを買ったり、検索をしたり、意見交換をしたりすることはタダであっても、それによって企業が得る情報はさまざまなビジネスにとって貴重である。そうした情報を使うことは個人情報保護の観点から問題はないのか、あるいは、それぞれの分野での市場支配力が高まり過ぎないか。さらには、こうしたネット企業は、法人税を税率の最も低い国で支払う傾向がある。各国課税当局としては、所得の捕捉が難しいいし、往々にして法人税の課税根拠である物理的拠点がないこともあって課税が難しい。基本的には、売上高に応じた課税を中心に話し合われている。

情報通信技術の向上が高まれば高まるほど、技術的に高度化した情報機器を操作する能力の差、あるいは、ソフトを使いこなす差が、所得格差をもたらす恐れがある。

さらに、情報通信の技術革新がウェブ上のものだけでなく、ＩｏＴによってリアル世界のデータをより重要にしてきているが、それは同時に、コンピューター・ウイルス、ハッキング、サイバー・テロ、といったネット上の問題がより広い分野（ネットにつながるすべての機器類・企業・個人）に広がってきたことも意味する。対応がより難しくなってきている。

GAFA の市場影響力と米議会・反トラスト(連邦・州)当局の問題意識

| | 主な事業と市場占有率 | 当局の問題意識 | 各社の反論 |
|---|---|---|---|
| グーグル(創業1998年) | オンライン検索(世界の約92%)と検索広告市場を独占．スマホOSの約74%(アンドロイド)．グーグルマップが，ナビゲーション地図でシェア8割以上 | 端末メーカーに自社の検索サービスを標準設定させ，他社サービスを排除 | 消費者の検索手段は多種多様にある |
| アップル(1976年) | スマホOSの約25%(iOS)．アメリカで1億台以上のiPhoneやiPadへのアクセスをコントロール | アプリストアで他社に高額な手数料を義務付けながら，自社製品を優遇 | アプリの84%は無料配信，手数料の対象は16%のみ |
| フェイスブック(2004年) | 世界のソーシャルメディアの約76%(インスタグラムを含む)を占める．競争がないため利用者のプライバシー保護が劣化 | インスタグラムなど競合先を買収して他社の台頭を阻害 | 同社は競争相手であると同時に，我々のサービスを補完できた |
| アマゾン(1994年) | アメリカのEコマース市場の約38%を占める．世界で230万の市場参加者を持ち，その約37%がアマゾンを唯一の収入源としている | 出店企業の販売履歴を使って自社のプライベート・ブランドを開発 | 外部企業の事業拡大に貢献 |

資料：日本経済新聞2020年7月30日，12月28日．朝日新聞2020年7月31日．米下院報告書

欧州，アメリカの個人情報保護法

| | GDPR(EUの一般データ保護規則) | CCPA(カリフォルニア消費者プライバシー法) |
|---|---|---|
| 施行 | 2020年1月 | 2018年5月 |
| 対象事業者 | EU域内の個人データを取得する企業団体 | 州内で事業を行い，年間収入2,500万ドル超 |
| 規制のポイント | データ取得には消費者の同意が必要．消費者が個人情報の削除を請求できる | データの開示や削除，売却停止などを企業に請求できる |
| 罰金・制裁金 | 最大で2,000万ユーロか売上高の4%相当のうち高い金額 | 情報開示できない場合は1件当たり最大7,500ドル |

資料：日本経済新聞2019年10月15日．

⑩望ましいデジタル社会と国際協力　情報あるいはデータはその性格からいって国境を越えて伝達される。国籍のいかんにかかわらず、必要な情報、データを、いつでも、誰でも、どこでも入手できることは、情報、データの共有、自由な利用という点で人類にとってきわめて望ましい。しかし、情報、データの国境を越えての流通に原則禁止の立場の国もある。自由な情報、データの流通を目指した国際協調が必要である。

デジタル・エコノミーの時代に入って最も大事なことは、自由な情報、データの流通とともに、個人情報をいかに保護するかである。この面では、たとえば世界のメガテック企業に対する各国の対応は手探りの状態にある。既存の法律、規制の体制では不十分な面があり、国際的に協調した対応が必要である。また、こうした企業はどこでどうやって儲けているのか必ずしも明確でないが、法人税の課税についても国際的に協調した対応が必要となる。

先端技術をめぐって米中の対立が激しさを増してきているが、日本としてもこれまでの貿易交渉などの経験をもとに、問題の先鋭化を防ぐべく、間に立った働きかけをすべきだろう。ただ、日本と中国の基本的な違いは、日本が自国の安全保障を米国に依存し、中国が依存していないという点だろう。中国には米国に理由なく一方的に譲歩する必要も理由もない。

新しいデジタル・エコノミーの下で、ますます重要になってきていることは、情報通信システムに対する悪意ある攻撃に対抗することであり、この点で国際的な協力は、言うは易く行うは難い面があるが、絶対に必要である。

# 七　人口・食料・エネルギー・資源

「合理的なエネルギー政策の採用は、各国政府が直面する最も挑戦的にして、かつ複雑な仕事である」

（P・トルドー「住みよい世界のためのエネルギー」一九九一年）

**①世界人口の急増**　二〇世紀に入ってから世界人口は急増してきた。西暦元年に二〜三億人程度であったとみられる世界人口は、二〇世紀初頭には一六億人程度になった。一九〇〇年かけて約一三億人強の増加であるが、二〇世紀に入ってからの増加は著しく、二〇二〇年には約七八億人に達したとみられる。国連による中位推計によると二〇五七年あたりで一〇〇億人を突破すると予測されている。世界人口の増加率は、グローバルにも観察される少子高齢化で下がってきてはいるが、人口の増加は依然として近未来における世界的問題である。

人口の増加は、経済的にみれば労働力・生産力の増加を意味するから基本的には〝結構なこと〟であるが、問題も多い。第一は、人口増加の大部分が低所得の発展途上国でみられることである。途上国の成長率が先進国よりある程度高くなっても、一人当たりの所得水準の格差は縮まらない。事実、世界銀行の定義による低所得国や低位中所得国の世界に占める人口割合が増加してきている。現在、人口の絶対数ではアジアが圧倒的に多いが、アフリカの人口増加率が相対的に高く、二一〇〇年頃には両地域の人口は同数近くになることが予想されている。

第二は、新興国や途上国では工業化が進み、消費水準も高まる。そのこと自体は歓迎すべきことであるが、先進工業国でも多少は消費水準が上昇するから、世界全体で消費する食料、エネルギーも増加し、農産物やエネルギーの供給力とのアンバランスが生じる可能性がある。一概にマルサス論的悲観論になることはないが、環境問題や人口の都市への集中の問題がある。今後はこれらの問題解決に向けた技術進歩や国際協力が問われるところである。

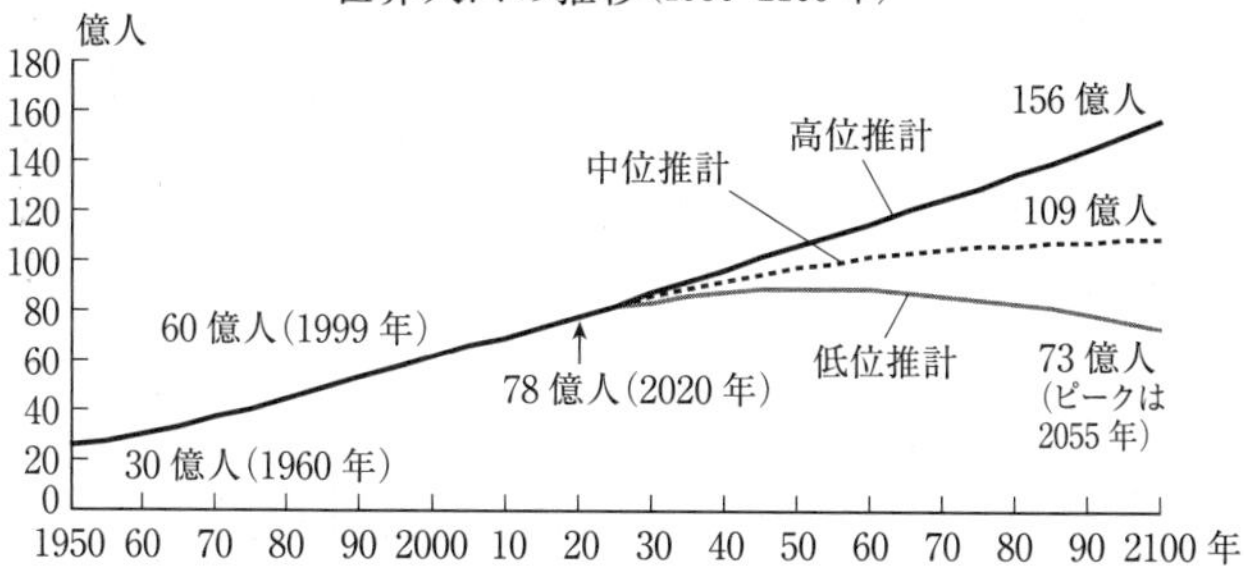


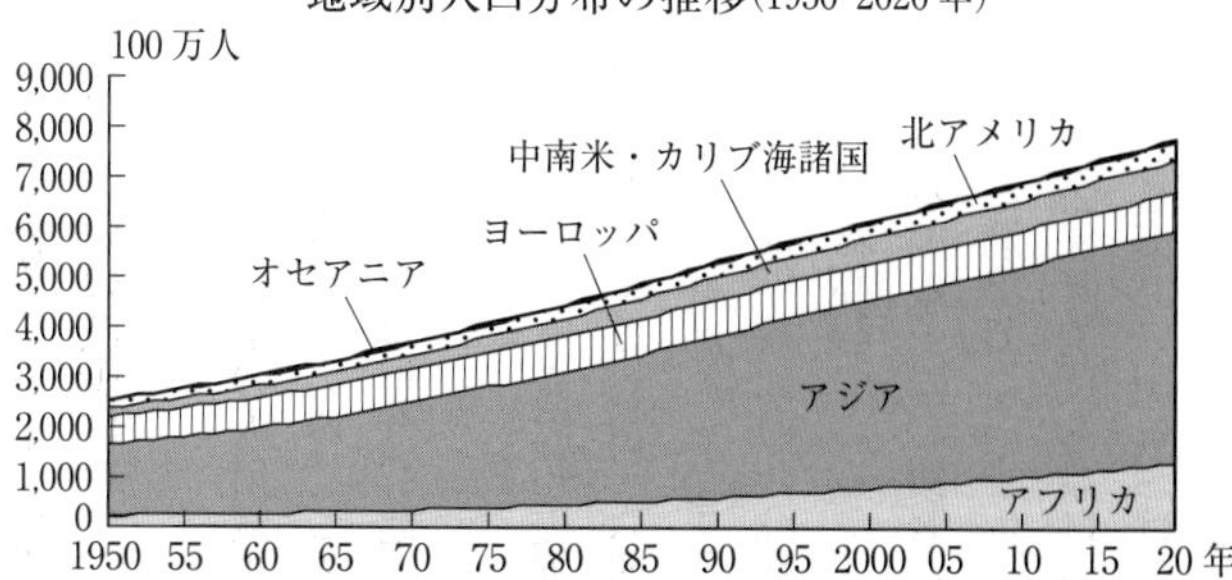


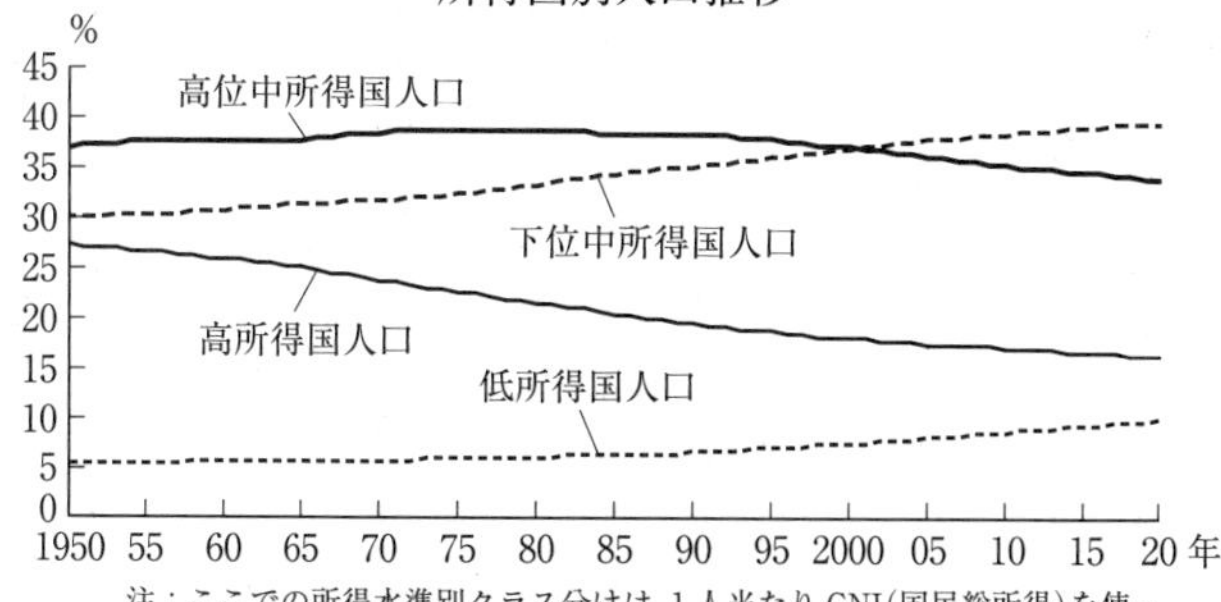


注：ここでの所得水準別クラス分けは，1人当たりGNI(国民総所得)を使った世界銀行によるもので，2019年現在，低所得は1,025ドル以下，低位中所得は1,026-3,995ドル，高位中所得は3,996-12,375ドル，高所得は12,376ドル以上である．

資料：World Population Prospects 2019, United Nations.

②少子高齢化　世界的な人口問題は依然として人口の増加にあるが、かなりの数の国の問題は逆に人口減少問題になってきている。人口の減少は特に、人口の増加を前提にして構築されてきた社会保障制度の改革を必須なものにする。

二〇一〇年から二〇二〇年の間に一％以上の人口減少を経験した国はすでに二七に達し、今後ともこうした国の数は増えていくと予想されている。この第一の原因は少子化にあり、ほとんどの国でみられる高齢化とともに、これまで通りの年金、健康保険などの社会保障制度の維持を難しくしている。

少子化はアジア全体、特に東アジアの国々や欧州先進諸国に共通の問題である。そうした国では、生産年齢人口に対する高齢者割合、たとえば二四〜六四歳人口の六五歳以上人口に対する割合が極端に低下しており、日本の場合、世界最低の一・八までになっている。また、韓国、台湾、香港、シンガポールといった東アジア諸国は世界最低の合計特殊出生率になっており、それぞれの国の立場からいかにこの状態を緩和するかに腐心している。

そうした少子化を経験してきている国の一つの顕著な特徴は、出産の高齢化であり、また主要先進諸国と比べた場合の、出生に占める嫡出でない子供の割合の低さである。

与えられた人口動態に適応した社会保障制度を設ける努力も必要である一方、人口変化の安定化も必要だろう。人口増加率が依然として高い国における人口増加率の低い水準での安定化の一方で、極端に低い出生率の国におけるより高い率での安定化も必要だろう。

## 世界人口に占める若年者層と高齢者層

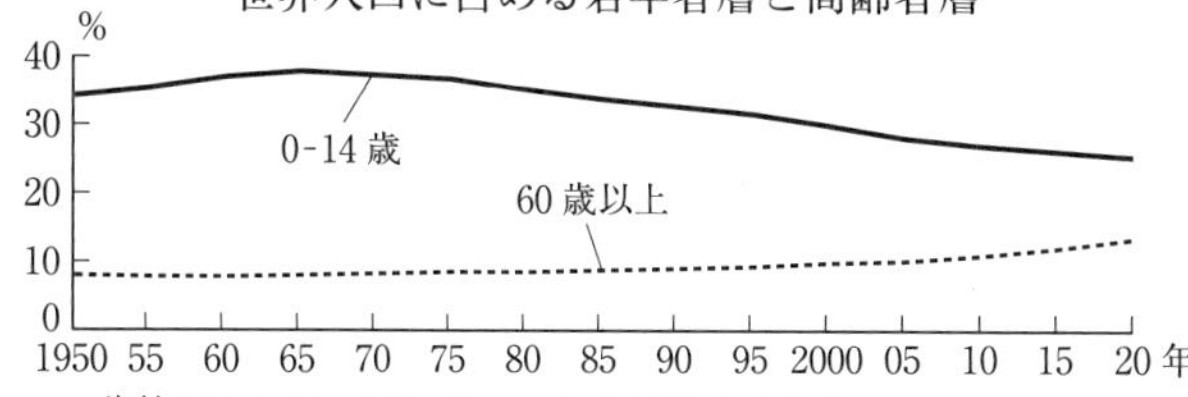


資料：World Population Prospects 2019, United Nations.

## 合計特殊出生率の国際比較
(202ヵ国・地域, 2017年)

| 順位 | 国名(アジア) | % | 国名(その他主要国) | % |
|---|---|---|---|---|
| 1 | | | ニジェール | 7.18 |
| 52 | パキスタン | 3.41 | | |
| 64 | フィリピン | 2.89 | | |
| 92 | インドネシア | 2.34 | | |
| 94 | インド | 2.30 | | |
| 124 | ベトナム | 1.95 | | |
| 125 | | | フランス | 1.92 |
| 128 | 北朝鮮 | 1.90 | | |
| 138 | | | イギリス | 1.79 |
| 142 | | | アメリカ | 1.77 |
| 144 | | | ロシア | 1.76 |
| 152 | | | ブラジル | 1.71 |
| 161 | 中国 | 1.63 | | |
| 168 | | | ドイツ | 1.57 |
| 180 | タイ | 1.47 | | |
| 184 | 日本 | 1.43 | | |
| 193 | | | イタリア | 1.34 |
| 198 | シンガポール | 1.16 | | |
| 199 | 台湾 | 1.13 | | |
| 199 | 香港 | 1.13 | | |
| 202 | 韓国 | 1.05 | | |

注：合計特殊出生率とは1人の女性が15歳から49歳までに産む子供の数の平均.
資料：「グローバル・ノート」, 国際統計・国別統計専門サイト ,World Bank data.

## 出生に占める嫡出でない子の割合

(%)

| | |
|---|---|
| 日本 | 2.4(2013年) |
| 韓国 | 2.1(2013年) |
| アメリカ | 40.6(2013年) |
| フランス | 55.8(2011年) |
| ドイツ | 34.5(2012年) |
| イタリア | 28.0(2012年) |
| ロシア | 24.6(2011年) |
| スウェーデン | 54.5(2012年) |
| イギリス | 47.6(2012年) |

注：非嫡出子とは婚姻関係にない男女間に生まれた子供のこと.
資料：厚生労働省「平成26年度人口動態統計特殊報告」.

## 女性の年齢グループ別出生数の割合

(%)

| | 15–19 | 20–24 | 25–29 | 30–34 | 35–39 | 40–44 | 45–49 | 合計 |
|---|---|---|---|---|---|---|---|---|
| 日本 | 1.1 | 8.6 | 25.4 | 36.1 | 23.1 | 5.5 | 0.1 | 100 |
| 韓国 | 0.5 | 4.8 | 19.2 | 46.9 | 26.0 | 2.5 | 0.1 | 100 |
| 台湾 | 1.2 | 6.5 | 22.8 | 40.2 | 25.3 | 3.9 | 0.1 | 100 |
| 香港 | 0.5 | 4.9 | 20.1 | 40.5 | 28.3 | 5.4 | 0.2 | 100 |
| シンガポール | 1.2 | 7.1 | 27.7 | 39.1 | 20.6 | 3.6 | 0.8 | 100 |
| 中国 | 1.8 | 30.1 | 37.7 | 20.7 | 6.6 | 2.9 | 0.4 | 100 |
| インド | 3.2 | 36.7 | 35.5 | 17.3 | 5.1 | 1.6 | 0.5 | 100 |
| ロシア | 3.7 | 17.5 | 33.1 | 29.2 | 13.6 | 2.7 | 0.1 | 100 |
| フランス | 1.2 | 10.3 | 28.5 | 35.2 | 19.1 | 5.2 | 0.4 | 100 |
| ドイツ | 2.1 | 10.1 | 25.3 | 36.3 | 21.7 | 4.3 | 0.2 | 100 |
| イタリア | 1.6 | 8.2 | 22.0 | 33.7 | 25.8 | 7.9 | 0.7 | 100 |
| イギリス | 3.2 | 14.1 | 27.5 | 32.3 | 18.6 | 3.9 | 0.3 | 100 |
| スウェーデン | 1.0 | 11.2 | 31.2 | 35.3 | 17.3 | 3.7 | 0.2 | 100 |
| アメリカ | 5.3 | 20.5 | 29.1 | 28.2 | 13.7 | 2.9 | 0.2 | 100 |

資料：World Population Prospects 2019, United Nations.

③世界の食料事情　人間の生命維持と健康の保持は、生存権の最も基本的なものである。その意味で、食料の安定供給と食材の供給者である農林水産業の役割は重要である。現在地球上には生存に必要で十分なカロリー摂取もできず、栄養水準の低い飢餓線上の人口が八億人前後もいるといわれ、しかも、その数や割合の減少が止まってしまったかの現象がある。それはそれで問題だが、大多数の人間には食料は量的に充足されている。ただ、問題がないわけではない。

第一に、供給側についてみると、主食である穀物の耕作面積が、半世紀以上も全体としてほとんど増えていないことである。途上国ではいまも焼畑農業が行われ、また全般に、農薬の使用や近代的農用機器の採用で生産技術が進歩しているものの、農薬は作物や土地そのものを損傷するケースもあり、コスト増の要因にもなっている。

第二は、需要側の事情である。需要が増大しても、農林水産物は、需要増加の当該地・当該国で生産が行われるわけではないから、当然価格の問題が生じたり、取引(輸出入を含む)・流通の問題が生ずる。それはとくに開放体制下では国際的な問題となる。

また、マクロ的にみると、所得水準と併行して食料消費が増えるわけではない。エンゲル係数の動きに示されるように、家計消費の中に占める食費の割合は長期的傾向として低下するが、このことは産業構成の中で農林水産業の相対的比重が低下することを意味しており、経済政策の中でこの部門は低い評価にならざるを得なくなってきた面がある。ただし、近年、多くの先進諸国でエンゲル係数の底打ちや緩やかな上昇が観察される。こうした傾向が定着するかどうか注目される。

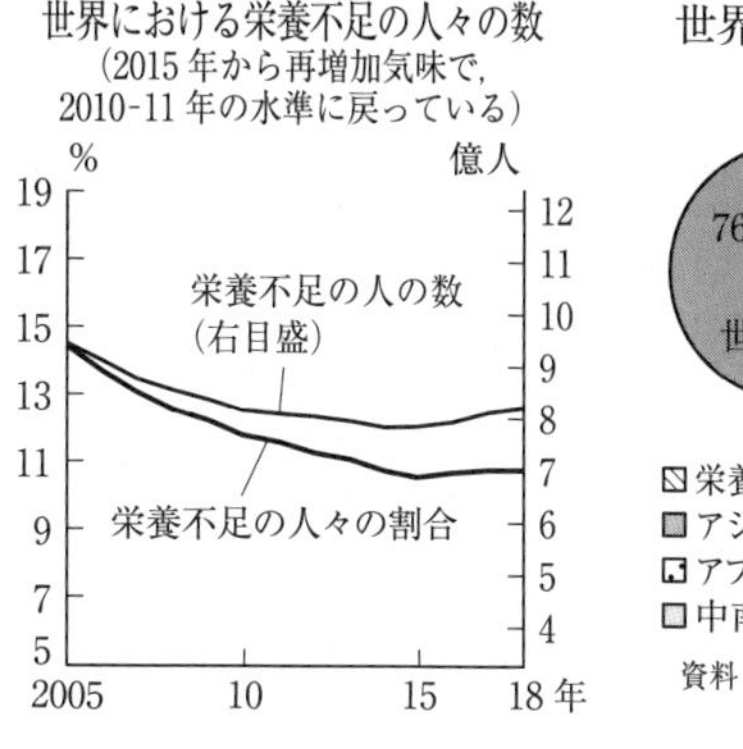


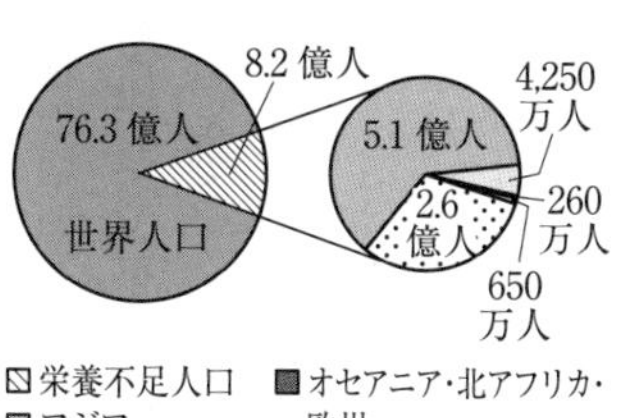


資料：Food Security and Nutrition around the World in 2019, FAO.

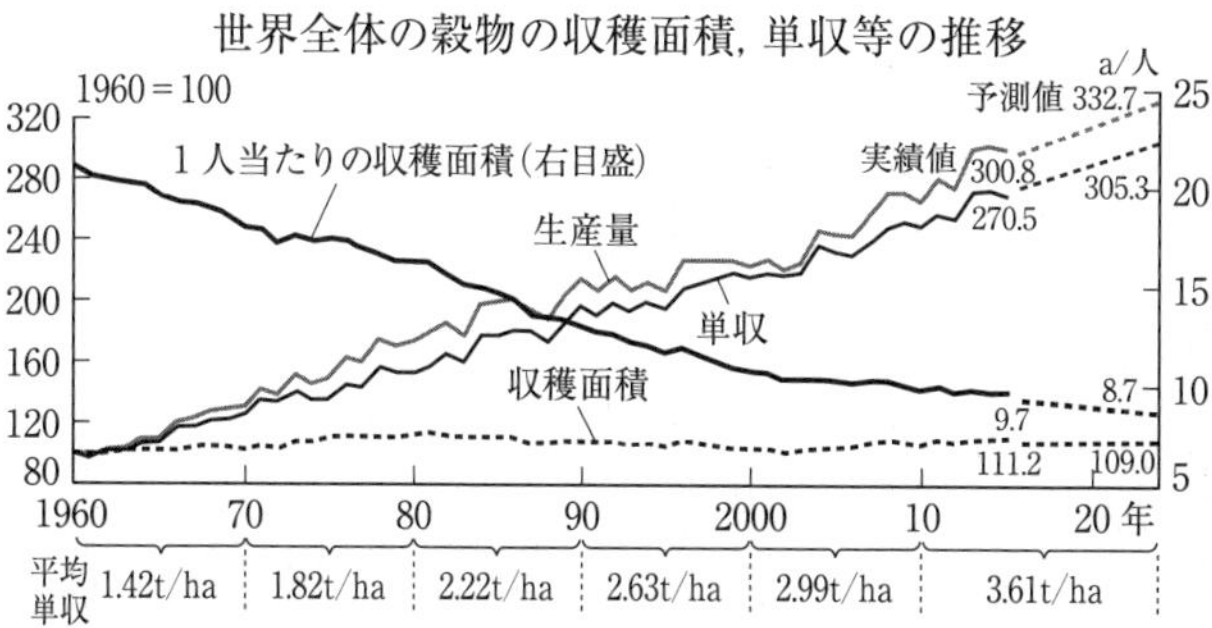


注：グラフの数値は，2014年までは実績値，2015年は見通し，2016年から2024年までは予測値．単収とは単位面積当たり収穫量のこと．
資料：農林水産省「知ってる？日本の食料事情」平成27年10月．

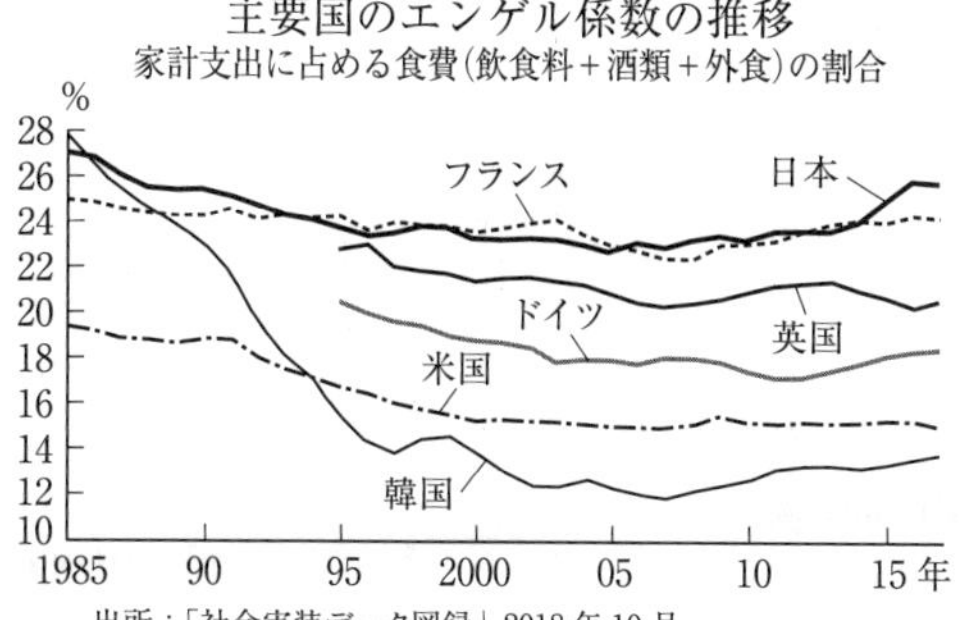


出所：「社会実装データ図録」2018年10月．

④食料消費の高度化　所得水準、消費水準の上昇とともに、食料消費の絶対量も消費支出金額も増加する。しかし、全消費に占める食料費の割合は長期傾向的には低下してきた。

食料消費の中身も食生活の変化に対応して変化する。先進国と比較的所得の高い途上国の傾向として、所得水準の上昇とともに主食としての穀物の消費が減り、いわゆる副食が増え、副食の中でも肉類の消費が相対的に増える。こうした傾向を「食料消費の高度化」と呼んでいるが、このことは食生活の質的な向上を一面では示しているものの、いろいろ問題を起こしている。

一つは、個人の健康に関する問題で、従来の食生活が変わり栄養バランスが変わることである。一部の人には健康増進の要因になっているが、他方、脂肪摂取の過剰、太り過ぎ、それらが引き金となる疾患が年代・老若を分かたず増える傾向がある。二つは、食生活の高度化に伴う廃棄物、残滓物の増加で、特に都市における衛生問題、ゴミ処理などの問題を深刻化させている。また、特に高所得国では〝食べ残し〟がめだつようになり、途上国の状況と比べて〝資源の無駄遣い〟の問題を生んでいる。

さらに、マクロ的には肉類の消費が家畜用の飼料の増大を伴っていることである。飼料穀物の増加が、主食用の穀物生産を圧迫したり、そのため穀物の国際取引を増加させたりしている。同様なことは、漁業についても起こっており、漁業は今や養殖によって支えられており、そうした中でも多くの餌を必要とする高級魚の需要が拡大してきている。〝食〟に関わる財の生産・消費・輸出入の問題が市場原理だけで律しうるものかどうか、さまざまな場で議論されている。

食品廃棄物発生量と再生利用量

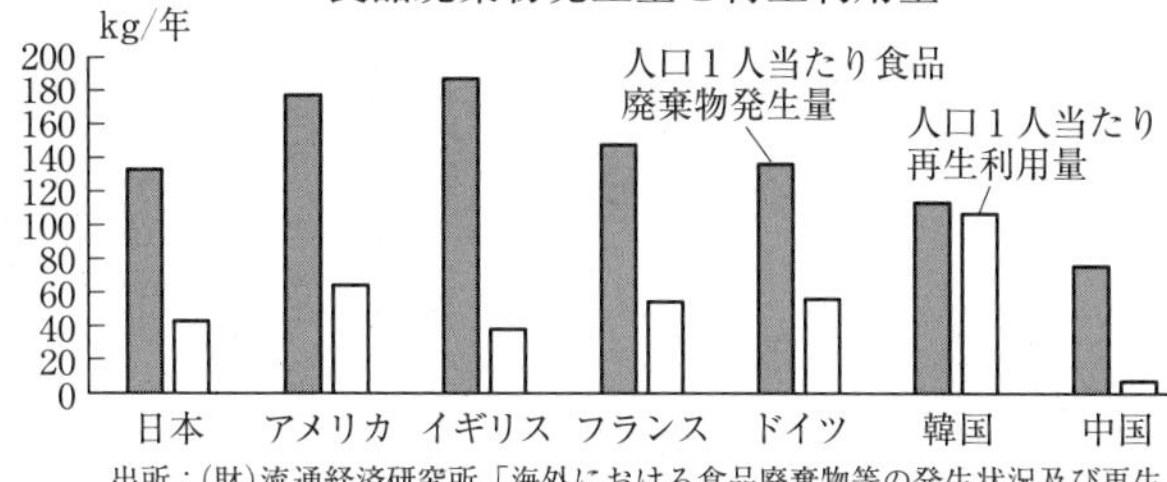


出所：(財)流通経済研究所「海外における食品廃棄物等の発生状況及び再生利用等実施状況調査」平成28年3月.

世界平均の肉類消費量と国内総生産(GDP)(名目)の推移
(1人・1年当たり)

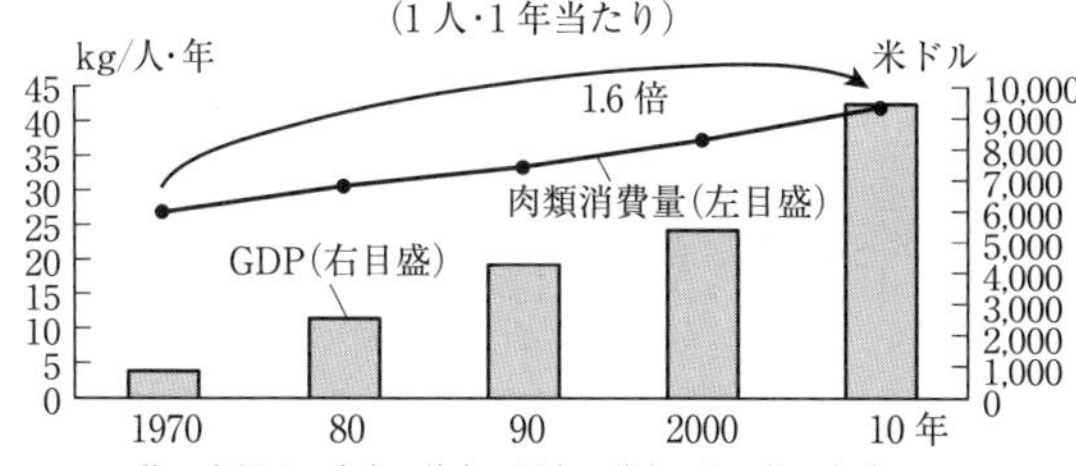


注：肉類は，牛肉，羊肉，豚肉，鶏肉，その他の合計.

世界の穀物の飼料用需要及び肉類生産量の推移

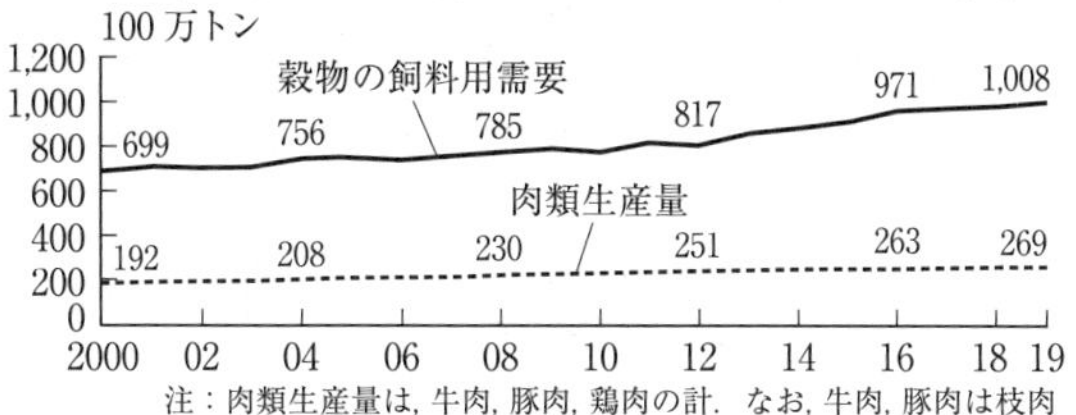


注：肉類生産量は，牛肉，豚肉，鶏肉の計．なお，牛肉，豚肉は枝肉重量換算，鶏肉は部分肉重量換算.
資料：農林水産省「知ってる？日本の食料事情」令和元年9月.

世界の漁業・養殖業生産量の推移

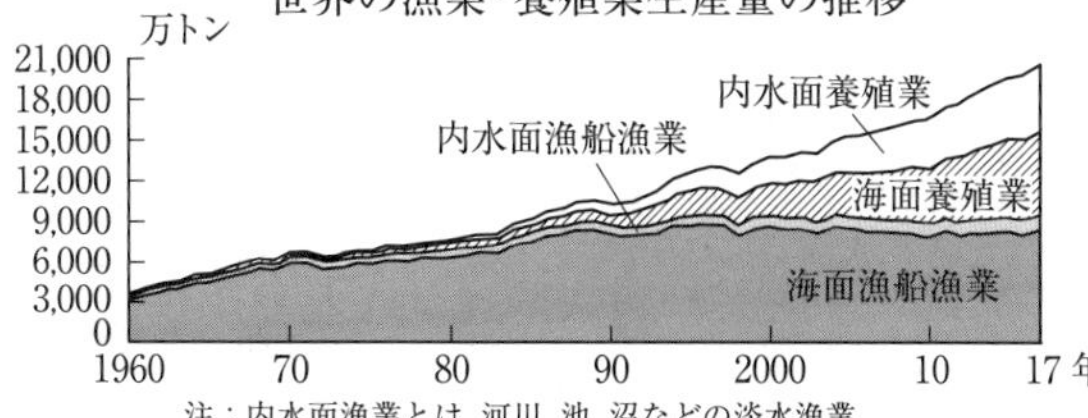


注：内水面漁業とは，河川，池，沼などの淡水漁業.
出所：「平成30年版 水産白書」.

**⑤世界のエネルギー需給**　エネルギーは産業用、運輸用、家庭用などの基礎的な資源として広範囲に使われる。その総消費量は二〇〇〇年において石油換算約一〇〇億トンであったものが、二〇一七年では約一四〇億トンに達した。それが二五年には約一五四億トンになり、四〇年には約一七七億トンに増加するとみられる(国際エネルギー機関IEAの中心シナリオ)。

エネルギー需要の増加の多くは発展途上国においてみられ、石油、天然ガス、石炭といった化石燃料の需要が引き続き増加すると予想されている。一方、先進諸国では比較的クリーン・エネルギーとされる天然ガスが若干増えるが、石炭、石油の需要は減退すると予想されている。

増加率の最も大きいのは、原子力以外の低炭素の再生可能エネルギーである。増加率の最も低いのは石炭で、途上国における需要増のほとんどは先進国における需要減によって相殺されると予想される。原子力に対する需要は、先進国で若干下がる一方、途上国では増えると予想されている。

エネルギー消費の増加の多くが途上国において発生するであろうことは事実ながら、先進諸国に比べて一人当たりのエネルギー消費量は低く、二〇四〇年においてもそうした関係はほとんど変わらないだろう。近年、エネルギー需要が大きく拡大してきている中国、インドにおける一人当たりエネルギー消費量はほとんどの先進諸国に比べてかなり低い。ただ、だからといってそうした発展途上諸国が化石燃料をそれだけ多く消費してしまっては、地球温暖化が深刻化してしまう。先進諸国のより一層の努力とともに途上国の協力も必要不可欠である。

## 一次エネルギーの構成変化と今後の予想

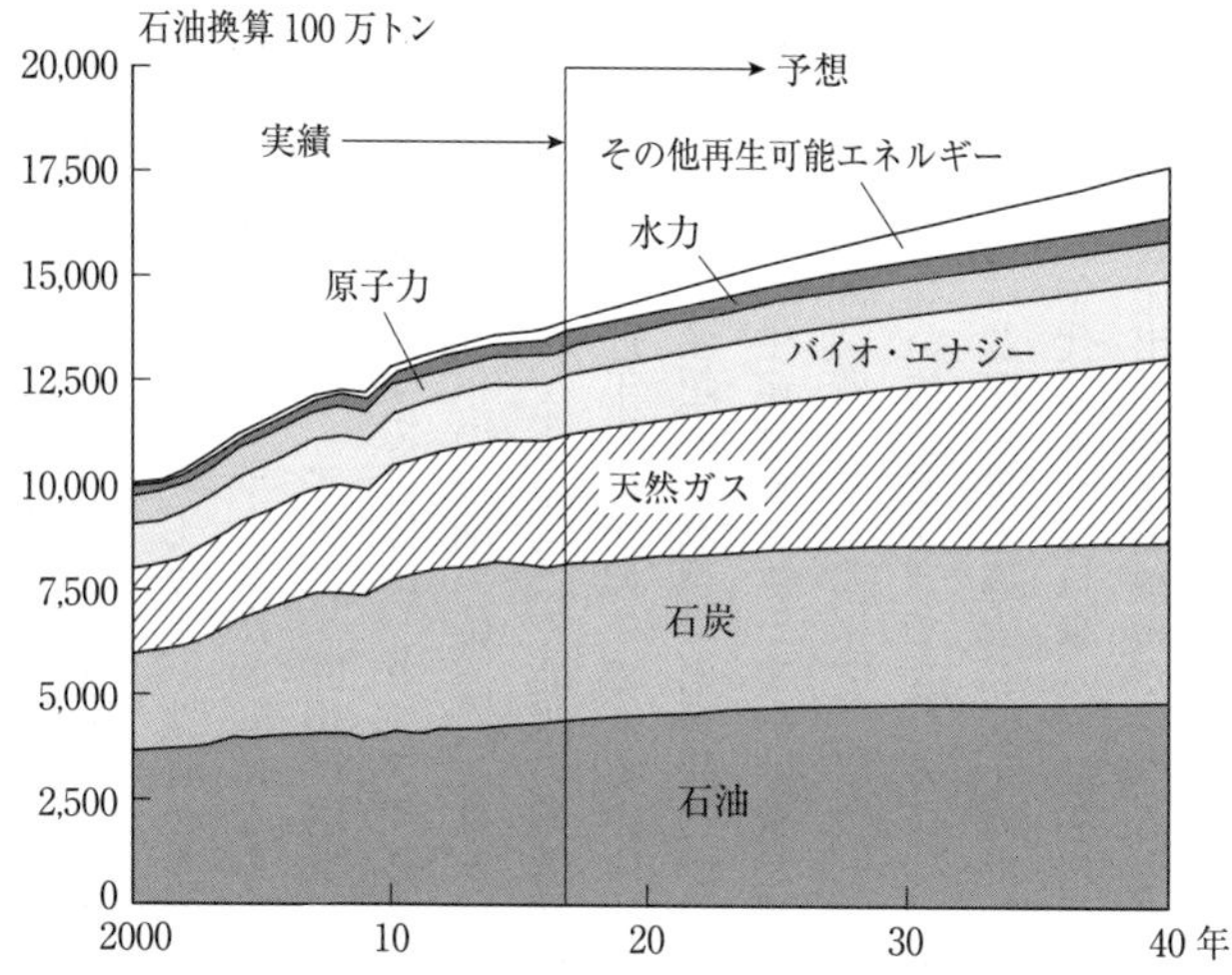


### 先進国と途上国における一次エネルギー需要の変化(新政策シナリオ, 2017-40年, 石油換算100万トン)

| | | 先進国 | 途上国 |
|---|---|---|---|
| 低炭素エネルギー | 原子力 | −60 | +344 |
| | その他再生可能エネルギー | +482 | +1,107 |
| 天然ガス | 産業 | +29 | +379 |
| | 電力 | +13 | +373 |
| | その他 | +109 | +387 |
| 石油 | 乗用車 | −237 | +241 |
| | 石油化学 | − | +215 |
| | その他 | −217 | +288 |
| 石炭 | 電力 | −336 | +299 |
| | その他 | −19 | +116 |

資料：World Energy Outlook 2018, International Energy Agency.

### 主要国の一次エネルギー消費量と自給率(2016年)

| | 消費量 | | 自給率(%) |
|---|---|---|---|
| | 総消費(ペタ・ジュール) | 1人当たり(ギガ・ジュール) | |
| 中国 | 75,919 | 55 | 125 |
| アメリカ | 63,778 | 197 | 125 |
| インド | 26,661 | 21 | 87 |
| ロシア | 19,769 | 137 | 290 |
| 日本 | 12,269 | 97 | 12 |
| ブラジル | 9,752 | 48 | 125 |
| ドイツ | 9,441 | 115 | 51 |
| 韓国 | 7,557 | 147 | 28 |
| フランス | 6,440 | 100 | 85 |
| サウジアラビア | 5,786 | 182 | 486 |
| イギリス | 5,400 | 82 | 92 |
| イタリア | 4,964 | 82 | 28 |

注：ジュールはエネルギーの単位で，ギガは10億，ペタは1000兆．1キロワット時＝3.6メガ(100万)ジュール，1カロリー＝4.2ジュール．自給率は生産量÷消費量で計算．

資料：「2016 Energy Balances」UN Statistics Division.

⑥石油・天然ガス　石油はエネルギー源の中で、相対的にコストが低く、埋蔵量もこのところ可採年数が伸びてきた。そして技術的にもその使用の仕方が多様である。目下エネルギーのなかでは最もウエイトが高い。しかし、生産のレベルと消費のレベルは国・地域によって異なり、世界的につねに需給のアンバランスが問題になる。二〇一八年時点でみると中東、ロシア等CIS諸国、アフリカは生産超過、アジア、欧州は消費超過となっている。北米は二〇一〇年代に入ってからの生産拡大で需給がすでにほぼバランスするまでになってきている。中南米もほぼ需給がバランスしている。二〇一八年の石油の確認埋蔵量を二〇年前の一九九八年と比べると一・五倍に増えている。特に、中南米(ベネズエラ)や北米の確認埋蔵量が増えている。

天然ガスは近年生産が伸びてきている。地域別の大きなアンバランスということからすると、CIS諸国の生産超過と欧州の消費超過が対応している。また、規模はそれほど大きくないが、アフリカ、中東の生産超過とアジアの消費超過がみられる。一九八〇年から二〇一八年までの三八年間で世界の石油消費が一・六倍になったのに対して、天然ガスの消費は二・七倍になった。天然ガスの消費がより高い伸びとなってきたのは、石油に比べて、よりクリーンなエネルギーだからである。天然ガスの確認埋蔵量も過去二〇年間で約一・五倍に増えてきた。

二〇〇〇年代に入って以来、原油価格の乱高下が続いてきている。OPEC(石油輸出国機構)とその他主要産出国の協調減産ができると価格が上昇し、それができなかったり、需要が急減したりすると下落する。世界経済動向に影響を与える原油価格の動向は今後とも注目される。

## 世界の原油生産と OPEC シェア

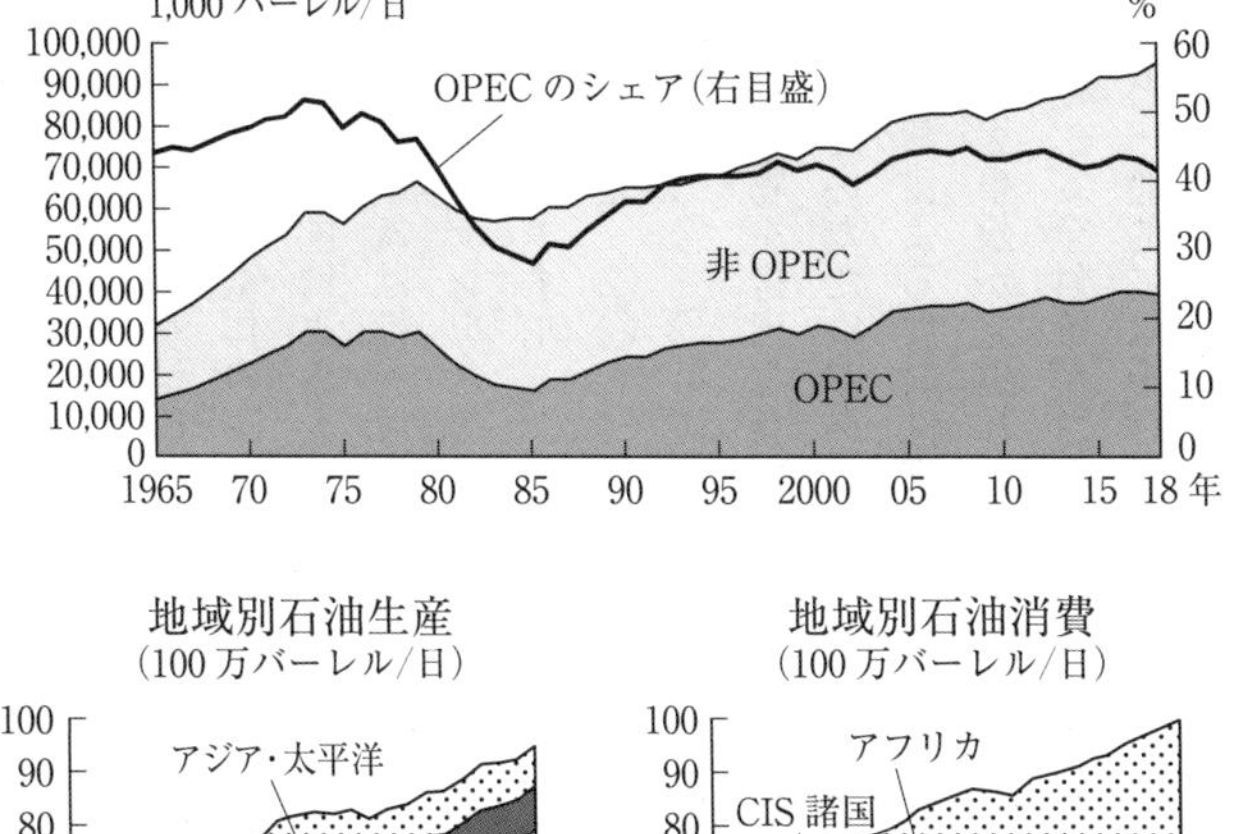


## 地域別石油生産
(100 万バーレル/日)

アジア・太平洋
アフリカ
中東
CIS 諸国
欧州
中南米
北米
1993 98 2003 08 13 18 年

## 地域別石油消費
(100 万バーレル/日)

アフリカ
CIS 諸国
アジア・太平洋
中東
欧州
中南米
北米
1993 98 2003 08 13 18 年

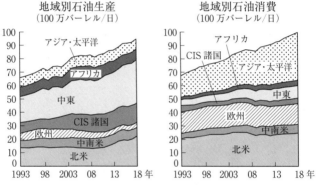

## 世界の主要エネルギー資源確認埋蔵量，各年末

| | 石油(10 億バーレル) | | 天然ガス(兆立方メートル) | |
|---|---|---|---|---|
| | 1998 | 2018 | 1998 | 2018 |
| 北米 | 100.0 | 237.0 | 7.0 | 13.9 |
| 中南米 | 95.6 | 325.1 | 6.8 | 8.2 |
| 欧州 | 21.4 | 14.3 | 5.6 | 3.9 |
| CIS 諸国 | 121.1 | 144.7 | 39.2 | 62.8 |
| 中東 | 685.2 | 836.1 | 51.5 | 75.5 |
| アフリカ | 77.2 | 125.3 | 10.3 | 14.4 |
| アジア・太平洋 | 40.8 | 47.6 | 10.5 | 18.1 |
| 世界計 | 1,141.2 | 1,729.7 | 130.8 | 196.9 |

資料：BP Statistical Review of World Energy 2019.

**⑦火力・水力・原子力発電**　世界の発電用エネルギーをみると、七割近くが火力発電であるが、水力による発電も一七%近くを占めている。もっとも、地域によってバラつきがある。自然条件が異なるからで、水量豊かな南米では六割近くにも達する。水力発電の電力量という点からみると、アジアが世界全体の四割強を占め、その七割近くが中国である。ということは、世界の水力発電の約三割が中国によるものということになる。二〇〇九年に一六年かけて長江(揚子江)中流域に完成した三峡ダムは世界最大の規模を誇る。アジアに次いで水力発電の多い地域は、ロシア、ノルウェー、スウェーデンを含むヨーロッパで全体の二割近くになる。

原子力エネルギーによる発電は一九七〇年あたりから本格的に始まり、二〇〇〇年代半ばにピークを迎え、二〇一〇年代に入ってからは、主として日本の原発の稼働停止を反映して若干減少している。二〇一〇年代前半まで順調に原子力発電が増加してきたのは、二酸化炭素や窒素酸化物、硫黄酸化物を排出しないことや、発電コストに占める燃料費の割合が低かったために発電コストが安定していたためである。一方、発生する放射能への対応や放射性廃棄物の処分が必要になるし、重大事故による放射性物質による汚染が広範囲に及ぶ可能性がある。実際にも、ロシアや日本において重大事故が発生し、原子力発電に関するコストについての考え方がより厳しいものになってきた。ただ、安全対策がさらに進むこともあって、今後とも新興国、途上国においては原子力発電が増えると一般的には予想されている。もっとも、国民に不信感のある一部先進諸国やロシア、日本で増えるのは難しい情勢にある。

## 総発電電力量(2016年)

(億kWh)

| | 火力 | 水力 | 原子力 | 風力 | 太陽光 | その他 | 合計 | 構成比(%) |
|---|---|---|---|---|---|---|---|---|
| アジア | 95,885 | 17,860 | 4,789 | 3,030 | 1,408 | 887 | 123,859 | 49.6 |
| 北中米 | 34,012 | 7,351 | 9,516 | 2,750 | 552 | 345 | 54,526 | 21.8 |
| 南米 | 4,282 | 6,691 | 241 | 409 | 32 | 0 | 11,655 | 4.7 |
| 欧州 | 24,800 | 7,990 | 11,384 | 3,063 | 1,130 | 213 | 48,580 | 19.4 |
| アフリカ | 6,587 | 1,200 | 150 | 103 | 42 | 61 | 8,143 | 3.3 |
| オセアニア | 2,399 | 431 | 0 | 146 | 64 | 79 | 3,119 | 1.2 |
| 世界計 | 167,965 | 41,523 | 26,080 | 9,501 | 3,228 | 1,585 | 249,882 | 100.0 |
| 構成比(%) | 67.2 | 16.6 | 10.4 | 3.8 | 1.3 | 0.6 | 100.0 | |

資料：United Nations Energy Statistics Yearbook 2018.

## 国際原子力・放射線事象評価尺度と主な事故の例

| 区分 | レベル | 主な事故の例 |
|---|---|---|
| 事故 | レベル7 深刻な事故 | チェルノブイリ事故(1986), 520京ベクレル 福島原発事故(2011), 77京ベクレル |
| 事故 | レベル6 大事故 | |
| 事故 | レベル5 広範囲な影響 | 米スリーマイル島事故(1979) |
| 事故 | レベル4 局所的な影響 | 東海村JCO臨界事故(1999) フランス・サンローラン発電所事故(1980) |
| 異常な事象 | レベル3 重大な異常事象 | スペイン・バンテロス発電所火災事故(1989) |
| 異常な事象 | レベル2 異常事象 | 美浜発電所2号機損傷事象(1991) |
| 異常な事象 | レベル1 逸脱 | 「もんじゅ」ナトリウム漏れ事故(1995) |
| 尺度未満 | レベル0 (安全上重要ではない事象) | 敦賀原発(1999), 美浜原発(2004), 浜岡原発(2009) |
| 評価対象外 | (安全に関係しない事故) | |

資料：環境省，文部科学省，電気事業連合会等．

## 主要国における原子力発電の状況(2016年)

| | 発電量(億kWh) | 原子力発電シェア(%) | 稼働中原子炉(基) |
|---|---|---|---|
| フランス | 4,032 | 72.5 | 58 |
| スロバキア | 148 | 54.6 | 4 |
| ベルギー | 435 | 50.9 | 7 |
| ハンガリー | 161 | 50.4 | 4 |
| ウクライナ | 810 | 49.2 | 15 |
| スウェーデン | 631 | 40.4 | 9 |
| フィンランド | 232 | 33.7 | 4 |
| スイス | 211 | 33.5 | 5 |
| チェコ | 241 | 28.9 | 6 |
| 韓国 | 1,620 | 28.8 | 24 |
| スペイン | 586 | 21.3 | 7 |
| イギリス | 717 | 21.1 | 15 |
| アメリカ | 8,399 | 19.4 | 99 |
| ロシア | 1,966 | 18.0 | 31 |
| カナダ | 1,011 | 15.2 | 19 |
| ドイツ | 846 | 13.0 | 7 |
| 南アフリカ | 150 | 5.9 | 2 |
| 中国 | 2,133 | 3.5 | 37 |
| メキシコ | 106 | 3.3 | 2 |
| ブラジル | 159 | 2.7 | 2 |
| インド | 379 | 2.6 | 22 |
| 日本 | 181 | 1.7 | 42 |
| その他 | 927 | - | 22 |
| 合計 | 26,081 | | 443 |

注：稼働中原子炉の数は2018年1月1日の数字．

資料：United Nations Energy Statistics Yearbook 2018,「世界の原子力発電開発の現状」日本原子力産業協会，2018年4月4日．

**⑧省エネと新エネルギー**　一九七〇年代初めの第一次オイル・ショックまでは石油価格が相対的に安く、それを存分に消費することによって工業化や経済成長を進めることができた。しかし、石油価格が急騰し、他のエネルギー価格も上昇した。企業も家庭も省エネ策を講じることによってそれに対抗した。石油価格はもとより、一次エネルギー消費の原単位(ここでは一次エネルギー消費量全体を実質GDPで割ったもの)は十数年のうちに劇的に低下した。

その後、一九八〇年代半ば以降、石油をはじめとするエネルギー価格が安定してくると、再び原単位は若干の上昇、下げ止まりを示した。もともとエネルギー資源のような基礎的物資については、価格弾力性は小さい(つまり、価格の変動にかかわらず使わざるを得ない)といわれていたが、現実にはかなり価格機能が働いたのである。

この省エネを促したのは、①個々の製品のエネルギー消費原単位を合理化・技術進歩によって低めたこと、②エネルギー消費のより少ない製品に転換したこと、③低エネルギー型の産業構造にシフトしたこと、④安い輸入品に代替されたこと、などの複合的要因によるものだった。二〇〇〇年代に入ってからの資源価格の上昇は代替エネルギーの普及を後押ししてきている。

世界はますますクリーンで低コストの新しいエネルギー開発が急務になってきている。広義の新エネルギーは、再生可能エネルギーと革新的なエネルギーの高度利用に分けることができる。前者には、太陽光、太陽熱、風力、地熱、バイオマスなどがあり、後者には、クリーンエネルギー自動車、天然ガスコージェネレーション、燃料電池などがある。

## 広義の新エネルギー

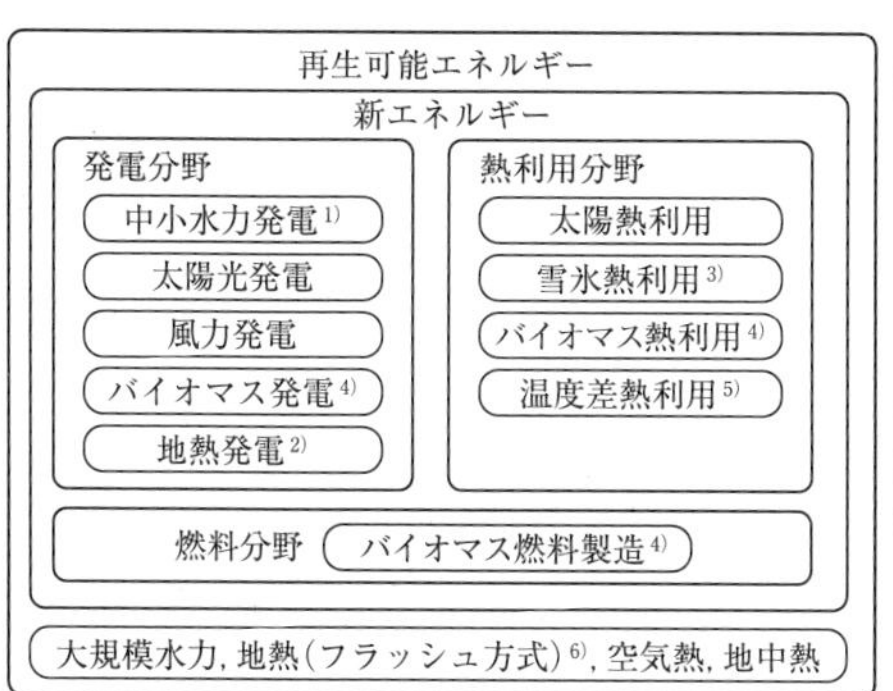


注：1) 中小水力発電は，1,000kW 以下のもの．2) 地熱発電はバイナリー方式（低温の蒸気・熱水を使って沸点の低い媒体を加熱・蒸発させて，その蒸気でタービンを回す方式）のものに限る．3) 雪氷熱利用は，冬期の雪・氷を貯蔵して夏期などに利用するもの．4) バイオマス由来の廃棄物発電，廃棄物熱利用，廃棄物燃料製造を含む．5) 温度差熱利用とは，夏期の水温の低さ，冬期の水温の高さを利用するもの．6) 地熱（フラッシュ方式）とは，高温地熱流体中の蒸気で直接タービンを回す方式．7) クリーンエネルギー自動車は，電気自動車，プラグイン・ハイブリッド自動車，（水素を使った）燃料電池自動車，クリーン・ディーゼル自動車．8) 天然ガスコージェネレーションは，天然ガスを火力発電で燃焼させ，その燃焼によって余った熱を冷暖房その他に利用するもの．

資料：（財）新エネルギー財団「新エネルギーとは」．

### 原油価格の推移（ドバイ原油）

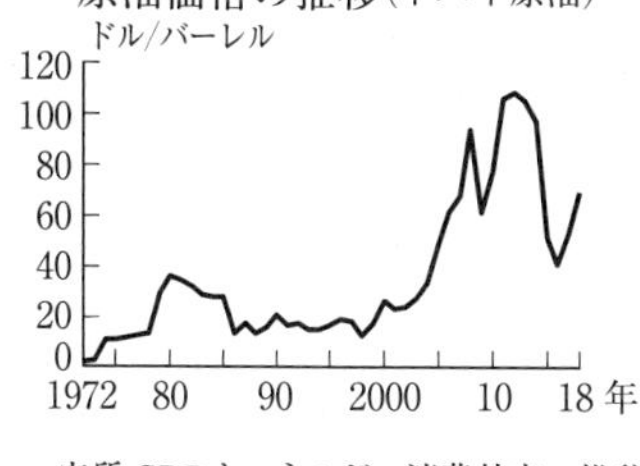


### 実質 GDP とエネルギー消費効率の推移（日本のケース）

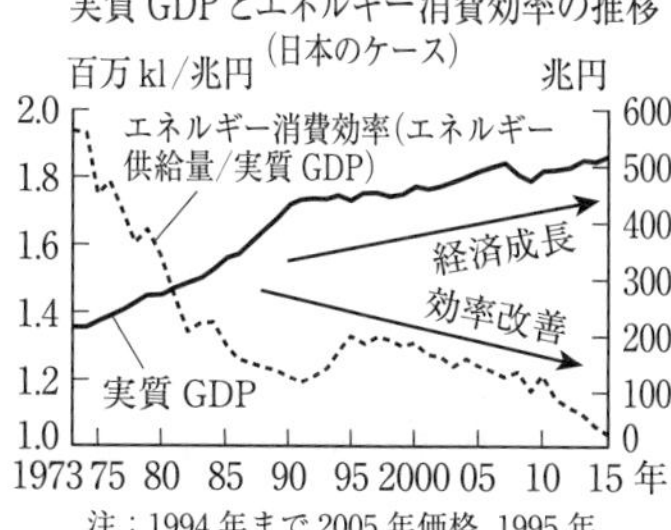


注：1994 年まで 2005 年価格，1995 年以降は 2011 年価格．

### エネルギー消費効率の各国比較（2013 年）

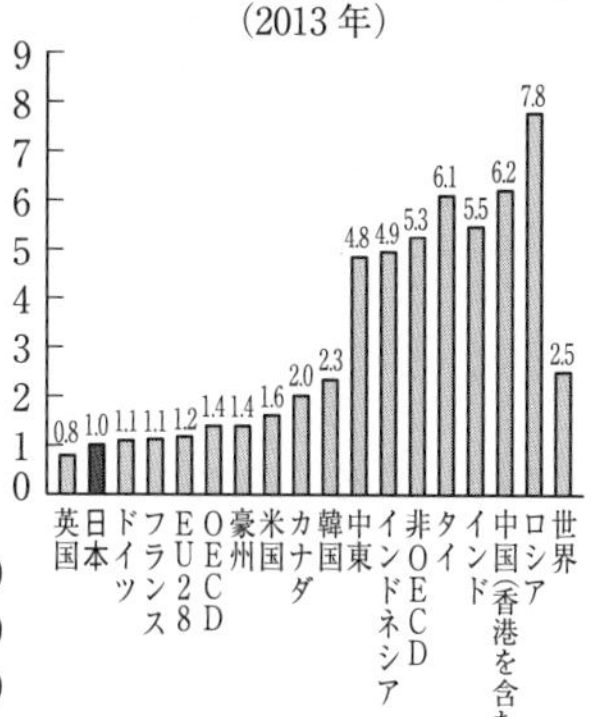


注：一次エネルギー供給/実質 GDP を日本=1として換算．

出所：経済産業省資源エネルギー庁「省エネ大国・ニッポン～省エネ政策はなぜ始まった？そして，今求められている取り組みとは？～」．

**⑨資源貿易問題**　人間は生きるため、そして発展するため多大の天然資源――エネルギー資源、鉱物資源、食料資源さらには水、海水、大気――を消費する。問題は水、大気を別として、生産と消費の間に地域別国別に差があることである。経済的に過不足を補うように市場原理が働けばよいが、現実にはそれほど簡単ではない。

産業革命後、二〇世紀半ばまで、工業と貿易が発達する過程で、先進国と発展途上国の間に垂直的な分業関係ができた。先進国は低廉な原材料資源を途上国に求め、途上国はその代金で先進国から工業製品を輸入するというパターンであった。多くの場合、交易条件(輸出入品の交換比率のことで、輸出物価指数を輸入物価指数で割った数値で表される)は途上国側に不利に働いた。それは政治的に植民地主義を生み、国際間の絶えざる紛争の種になった。

一九七〇年代に起こったオイル・ショックの引き金となった石油価格の引き上げは、長年の交易条件の不利を是正しようとする産油国の政策発動であった。多くの途上国の主要輸出品は現在でも依然として一次産品である。この点で注目されるのは近年のアジアの発展、特に東アジアの発展である。七〇年代後半から積極的に開放政策を採り、それによってこの地域の輸出が増大し、その輸出をテコに工業化が進んだ。その結果、アジアの貿易形態は水平分業型に変わってきた。それは植民地主義に終止符を打つことにもなった。今後各国の国際協力によってこの傾向はさらに促進されるべきである。しかし、最近の米中貿易摩擦の激化による人為的貿易制限措置の拡大は、本来市場原理に委ねて国際分業体制を構築すべきことから逸脱している。

各国の主要輸出品(2017 年)

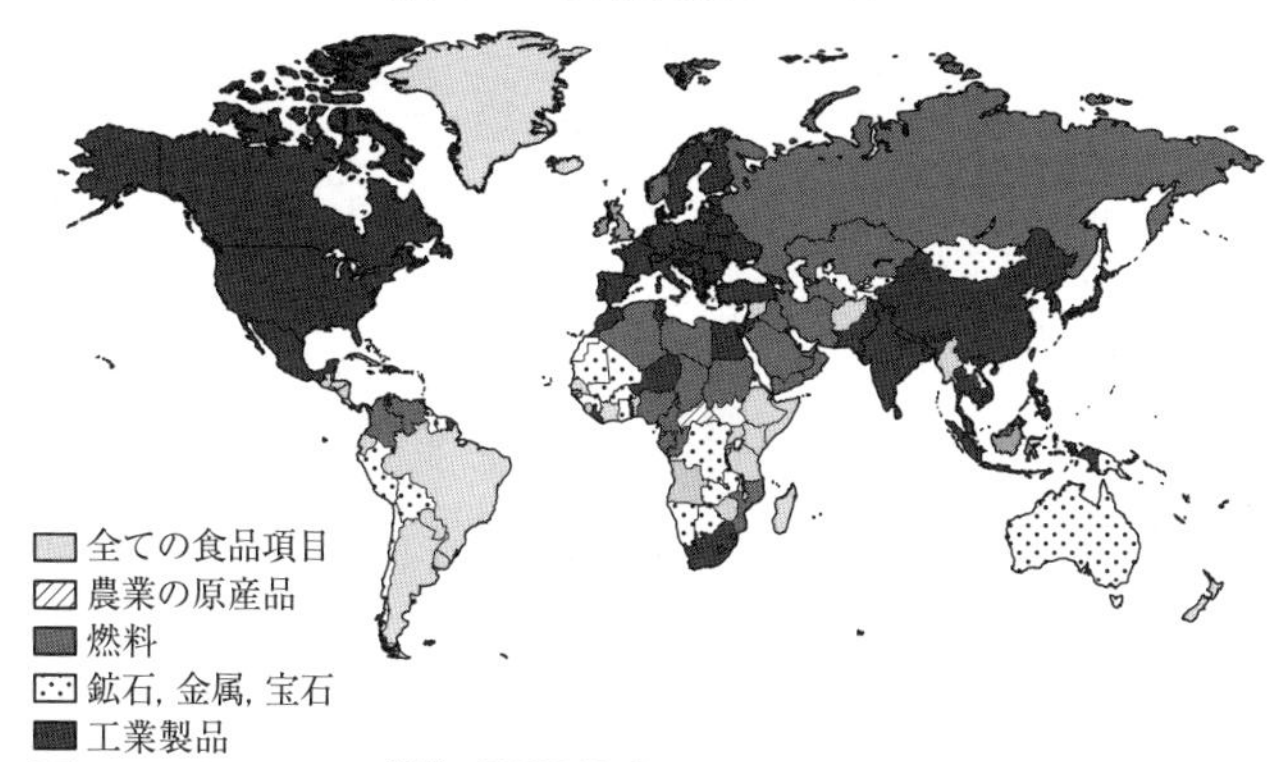


資料：UNCTAD Stat.

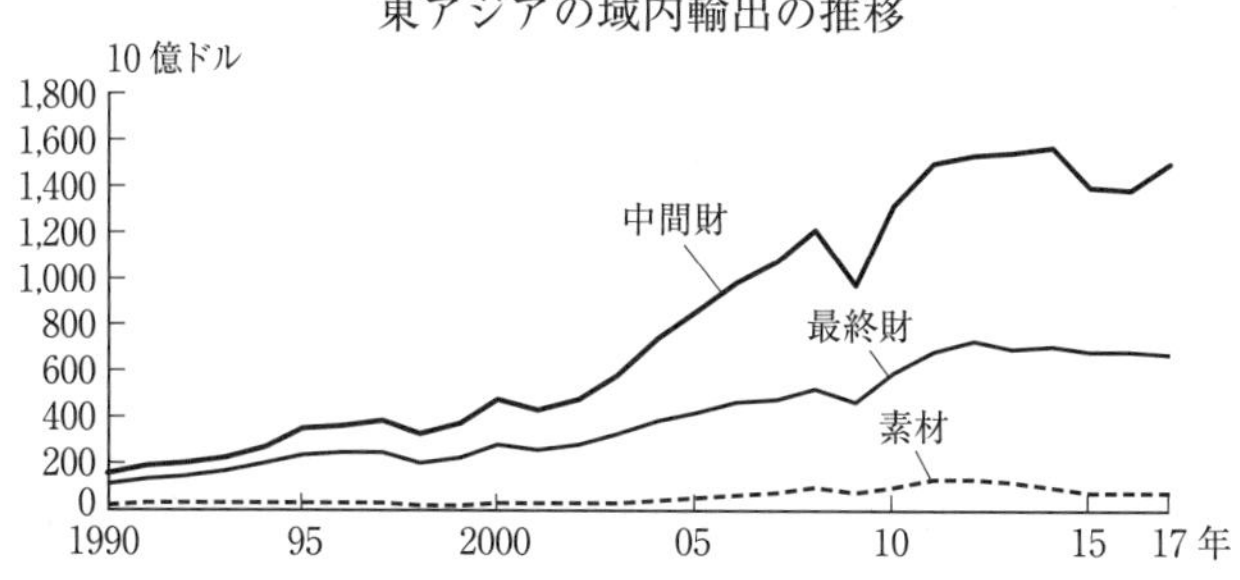


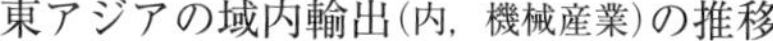


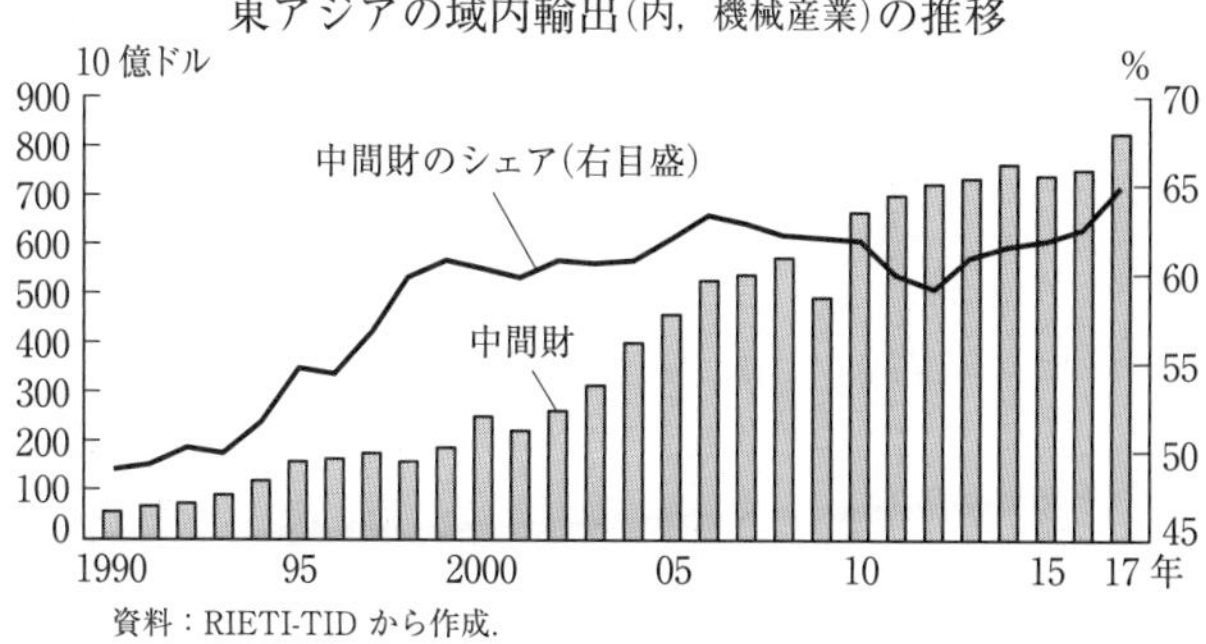


資料：RIETI-TID から作成.

**⑩国際協力（エネルギー・食料・資源）**　エネルギーは人類共通の資産であるが、実際には主権を持つ異なった国家によって所有かつ生産され、他方、消費は生産国とは異なった国で多分に行われている。したがって、生産・消費をめぐって政治的利害が対立し、経済的には価格決定がこれまた政治的色彩を帯びる。かくして、国家利害が衝突しやすいだけに、逆に国際協調が不可欠なのである。

一九七〇年代の二度にわたるオイル・ショックを契機に、特定のエネルギー価格の独占的設定を避けるとか、緊急時の国家間の融通システムを整備するなど、エネルギー問題について国際協調が議論されるようになった。それに拍車をかけたのが、地球的な規模で登場してきた自然環境の問題であり、さらには核廃絶とも関連しての原子力の安全利用、平和利用の確保の要請であった。

食料も、人間の生命維持の基本的資源であり、その獲得に不安定や不公平があってはならない。しかし、農耕の場所あるいは漁獲の場所は消費地との距離の差があるだけではなく、市場経済においては〝商品〟として扱われるので必要性と現実性は一致しない。国際協力によって解決すべきものが多い。たとえば、農耕地確保のための国際的ルールや種の保存を尊重した漁場の設定、バイオ・テクノロジーによる生産性の向上のための協力、自然環境保全のための協調、さらには緊急時のための国際システムの整備である。

人類共通の資産は、人類協同の努力で守らなければならない。日本のように、エネルギー資源や食料の多くを輸入に依存する国は、積極的に国際協力のシステムに参加すべきである。

# 八　地球環境保全

「今世紀以降の持続可能な将来を設計するためには、……〝環境倫理〟が途上国・先進国の全ての国によって、新たに確約されることが必要である」

（「地球環境保全に関する東京会議・議長サマリー」一九八九年）

**①広域化する環境問題**　人間の日常生活や生産活動に伴って、人体が損傷を受けたり、大気や水が汚染されたりするという現象は、古い時代から存在した。また、金属鉱山などで、その採掘過程で有毒ガスが発生して、作業員やその周辺の住民に犠牲者が出たことは、本格的工業化の時代以前にもあった。しかし、発生する汚染源の規模は小さく、環境を広く汚染・破壊することはほとんどなかった。

しかし、一九六〇年代以降、多くの国で工業化が進み、とくに、そのエネルギー源として化石燃料の消費が急速に増えた。そのうえ、先進国・途上国を問わずモータリゼーションが進み、ガソリン消費が急増した。

こうした経済発展は、経済効率の良さを求めて産業・人口が都市に集中する現象を引き起こした。しかも、一般的に都市部が農村部に比べて所得が高く、消費も活発で多様化している。そのため大気汚染、水質汚濁、騒音、振動のほか悪臭、ゴミ、産業廃棄物の排出も増え、いわゆる〝都市公害〟を深刻化させた。

こうした公害はさらに広域化し、ヨーロッパ工業国間で摩擦が増え、米・加でも同じような動きも出てきた。そのほか、途上国、旧ソ連および東欧諸国でも、環境悪化が急速に進んだ。公害が国境を越えて波及するようになって、新たな国際摩擦として注目されるようになった。その被害も、オゾン層の破壊、地球温暖化、熱帯雨林の減少、砂漠化、酸性雨、海洋や土壌の汚染、諸種の廃棄物、そして生態系への悪影響と、複雑化・多様化してきている。

人類とエネルギーとの関わり

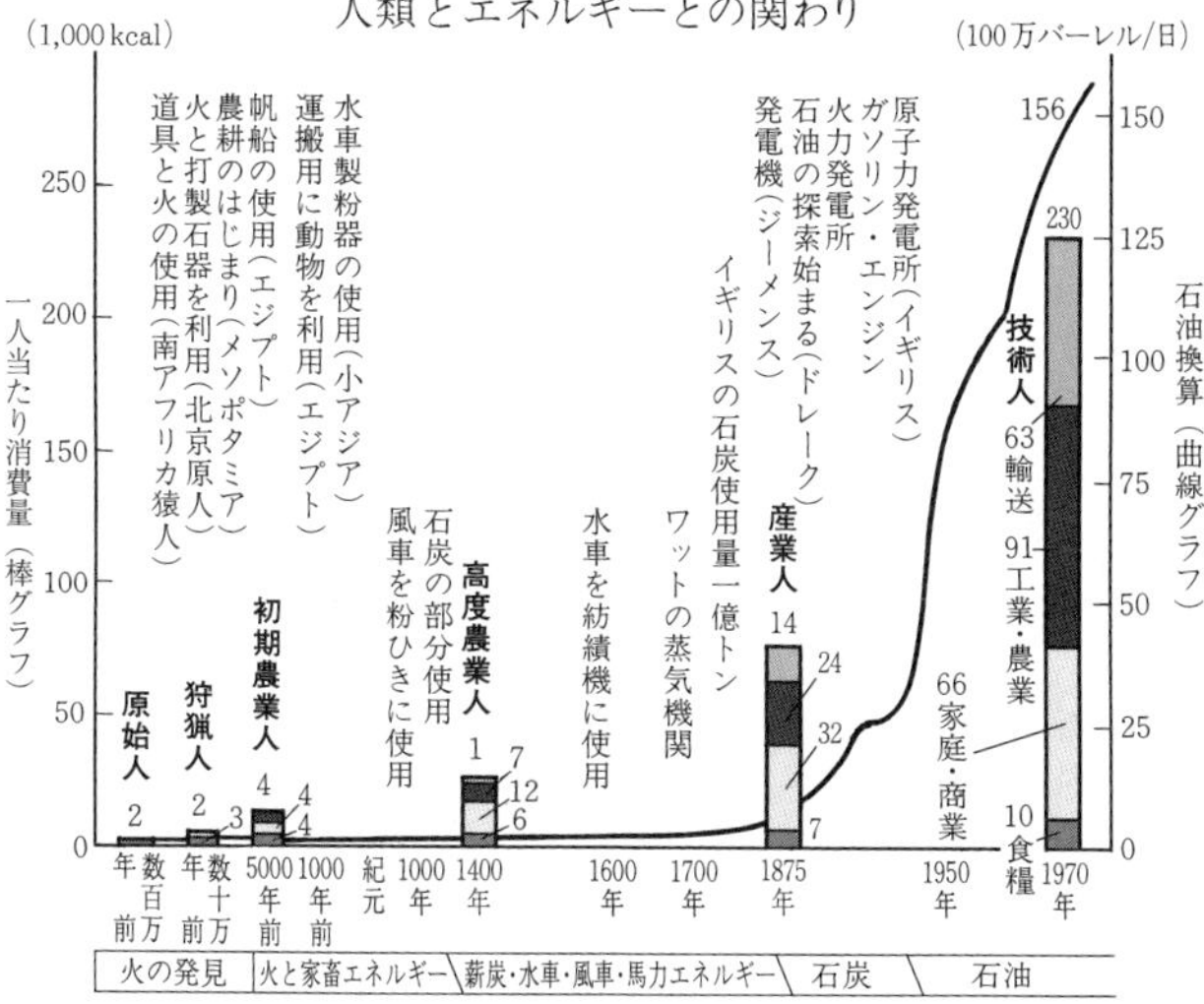


出所：「エネルギー白書 2012年版」.
資料：NIRA「エネルギーを考える」エネルギー経済研究所.

地球環境問題の広がり

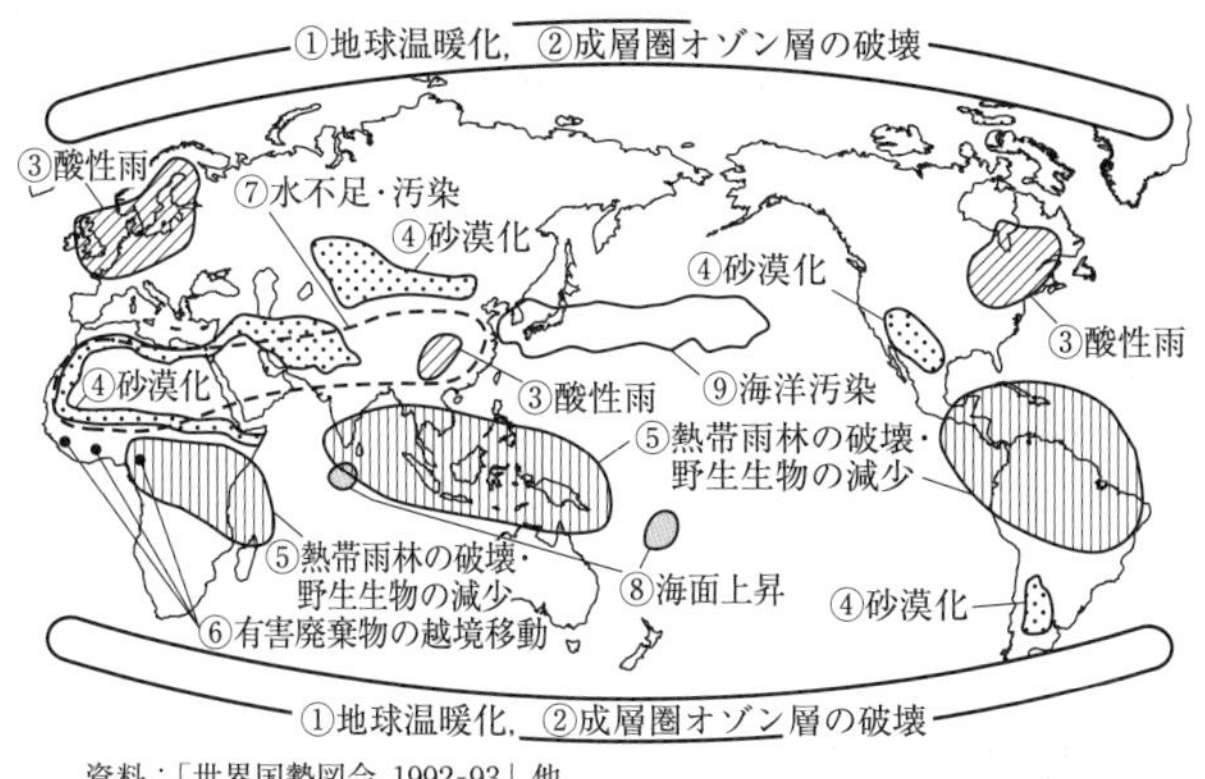


資料：「世界国勢図会 1992-93」他.

**②途上国の環境問題**　環境問題ははじめ先進工業国で登場したが、その後中国やインドなどの新興国や途上国でも急速に進行し、問題によっては先進工業国の場合より深刻化している。新興国、途上国自体の環境対策を強力に進めなければならないのは当然であるが、同時に、先進工業国の支援が要請されている。

途上国の環境問題は、急速な人口増加と急速で不均衡な経済成長、それに先進工業国の貿易政策などが絡んで発生しているが、一言でいえば、「貧困」が背景にあるといえよう。

途上国は人口が多く、しかもその増加率が貧困ゆえに高い。大部分は農業などの第一次産業に従事しているが、そこでは土地改革が進まず、農業の近代化の恩恵も十分に農民に及ばず、農民は低い生活水準の農村にとどまるか、あるいは職を求めて過密の都市に移動するか、の苦しい選択しかない場合が多い。多くの途上国で、農村の自然が、燃料源としての樹木の伐採、耕地の荒廃による土壌の損傷、外貨獲得のための森林伐採などを通じて破壊されているケースが多い。他方、移動先の都市では人口過密のため大気汚染、水質汚濁などが激しくなっている。これら途上国では保健政策や都市計画の遅れも加わって疾病がふえている。

途上国側からみれば、先進工業国の産業政策や途上国に進出してきた外国企業の責任も無視しえない場合も多い。たとえば、先進国の木材需要による木材輸出要請、現地企業の環境保全を軽視した生産第一主義、先進工業国文化の無遠慮な持ち込み、先進国からの来訪者の現地人の健康に対する関心の薄さである。〝共生の時代〟に反省すべき問題である。

## 途上国の環境問題

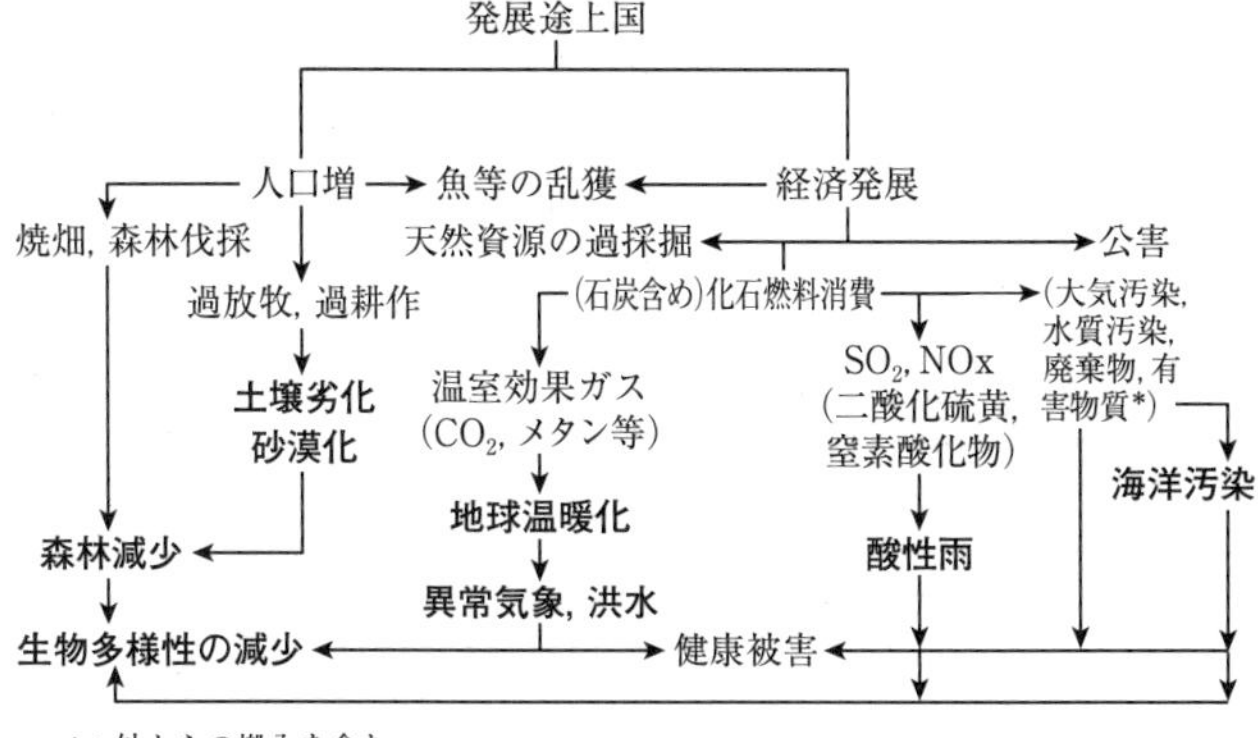


＊：外からの搬入を含む．

## 所得グループ別廃棄物の発生とGDP(2016年)

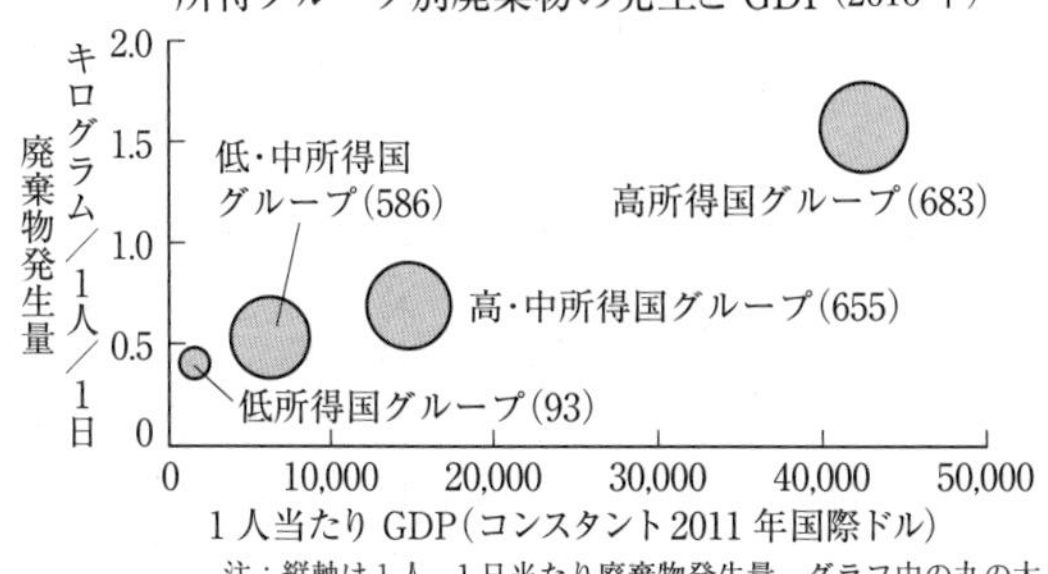


注：縦軸は1人，1日当たり廃棄物発生量．グラフ中の丸の大きさは当該所得グループの年間廃棄物総量(100万トン)．
出所：What-a-Waste 2.0, World Bank Group, Sep., 2018.

## 世界の推計森林面積

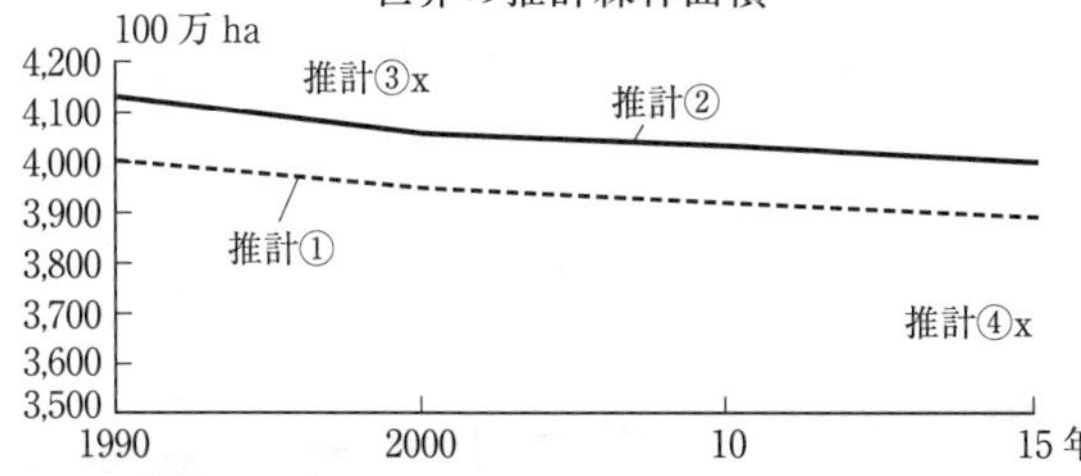


出所：World Atlas Desertification 3rd ed., Printing Office of the European Union, 2018.

③大気汚染・地球温暖化　日常の生活や産業活動のためにエネルギー消費は不可欠であり、その大部分は化石燃料に依存している。しかし、エネルギー消費の過程で、不要物を環境の中に排出している。燃料の使用が人口増加、消費水準の向上、モータリゼーションの進行で増加すると、排出物が直接、間接に人体に悪影響を及ぼし、またそれらが蓄積されて自然を汚染し、さまざまな悪影響を人間環境に与えてきている。

大気汚染は工場のボイラーおよび自動車を主な発生源としている。化石燃料燃焼によって一酸化窒素（NO）、二酸化窒素（$NO_2$）などの窒素酸化物（$NO_x$）や粒子状物質（PM）、二酸化硫黄（$SO_2$）が排出されるからで、高濃度では人体の呼吸器などに悪影響を与え、また酸性雨および光化学大気汚染の原因物質になる。日本の場合には、発生源（自動車、工場）に対する総排出量の規制など、海外に比べて厳しい規制で、相対的に弊害が抑制されてきているが、エネルギーの絶対消費量が大きいだけに、汚染物質の蓄積に対しては不断の注意が必要である。

$NO_x$、$SO_x$（硫黄酸化物）などの増加は、酸性雨を降らし、それは直接に建築物の老朽化をもたらしたり、森林の減少をもたらすと同時に、フロンガスの使用量増加と併せて地球温暖化（温室効果）が生じる。もっとも、温室効果ガスに占める最大の要因は二酸化炭素（$CO_2$）である。温室効果によって海面が上昇したり、砂漠化が進んだりすると同時に、生態系への影響が憂慮される。また、近年、温暖化の影響と考えられる異常気象による自然災害が世界的に増える傾向にあり、地球温暖化への取り組みは待ったなしの課題となっている。

地球温暖化とその影響

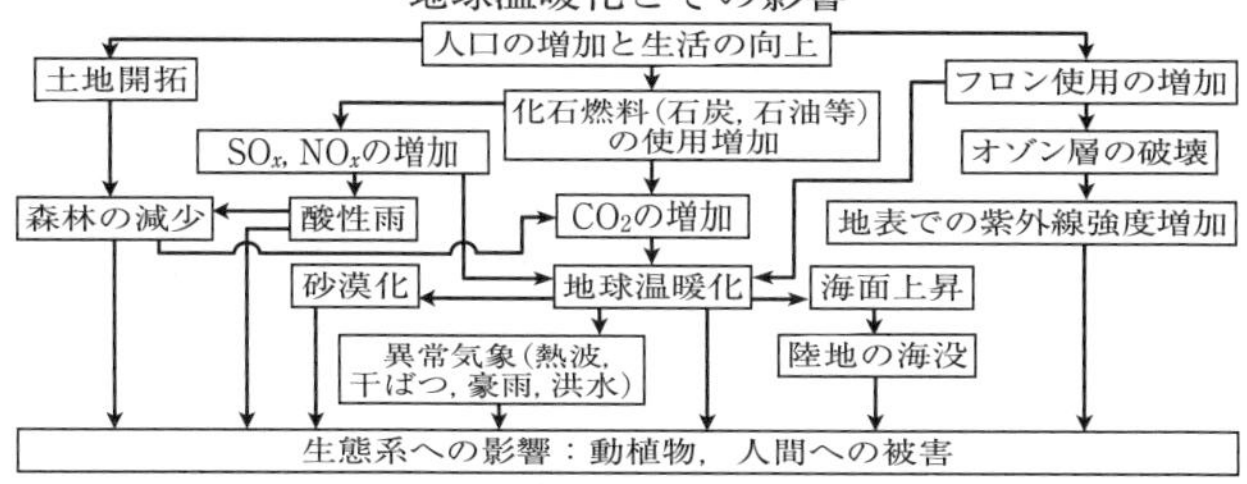


注：SO$_x$(硫黄酸化物), NO$_x$(窒素酸化物), $CO_2$(二酸化炭素).
資料：大和総研「地球環境問題と関連企業」産業・技術展望 vol.16, 1992 年を基に修正.

温室効果ガス総排出量に占めるガス別排出量
($CO_2$ 換算ベース, 2010 年)

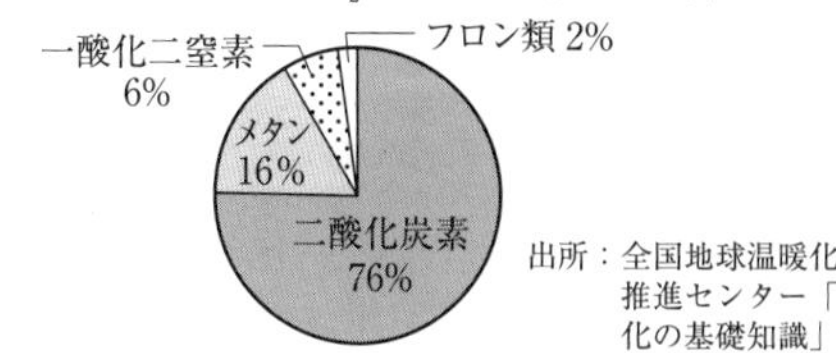


出所：全国地球温暖化防止活動推進センター「地球温暖化の基礎知識」2019 年.

世界平均地上気温(陸域＋海上)の偏差

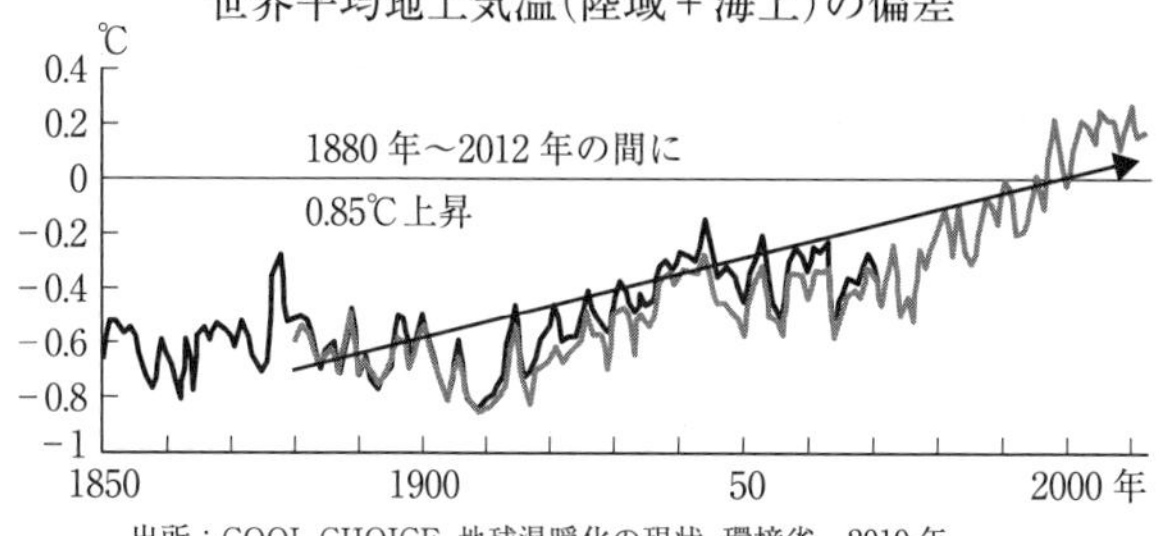


出所：COOL CHOICE, 地球温暖化の現状, 環境省, 2019 年.

世界の自然災害件数

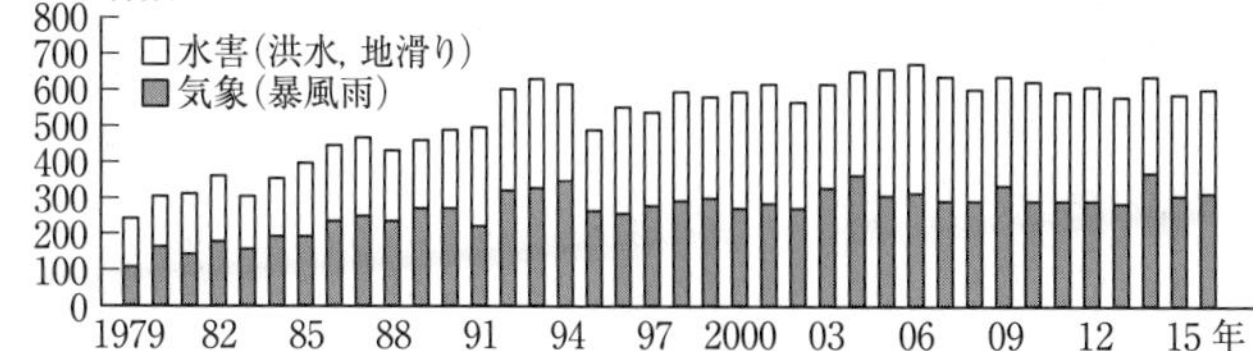


資料：United Nations Environment Live, Science and data for people, 2019.

④水資源問題　水は大気と並んで、人間生活の営みと自然の保全に不可欠のものである。それは地表から蒸発し、大気の流れによって移動し、雨や雪となって大地に戻るという循環を繰り返している。人間は、その循環に適応しながら、さまざまな形態でそれを利用してきた。その供給量はもとより、その水質が変化すると、人体や生活環境をはじめ、広く生態系に影響を及ぼす。そのため河や湖は、しばしば「神の水」「聖なる河」などと呼ばれてきた。

その水が、人間の生存活動の様式の変化でしばしば汚染され、〝病み〟、ときには〝死に瀕する〟状態になってきた。もちろん、地形の変化や雨量の変化による水環境の変化も見逃せないが、その場合でも、人間の対応が不適切であったという〝人災〟的側面もあった。

水の利用は、経済発展段階、自然条件などで異なる。用途別では農業用が最も多く、工業用がその三割程度で、家庭用が最も少ない。水の使用量の変化を地域別にみると、アジアにおける増加が圧倒的である。

河川の水質を保全するため、現在、各国とも規制を行っている。対象となっている汚濁物質は多様で、日本の場合はカドミウム、シアン、有機リン、鉛、クロム、ヒ素、水銀、アルキル水銀、PCBなどとなっており、河川、閉鎖性水域（湖沼、内湾）、閉鎖性海域によってその状況が異なる。それぞれに地域的性格が異なるので水質の地域比較は難しい。そうしたなかで、新興国・途上国において、農業と廃水処理の不備による栄養塩（窒素）の流入によって、今後表層水（海や湖の表層の水）の水質が悪化し、富栄養化と生物多様性への悪影響が懸念されている。

## 地球上の水の量

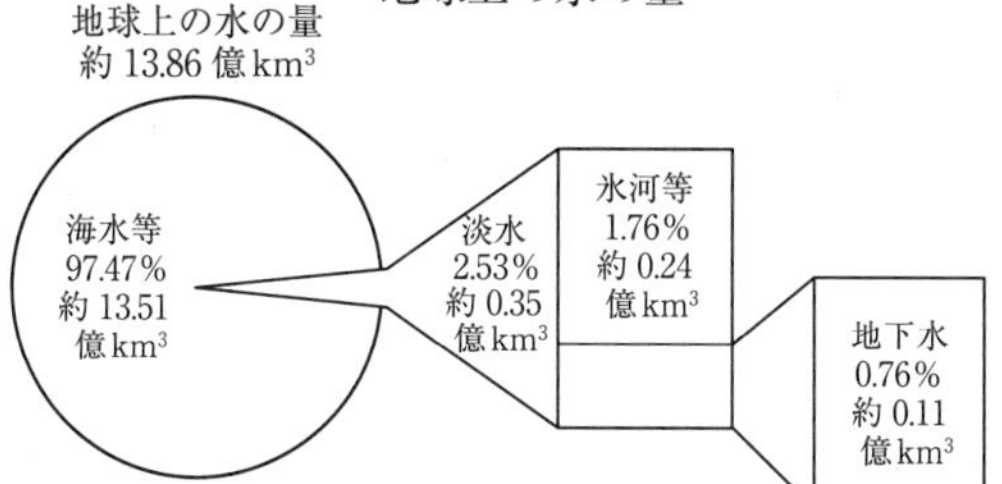


注：南極大陸の地下水は含まれていない.
資料：World Water Resources at the Beginning of the 21st Century, UNESCO, 2003 より環境省作成, 2019 年.

## 世界の水使用量の増加(億トン)

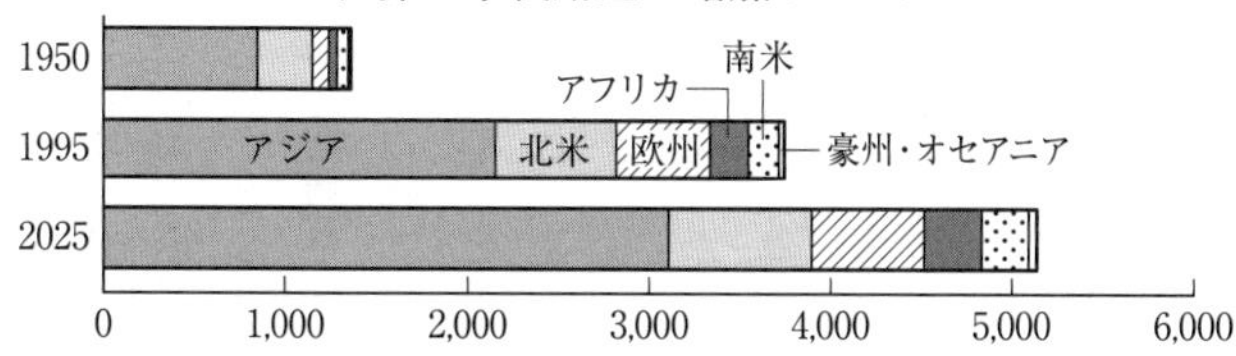


出所：国土交通省「世界の水資源問題への対応」2019 年.

## 世界の分野別水使用量(2007 年頃)

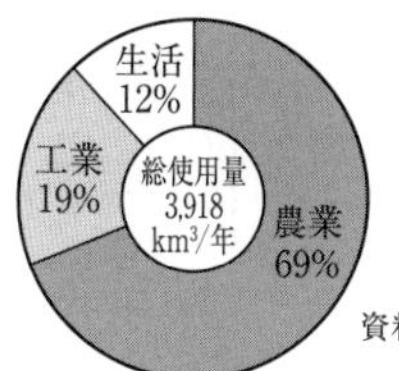


資料：国土交通省「平成 30 年版 日本の水資源の現況」.

## 廃水からの窒素(栄養塩)の流出：基本シナリオ

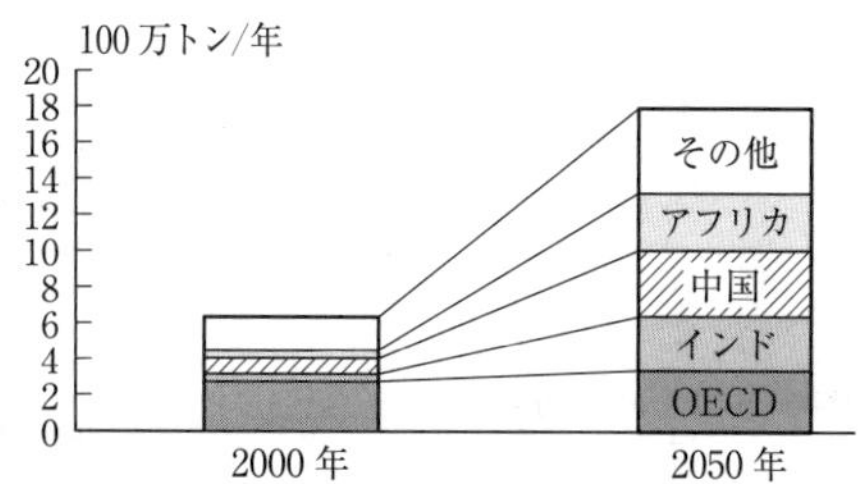


出所：Environmental Outlook to 2050, OECD, March 2012, 国土交通省「令和元年版 日本の水資源の現況」.

⑤土壌汚染・砂漠化　〝母なる大地〟といわれるように、土地は人間にとって、基盤的な〝営みの場〟である。その土地＝土壌は農産物、林産物の生産に決定的な影響を持ち、また人間をはじめとする自然生態系に関わりを持つ。その土壌に、近年多くの地域で汚染・劣化現象が目立っている。

土壌の汚染は、大気、水などを媒介として、排気や排水中に含まれる重金属やある種の化学物質などの有害物質が長期間にわたって蓄積されることから生じる。あるいは比較的短期間には、農薬の使用によっても生じる。それは農産物の生育だけでなく、それを通じて人体にも悪影響を与える。さらに、産業用の関係では、製造施設などの不備ないし損傷に伴って汚染が進行することもあるし、有害物質使用後の処理が不適切なために生じる場合もある。また、多数の家庭からの廃棄物、汚水などによっても土壌の汚染が起こっている。

さらに、土壌汚染とは若干性格が違うが、地球の乾燥地における土壌の劣化や喪失という砂漠化の問題がある。砂漠化は気候的要因や人為的要因（過放牧、過耕作、過開発、過伐採）によって生じているが、食料生産の制約要因になっている。世界の乾燥地帯は地表の約四割を占め、そこには世界人口の三分の一強が住んでいるが、その大半は発展途上国である。近年の砂漠化の影響を強く受けてきている地域は、中国をはじめとする中央アジア、サハラ以南のアフリカ、北米が面積的には大きい。土地はいま世界の各地で〝病んでいる〟。国際協力によるさらなる悪化の防止が必要である。

## 低下する土地の生産性トレンド
（野菜栽培地の割合，1999-2013 年）

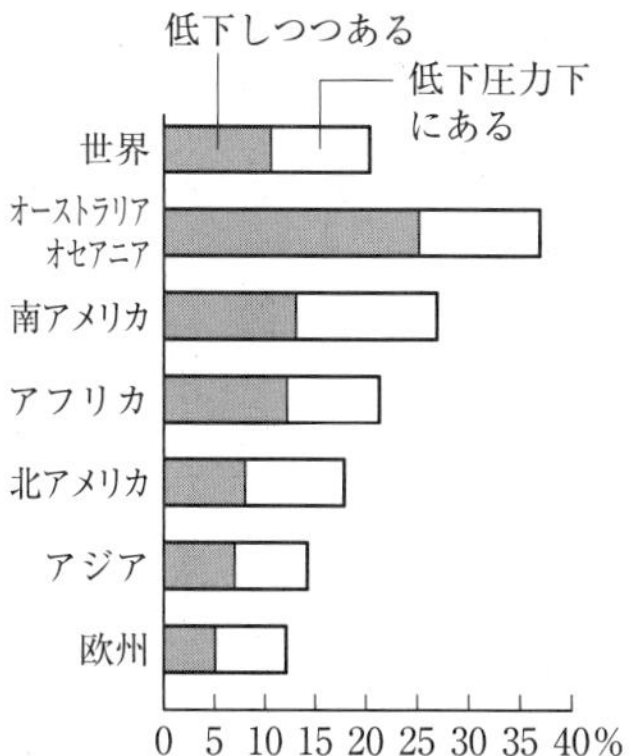


出所：World Atlas of Desertification, 3rd ed., Printing Office of the European Union, 2018.

## 主要土壌汚染物質

化学物質：エチレン，メタン，エタン類等

重金属：鉛，水銀，ヒ素，六価クロム，セレン，カドミウム，フッ素，ホウ素

農薬：シマジン，チウラム，ベンチオカーブ

プラスチック：マイクロプラスチック，PCB，ダイオキシン類

## 土壌劣化の要因

人為的要因：

過剰耕作・開発・放牧・伐採による植生の減少

塩類集積（不適切な灌漑などによる塩害），酸性化，化学物質による劣化

土地の侵食：

水食，風食，異常気象による風水害，干ばつ

## 砂漠化：乾燥地域の世界分布

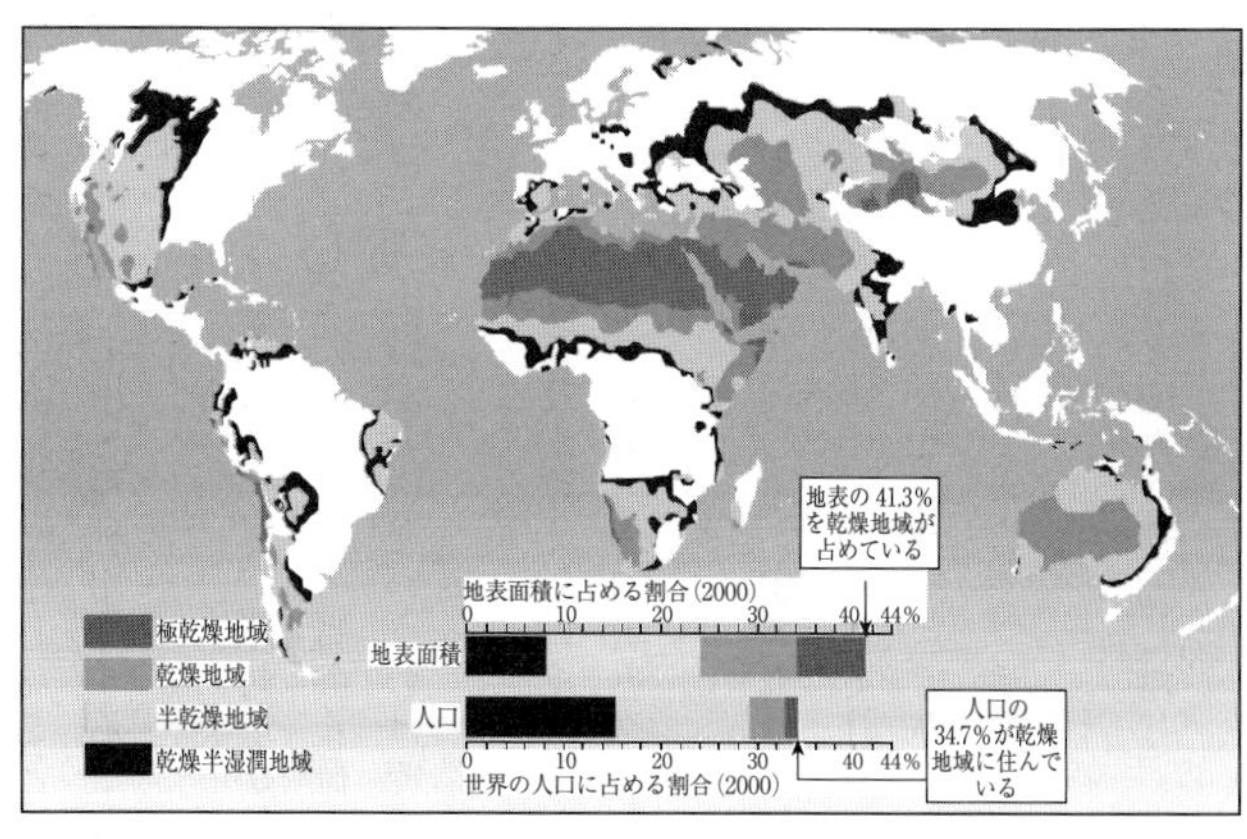


出所：環境省「砂漠化する地球」2008 年.

⑥ゴミ・廃棄物と海洋汚染　人間の消費活動、生産活動には、何らかの形の廃棄物が生じることは避けられない。もちろん、排出量を少なくできるし、また何らかの形で再活用・再利用をすることはできる。しかし、排出されるものをどう処分するかは、つねに問題となる。

家庭で生じる一般廃棄物(ゴミ)は、所得・消費水準の上昇と消費の多様化によって、絶対量が急増するだけでなく、内容も大型化、複雑化(ときに危険性の高いもの)している。ゴミの量の正確な国際比較はできないが、日本は諸外国に比べて特に一人当たりのゴミ排出量が多いというわけではないし、近年微減となってきている。

発展途上国の場合、かつての先進諸国と同様、家庭ゴミとともに産業廃棄物が増え続けている。世界全体の廃棄物の発生量は今後とも増え続けると予想されている。現在の廃棄物の内訳をみると、最も多いのが食物・植物であり、次いで紙・段ボールとなっている。

近年、問題となってきているのが急増してきているプラスチック・ゴミである。プラスチックとともにそれが時間を経て小さくなったマイクロプラスチックが海洋汚染の原因の一つとして注目されるようになってきた。魚などがそれを食べたりすることで海洋生態系に脅威となってきているし、そうした魚などを食べることで、人間の健康にも直接、間接の影響が懸念されている。プラスチックの生産・消費の抑制が急務である。

また、各国とも産業廃棄物の国内での処理を嫌い、危険物を含む廃棄物を国外に移動したり、海洋投棄したりすることも増加している。国際的取り組みが必要である。

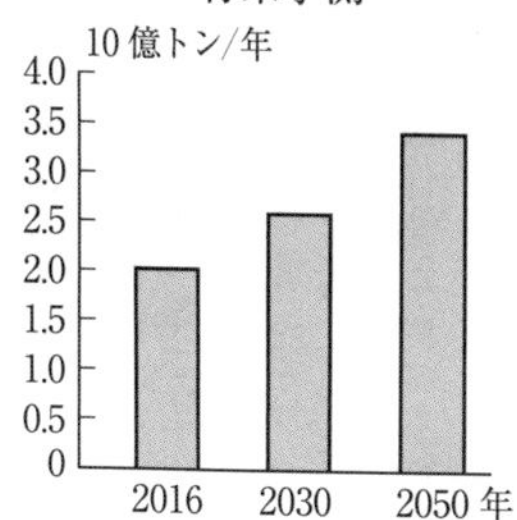


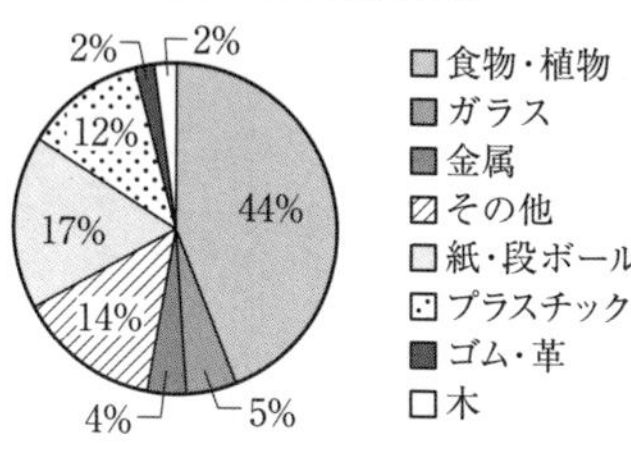


出所：What-a-Waste 2.0, World Bank Group, Sep., 2018.

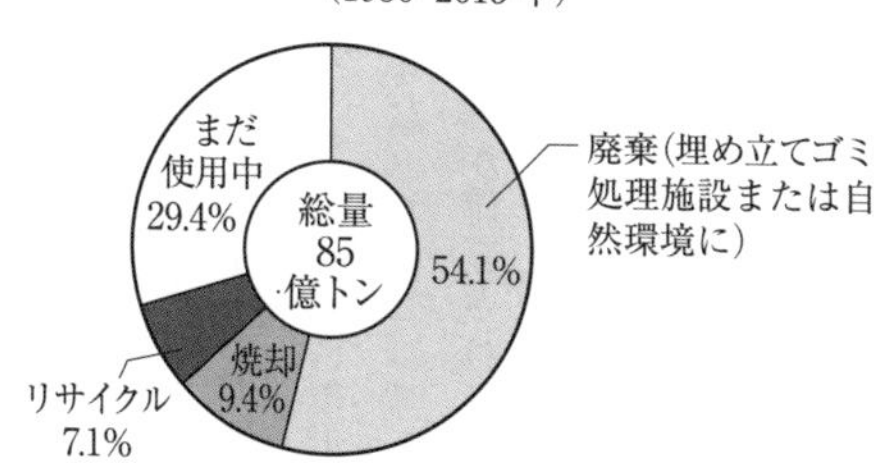


出所：Review of Plastic Footprint Methodologies, J. Boucher et al., IUCN Publication, 2019.

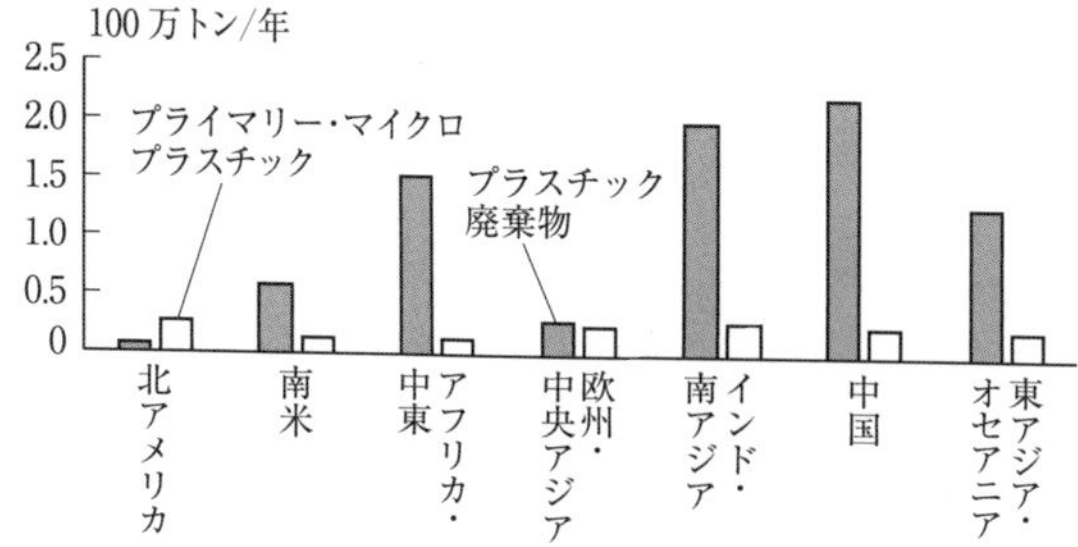


注：プライマリー・マイクロプラスチックとは，すでに5mm以下になったプラスチック．
出所：Primary Micoplastics in the Oceans, Julien Boucher and Damien Friot, IUCN, 2017.

**⑦都市問題と環境**　経済的効率性、文化的施設の存在、生活の利便性などからいって、人口や産業、特にサービス産業は都市、それも大都市に集中する傾向がある。

　特に市場経済においては都市の吸引力が強く、他方、多分に公共的機関の関与する社会資本の整備が都市では遅れがちになるため、都市の環境問題が厳しくなる。その結果、都市・大都市では、①急速なモータリゼーションと道路整備のギャップから交通渋滞が日常化し、また道路・鉄道などの建設作業がいつも後追い的であるため、問題解決の展望が開けない。②同じような後追いは電力・水道・ガスの供給にもみられる。③土地価格や土地自体の制約から、住宅の整備が遅れ、それが人々の不満感を高める。それはまた、しばしばスラム街の存在を許している。④これら地域では緑地がつぶされる一方、土地利用計画が確立されていないところでは、新たな公園用地の取得などが難しくなっている。⑤こうして都市は、住みよい面を持っていると同時に住みにくい面も作られているが、そうした中で犯罪が増え、また麻薬取引なども増加している。さらに、巨大都市は特に途上国で増加傾向にあり、そうしたところでは、さまざまな公害、特に大気汚染による健康面への被害が深刻になっている。

　今後とも、市場原理だけに任せておくだけでは、全体としては都市集中がつづくだろう。環境問題を解決するためには、一方で長期的展望に立つ都市の改造計画を作って対応を進めるとともに、当該都市、中央政府レベル、あるいは国際機関の協力も得て、事業所その他の地方分散・地方分権化計画をさらに進める必要があるだろう。

世界の都市と農村の人口推移

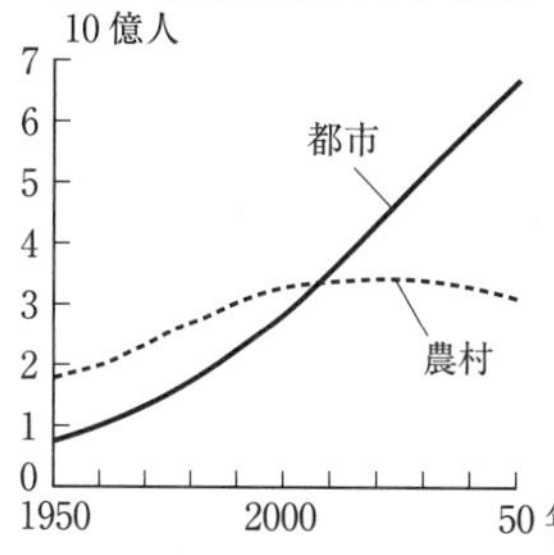


いくつかの国における都市人口比率の推移

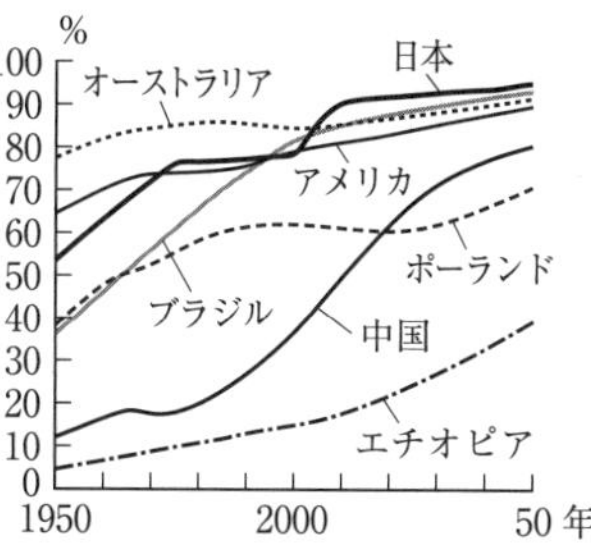


注：国連は独自の都市の定義を持たず，加盟各国の定義をそのまま採用している．各国の定義は異なるし，各国内でも時間の経過とともに変わることがある（Encyclopedia Britannica, Sep., 2019）．

都市定住の規模クラス別都市圏の数と人口の推移

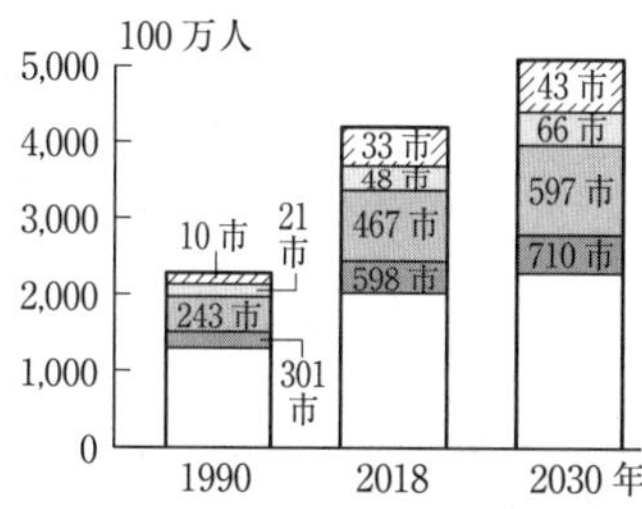


出所：United Nations, Department of Economic and Social Affairs, Population Division, World Urbanization Prospects 2018.

10 大大規模都市圏の人口推移と推計（2018 年）

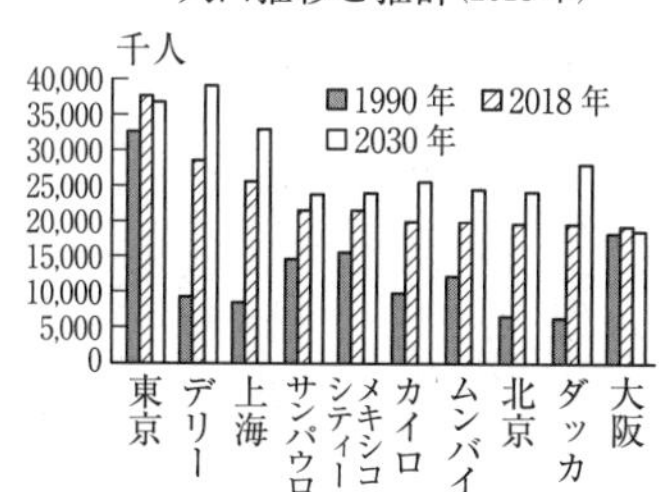


出所：World Urbanization Prospects 2018. Highlight, United Nations Dept. of Economic and Social Affairs, NY, 2019.

人口 1,400 万人以上の巨大都市における PM10（微粒子）（2010-2015 年の内最も新しい年）

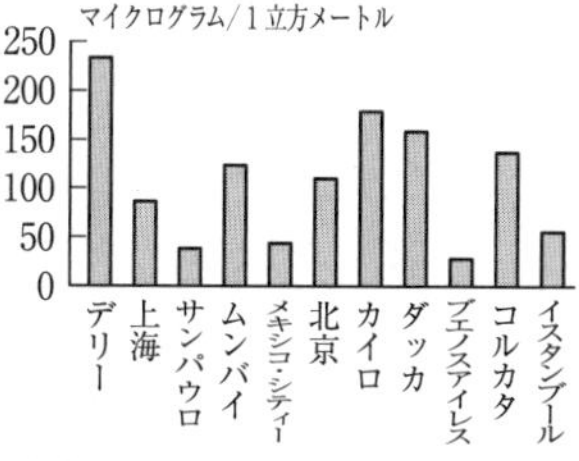


出所：Summary results of the database, Urban Ambient Air Pollution Database (update 2016), WHO.

**⑧自然環境と生態系**　生物は、我々が知る限り、この地球にしか存在しない。そしてこの美しく、かけがえのない地球には、植物、動物、そして人間がバランスを保って生息してきた。自然環境のバランスが崩れると、自然と植物、動物のバランスも崩れる。このバランスを破壊する力は自然災害（洪水、台風、干ばつ、異常気温、地震、天然火災など）によっても起こるが、しばしば人間の経済活動――その膨張、収縮など――によって引き起こされる。

化石燃料の多消費、有毒物質の利用とその無分別な処理、核物質の開発とその不注意な利用、とその原因はさまざまである。そして、個人ないし個々の企業が、環境に対して用心深い行動をとっても、それらが合成されると量的変化が質的変化を引き起こして、自然環境を損傷することがある。その結果、生態系を変え、ときに歪め、特定の生物を損傷し、しばしばその死から、さらに種の絶滅をもたらす場合がある。

しかし、何が自然と生物の適切なバランスであり、何が人間と他の動物との適当なバランスであるかを決めることは容易ではない。もちろん、人間がその欲望のために無定見に緑地をつぶしたり、地形を変更することは好ましくないし、また特定の動植物を乱獲、乱伐することは、生態系の保全にとっても良くないだろう。しかし、逆に、無条件に動植物の生存を放置したり、あるいは特定の動植物を過保護する場合にも、生態系を壊すことは十分あり得る。それだけに、客観的で、国際間でも合意できる自然環境対策が必要とされる。

この問題と関連して、バイオ・テクノロジーをはじめ関連科学の在り方が問われている。

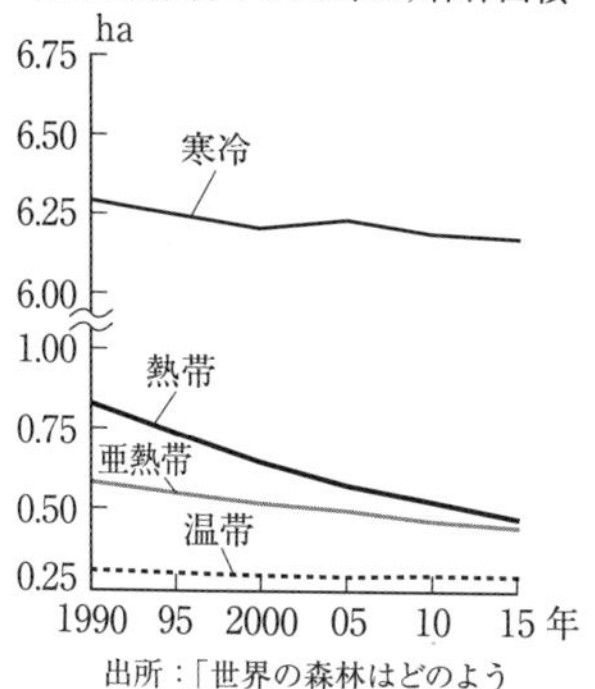


出所：「世界の森林はどのように変化してきたか？」，FAO「世界森林資源評価 2015 年報告」．

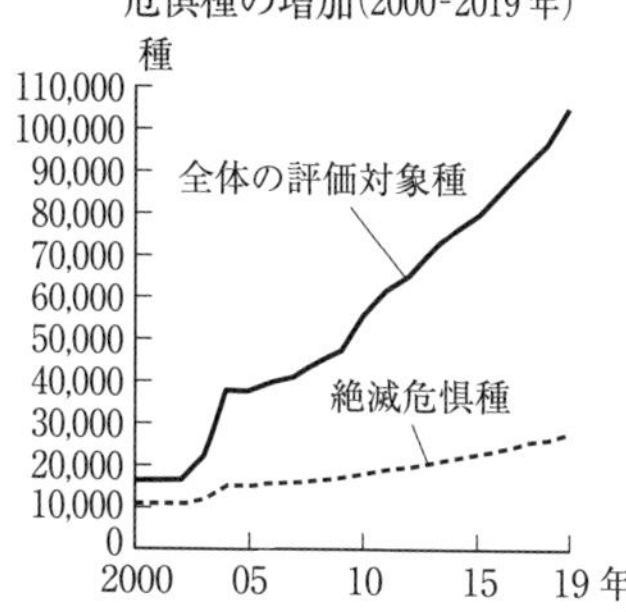


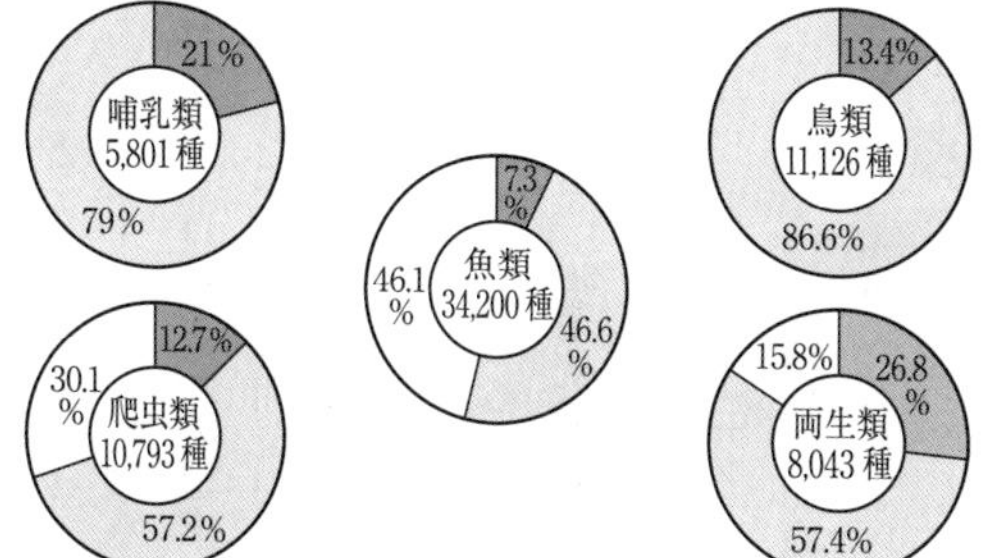


種の推計総数に対して 2019 年までに評価された種の数

| | (1)種の推計総数 | (2)評価された種 | (3)2の1に対する比率,% | (4)2の内,絶滅危惧種 |
|---|---|---|---|---|
| 脊椎動物 | 69,963 | 49,688 | 71.0 | 8,730 |
| 無脊椎動物 | 1,300,575 | 22,311 | 1.6 | 5,138 |
| 植物 | 310,503 | 33,573 | 10.8 | 14,360 |
| 菌類・原生生物* | 52,280 | 160 | 0.3 | 110 |
| 総計 | 1,733,321 | 105,732 | 6.1 | 28,338 |

＊：原生生物は，真核生物のうち菌類にも植物界にも動物界にも属さない生物の総称．
資料：Red List 2019-2, IUCN, July 2019.

⑨ＳＤＧｓとＥＳＧ　世界全体として何か行動を起こそうとしたとき、まず国連が頭に浮かぶ。しかし、国連は一九三ヵ国の加盟各国がそれぞれ一票の議決権を持った国際機関であり、全体として行動を起こそうとすると、なかなか利害の調整がつかない面がある。

ところが、時として世界的課題に対して、国連が主導的な役割を果たすことがある。その一つが二〇一六年から始まった「持続可能な開発目標(ＳＤＧｓ)」の追求である。これは、先進国による発展途上国の支援というより、先進諸国を含めたすべての加盟国が追求すべき目標である。二〇三〇年までに目指すべき一七の大目標と、より具体的な一六九の小目標が掲げられている。さらに、今回の国連のイニシアティブにはこれまでと違った側面がある。

それは、各国政府が国連決定の目標を追求するのはもちろんだが、民間の関与の広がりがみられる点である。特に、企業によるＥＳＧ(環境、社会、企業統治)といった側面を機関投資家が重視するＰＲＩ(責任投資の原則)が広がってきている。これまでも環境等に配慮した企業に対して積極的に投資をすべきであるといった、「社会的責任投資(ＳＲＩ)」という倫理的側面を重視した機関投資家による投資手法が注目された。しかし、ＰＲＩは、倫理的側面よりも、長期的にはそうしたＥＳＧといった側面を重視した企業がより高いパフォーマンスを上げるはずであるという点を強調する。企業側としてもそうした投資家の変化に対応しようとするようになってきている。そうした投資家、企業の動きはＳＤＧｓを後押しする方向に働く。

これらの変化は、逆にみれば、それだけ環境問題が深刻化してきているということだろう。

## PRI, ESG, SDGs の流れ

PRI＝(機関)投資家が長期的観点から考慮する原則(Principles for Responsible Investment, 責任投資の原則)

原則 1. 投資分析と意思決定に ESG の課題を組み込む

原則 2. 活動的な所有者になり, 所有方針と所有慣習に ESG 問題を組み込む

原則 3. 投資対象の主体に対して ESG の課題についての適切な開示を求める

(その他原則 4, 5, 6)

ESG＝企業が社会に対し負う責任

環境に配慮(二酸化炭素の排出量が多くないか, 環境汚染をしていないか, 再生可能エネルギーを使っているかなど)

社会に貢献(地域活動への貢献, 労働環境の改善, 女性活躍の推進など)

G
Governance
(企業統治)

収益を上げつつ, 不祥事を防ぐ経営

SDGs＝持続可能な開発目標, 2015-2030 年

資料：国際連合広報センター, 大和証券 HP, PRI・HP.

## PRI に署名した資産所有者と運用資産残高の推移 (2006-2019 年)

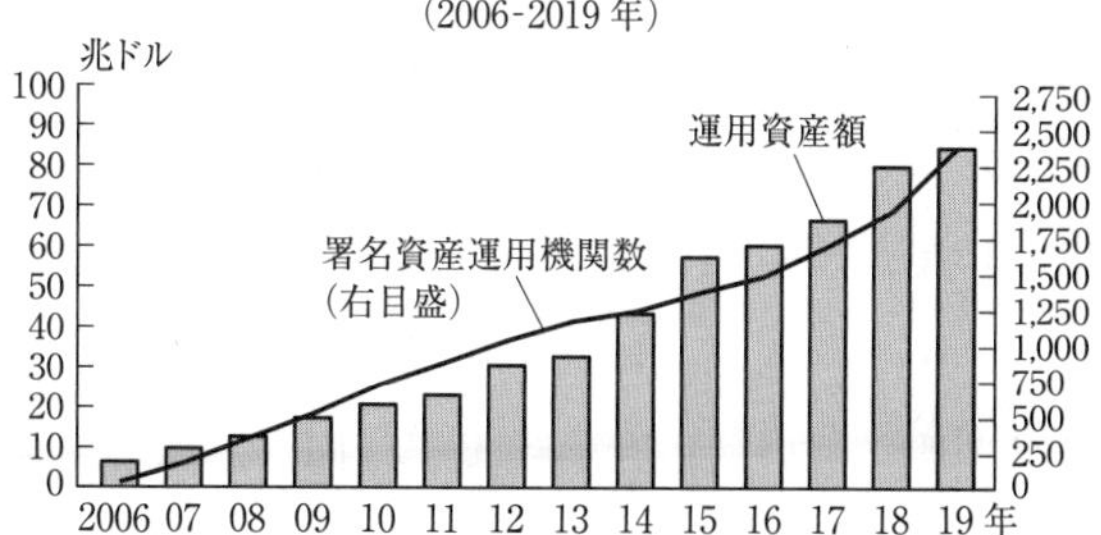


出所：An Introduction to Responsible Investment for Asset Owners, UN. PRI, 一部改変.

⑩国際協力(パリ協定と今後)　かけがえのない地球の環境を守るためには、個人が、企業が、そして政府がそれぞれ努力しなければならないが、国際間の協力が絶対必要である。なぜなら「環境」は今ではほとんど国境を超える問題となっているからである。

国際的には一九七二年の「国連人間環境会議」以来、環境保全のための国際協力が本格的に議論され、九二年の「環境と開発に関する国連会議」(地球サミット)で一つの節目を迎えた。その後、さまざまな環境に関連した国際条約が結ばれたが、その一つに九四年の「気候変動に関する国際連合枠組条約」がある。この条約に署名した国々が毎年「条約締結国会議」(COP)を開いている。

一九九七年のCOP3では、温暖化ガスの削減に関する主要先進国による国際的な約束である「京都議定書」が実現した。二〇一五年のCOP21では、発展途上国を含めた一七五ヵ国が「パリ協定」に署名した(その後参加国はさらに増加)。この協定は、二〇二〇年以降に各国が自ら行おうとする温暖化ガス排出量の削減目標を宣言し合ったものである。しかし、これだけでは長期目標である、産業革命前からの世界の平均気温の上昇を二度Cより十分低く保つことなどができないと考えられ、すべての国は五年ごとに削減目標を見直すことになっている。

その後、中国に次いで世界第二の温暖化ガス排出国であるアメリカが協定からの脱退を表明していたが、二〇二一年、新政権がそれを撤回した。国際社会としては、SDGsの実現とともにパリ協定の強化は是非とも実現すべき喫緊の課題である。こうした瞬間にも地球環境は損なわれているからである。

# 九　経済危機

「金融危機に先立つブーム期において、頻繁に繰り返され、最も高くついた投資アドバイスは、〝今回は違う〟といった認識から生じる」

（Carmen M. Reinhart & Kenneth S. Rogoff「This Time Is Different: Eight Centuries of Financial Folly」Princeton University Press, 2009）

**①繰り返される経済危機**　経済危機、つまり、経済活動の急激で大幅な低下はさまざまな原因によって起こってくる。地震、台風など自然災害によっても起こるし、内戦や他国との紛争や戦争によっても起こる。そもそも、経済活動の水準は、つねにある程度上昇下降を繰り返し、短期、中期、長期の景気循環があると言われている。しかし、ここでは、市場経済に内在する要因によって起こると考えられる危機のうち、第二次大戦以降のものに重点を置いて、取り上げる。経済危機は、金融の混乱を原因とすることが多いし、それが直接の原因でない場合でも、それを伴うことが多い。金融危機は、特に、問題となる経済主体の一時的な流動性（短期的資金）不足の問題か、あるいは、インソルベンシー（債務超過）の問題か区別することが難しい。

金融危機としては、戦前を含めても、左のグラフにみるように、国家による債務不履行（歴史的教訓の一つは国家が個人や企業に比べて多額の借金ができるが故に往々にして問題が大きくなる）、銀行危機、通貨危機（為替レートの急落）、高インフレ率（たとえば、年率二〇％を超える）などが繰り返し起こってきた。危機はその現れ方が一様でなく、その時々で異なる現れ方をする結果、多くの場合、「過去から学んでいるので、今回は危機を回避できる」と言いながら、危機に陥ることになる。

二〇二〇年に始まる新型コロナウイルス禍によるグローバルな景気後退に際しても、各国とも最大限の政策対応を行った。しかし、そうした対応も、これまでがそうであったように、新たな危機を招くことにもなりかねない。

さまざまな経済危機（1900-2008年，66ヵ国）

180
160
140
120
100
80
60
40
20
0
危機指数
1900
10
20
30
40
50
60
70
80
90
2000年
大恐慌
第1次世界大戦－
ハイパーインフレ
第2次世界大戦－多くの債務不履行
第2次大恐慌
BCDI 指数と株式市場崩壊
新興市場危機，北欧・
日本の銀行危機
1907年の
パニック
オイル・ショック－
インフレ
銀行・通貨・債務不履行・
インフレ危機（BCDI 指数）

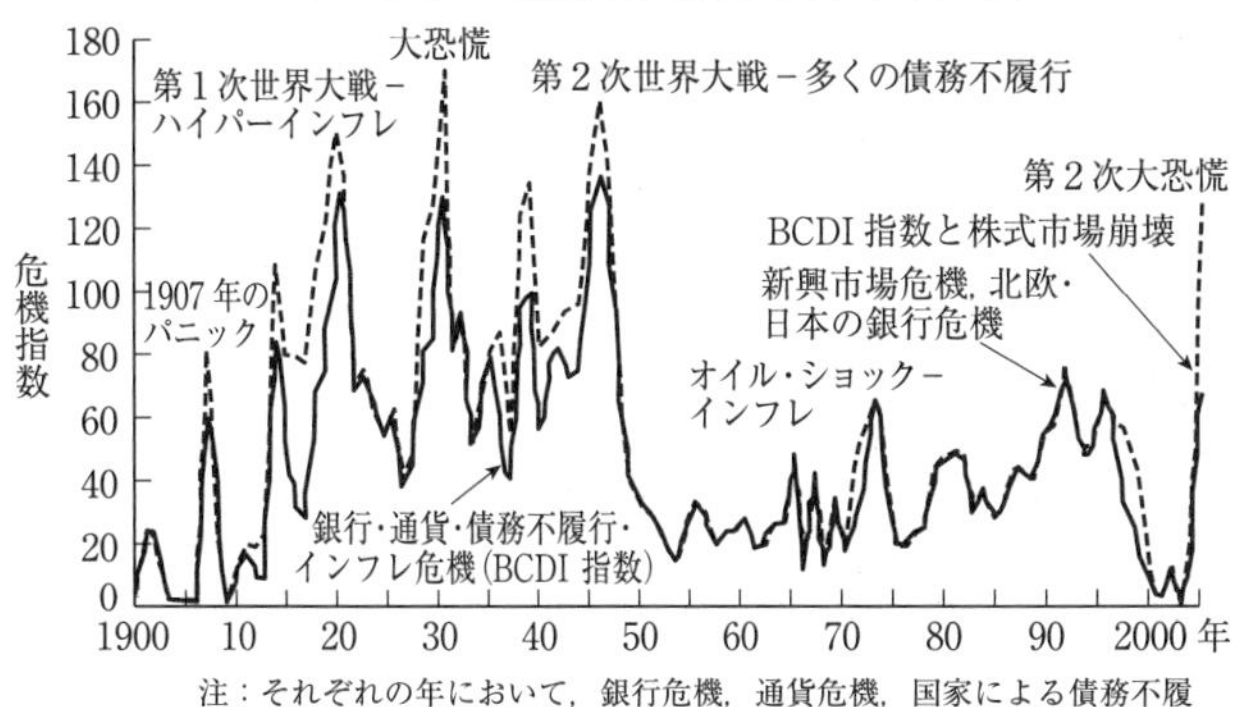

注：それぞれの年において，銀行危機，通貨危機，国家による債務不履行，高インフレを経験した国の数をカウントしたものを，それぞれの国の世界に占める所得シェアでウェイト付けして合計したもの（BCDI 指数）で，点線は株の暴落を加えたもの．

出所：C. M. Reinhart & K. S. Rogoff「This Time Is Different」2009.

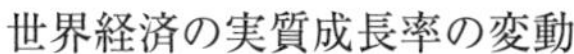

世界経済の実質成長率の変動

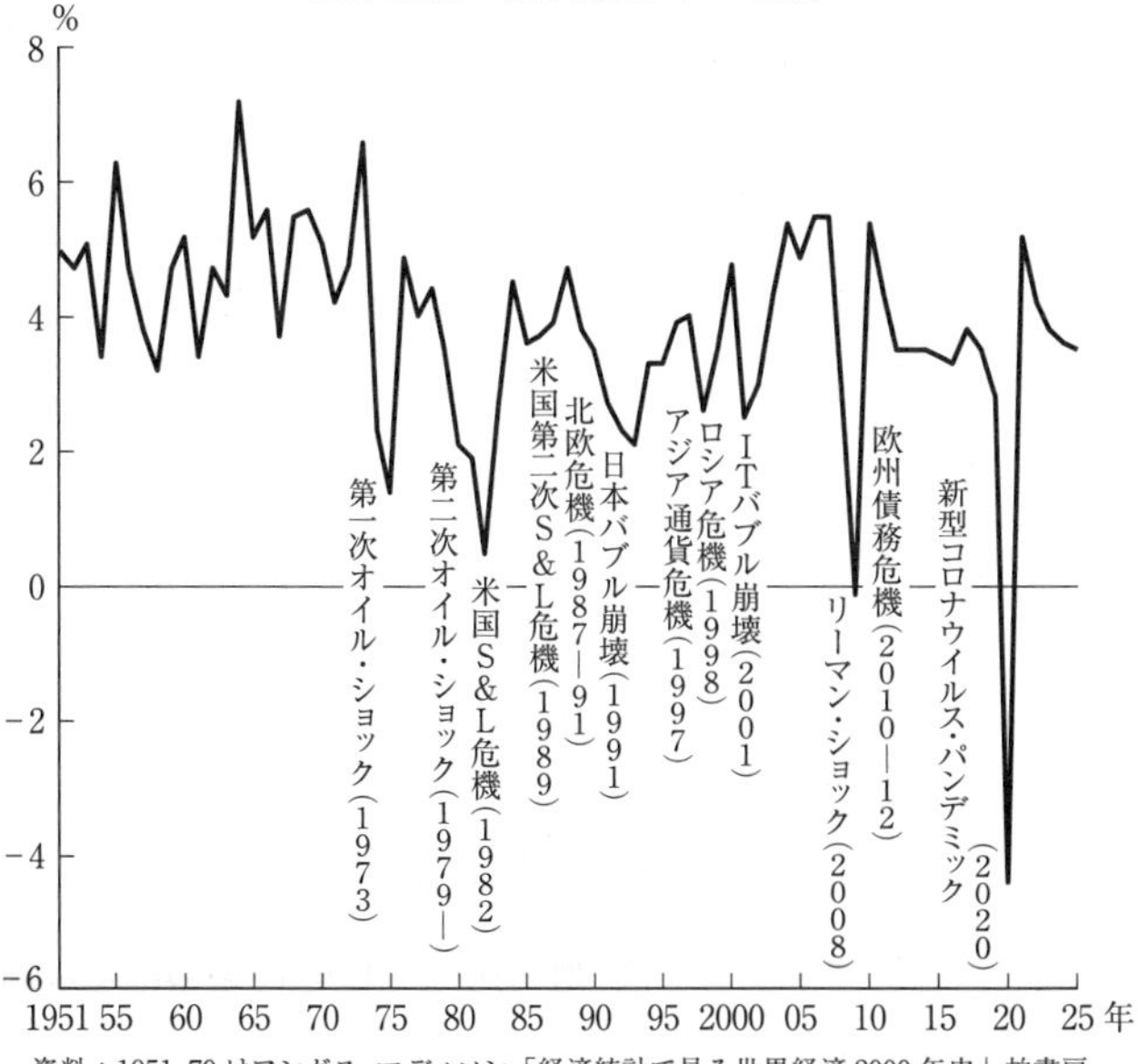

%
8
6
4
2
0
−2
−4
−6
1951
55
60
65
70
75
80
85
90
95
2000
05
10
15
20
25年
第一次オイル・ショック（1973）
第二次オイル・ショック（1979－）
米国S&L危機（1982）
米国第二次S&L危機（1989）
北欧危機（1987－91）
日本バブル崩壊（1991）
アジア通貨危機（1997）
ロシア危機（1998）
ITバブル崩壊（2001）
リーマン・ショック（2008）
欧州債務危機（2010－12）
新型コロナウイルス・パンデミック（2020）

資料：1951-79はアンガス・マディソン「経済統計で見る世界経済2000年史」柏書房，2004. 1980年以降はIMF World Economic Outlook, Oct.2020.

**②一九三〇年代の大恐慌**　大恐慌あるいは世界恐慌は、一九二九年一〇月のアメリカの株価暴落によって始まり、ほとんどの主要国を巻き込み、経済の混乱は、三三年、見方によれば、四〇年代初めまで続いた。第一次大戦(一九一四〜一八年)後、アメリカは産業競争力の向上と輸出の増加によって「永遠の繁栄」を謳歌していた。しかし、欧州諸国の経済復興とともに生産や設備の過剰が表面化した。当時の国際金融システムは金本位制に基づいており、主要各国は二〇年代末から三〇年代初めに金本位制に復帰した。ところが、アメリカは流入した金を不胎化(金保有に連動して貨幣を増やさなかった)した。そのため、その他の国は金流出を抑制するため金利を引き上げることで不況に陥ったり、金準備が枯渇したドイツ、オーストリアでは大銀行が倒産するなどの金融危機が発生した。日本でも金の流出を契機に昭和恐慌となった。その後、各国は金本位制度から離脱したが、植民地を持っていた英米仏は高関税による経済のブロック化によって、自国の産業保護に努めた。これが日本、ドイツなどの膨張主義を助長する要因ともなった。

こうした展開となった背景として、英仏を中心とした世界から覇権国がアメリカへ移行する過程で、アメリカにその用意がなかったことを重視する見方がある。また、当時、恐慌は、蓄積された市場のゆがみを調整するために必要不可欠な現象とも捉える向きが多く、政府による財政出動によって有効需要を作り出すという考えは力を得なかった点を強調する見方もある。さらに、アメリカなどにおける過度の金融引締めにその理由を求める見方もある。

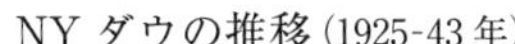
NY ダウの推移(1925-43 年)

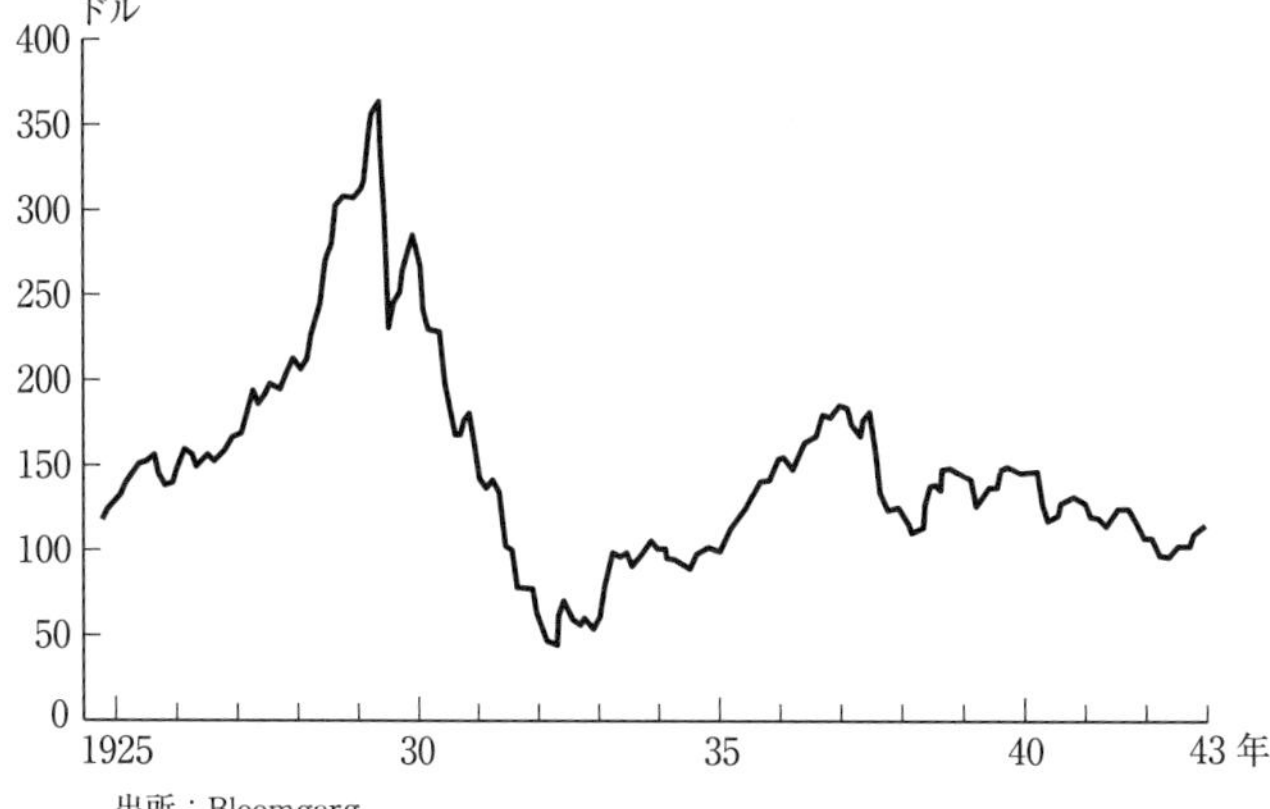

出所：Bloomgerg.

主要国経済成長率の推移(1920-42 年)

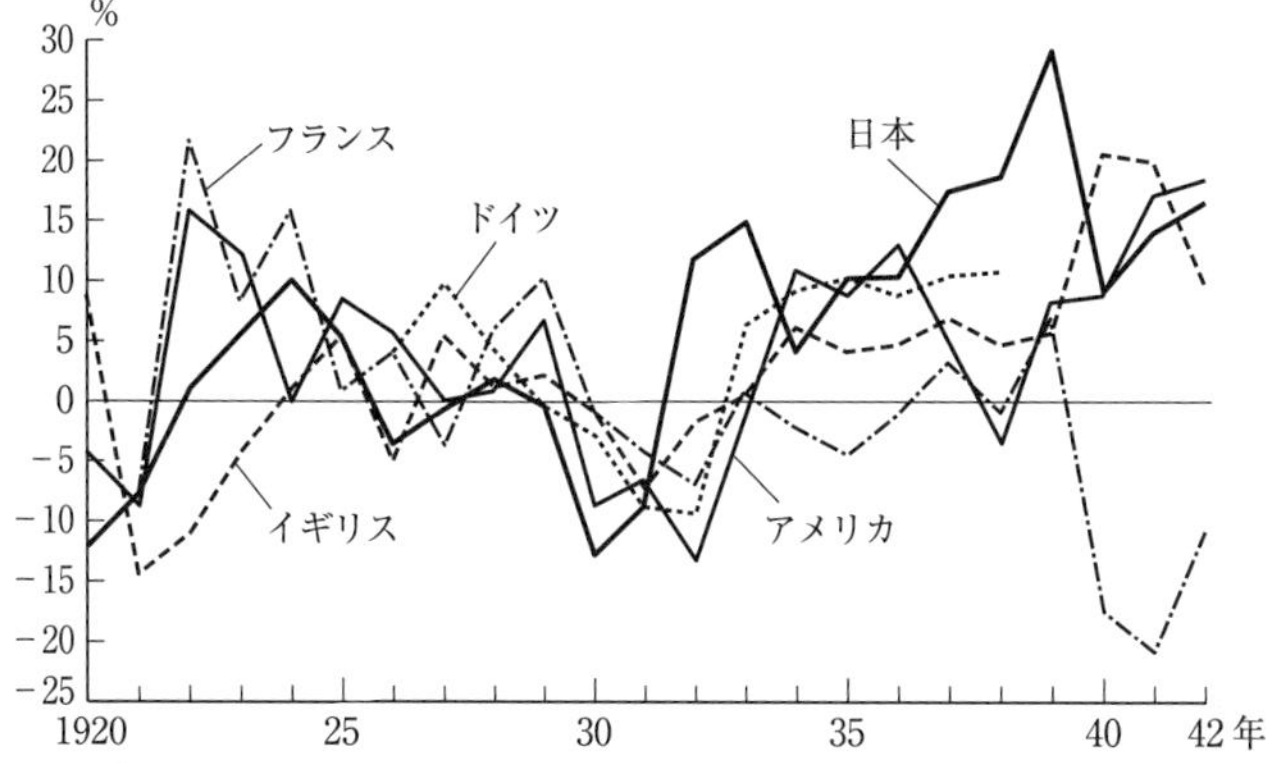

注：アメリカの 1920-29 年は国民総所得，イギリスは名目 GDP，ドイツは実質 GDP，フランスは実質 NDP(国内純生産，GDP から固定資産減耗を引いたもの)，日本は生産国民所得(大川推計).

出所：BEA「アメリカ歴史統計」，P. フローラ他編「国家・経済・社会——ヨーロッパ歴史統計 1815-1975」，日本銀行「明治以降本邦主要経済統計」.

③ブレトンウッズ体制の崩壊　一九四四年七月、連合国は米国ニューハンプシャー州ブレトンウッズで戦後の世界経済の在り方について議論し、国際通貨基金（ＩＭＦ）と国際復興開発銀行（通称、世界銀行）の創設に合意した。通貨切下げによる（輸出増・輸入減により他の国の犠牲の上に自国の繁栄を図る）近隣窮乏化や経済のブロック化が世界貿易の縮小をもたらした反省に立って、為替市場の安定に基づく自由貿易を維持することが必要との認識を共有した。

こうしたブレトンウッズ体制の基本は、加盟国が（金一オンス三五ドルで）金との交換が保証された米ドルに対する自国通貨の固定交換比率（ＩＭＦ平価）を持ち（このため、金ドル本位制と呼ばれる）、必要に応じて為替平衡操作（つまり、為替市場への介入）を行うことによってその上下一％以内に為替レートを維持することが義務付けられた。ただし、国際収支の黒字・赤字が長期に続く基礎的不均衡の場合、平価の切上げ、切下げが認められた。逆に、一時的な国際収支の赤字に対しては、平価を切り下げることなく貿易収支を改善させるために必要な調整（内需の抑制）をする時間を得るため、ＩＭＦから融資が受けられた。

国際取引に必要な米ドルは、米国の国際収支が赤字であることによって供給されるが、それはドル価値の維持に関する信任に疑問を生じさせるものである。実際にも、米国の貿易収支が悪化し始め、米国に対する金への交換請求が増え、米国の金保有残高が減少していった。一九七一年八月、ニクソン大統領によって、金とドルの交換停止が宣言され（ニクソン・ショック）、ブレトンウッズ体制は崩壊し、七三年から主要国通貨は変動相場制に移行した。

主要国通貨の対ドル・レートの推移

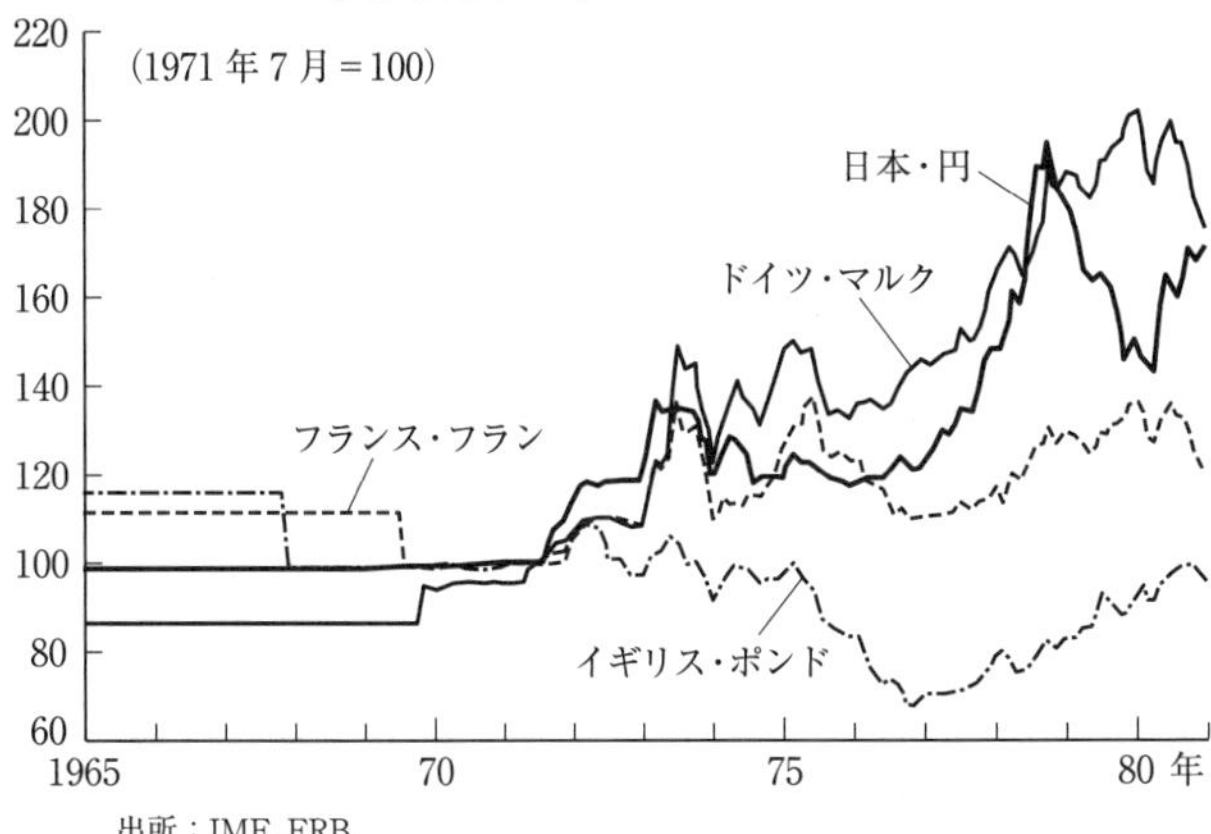


出所：IMF, FRB.

主要国の貿易収支

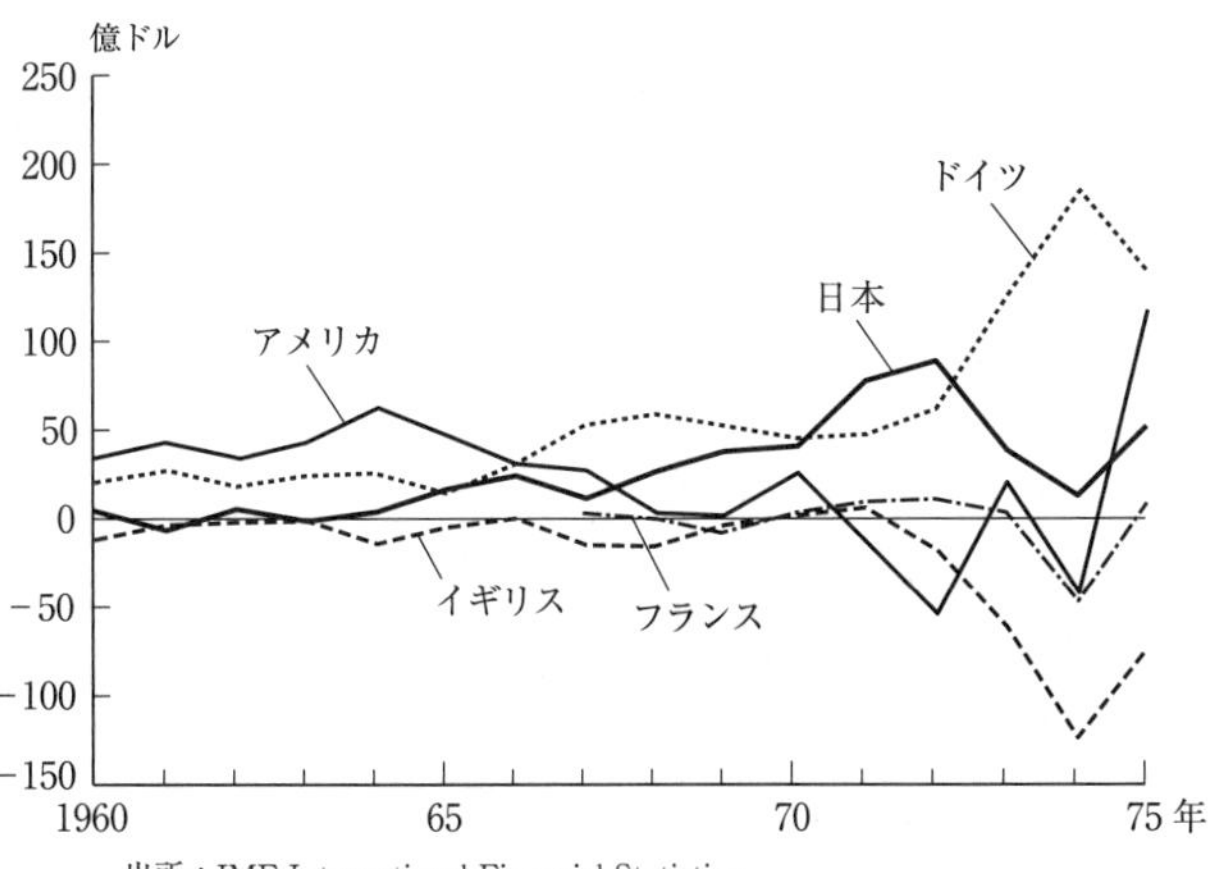


出所：IMF International Financial Statistics.

④中南米諸国の累積債務問題とその後の通貨危機　中南米諸国の累積対外債務問題は、一九八二年のメキシコ政府によるモラトリアム（支払猶予）要請によって始まった。八七年にはブラジル、八八年にはアルゼンチンと、韓国を除けば、途上国の中で四大対外債務国に入る国々が債務返済困難となり、国際金融市場が混乱に陥った。原因としては、七〇年代に発生した大量のオイルマネーが欧米の銀行を経由して、野心的な開発計画を実施していた新興工業国（ＮＩＣｓ）と呼ばれた国々に大量に貸し出されたことにある。

一方、オイル・ショックによるインフレに直面した先進諸国は引締め政策（米金利は急騰）をとっており、先進諸国は不況となり、一次産品市況も下落した。中南米諸国では、輸出が伸びず、外貨建債務に対する金利支払いが急増し、資本流出も起こったことから、債務返済困難に直面した。

当初は、ＩＭＦ主導により、債務国による為替レートの切下げや急激な緊縮政策が実施されたが、結局、為替レートの切下げは公的債務支払いのための歳出増加をもたらし、補助金削減も公共料金の高騰となり、金融緩和政策もあって、各国ともハイパー・インフレに見舞われた。一九九〇年代に入る前後から、各国とも為替相場を米ドルに固定することで、インフレの沈静化にある程度は成功したが、財政再建ができず、海外資金への依存からの脱却も進まなかった。その後、通貨危機に直面して、各国とも、変動為替相場制度に移行した。二〇一〇年代に入り、再び各国通貨、特にアルゼンチン・ペソが下落している。

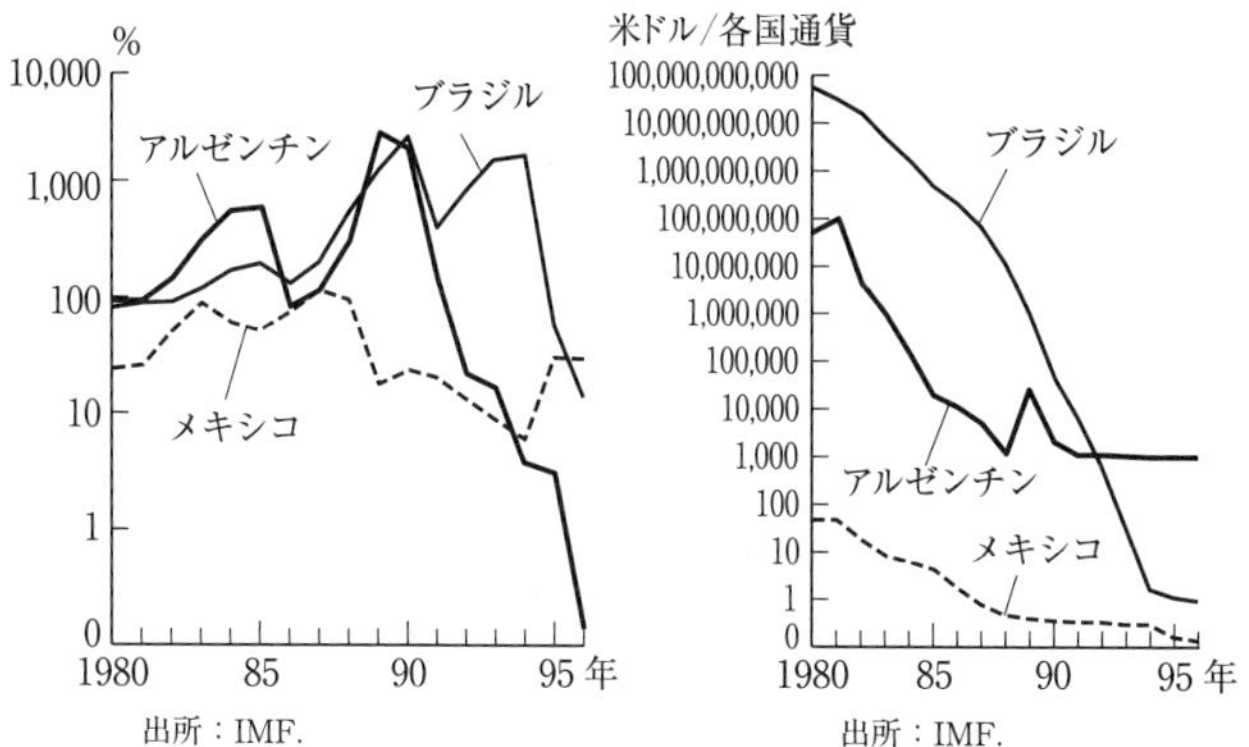

出所：IMF.

出所：IMF.

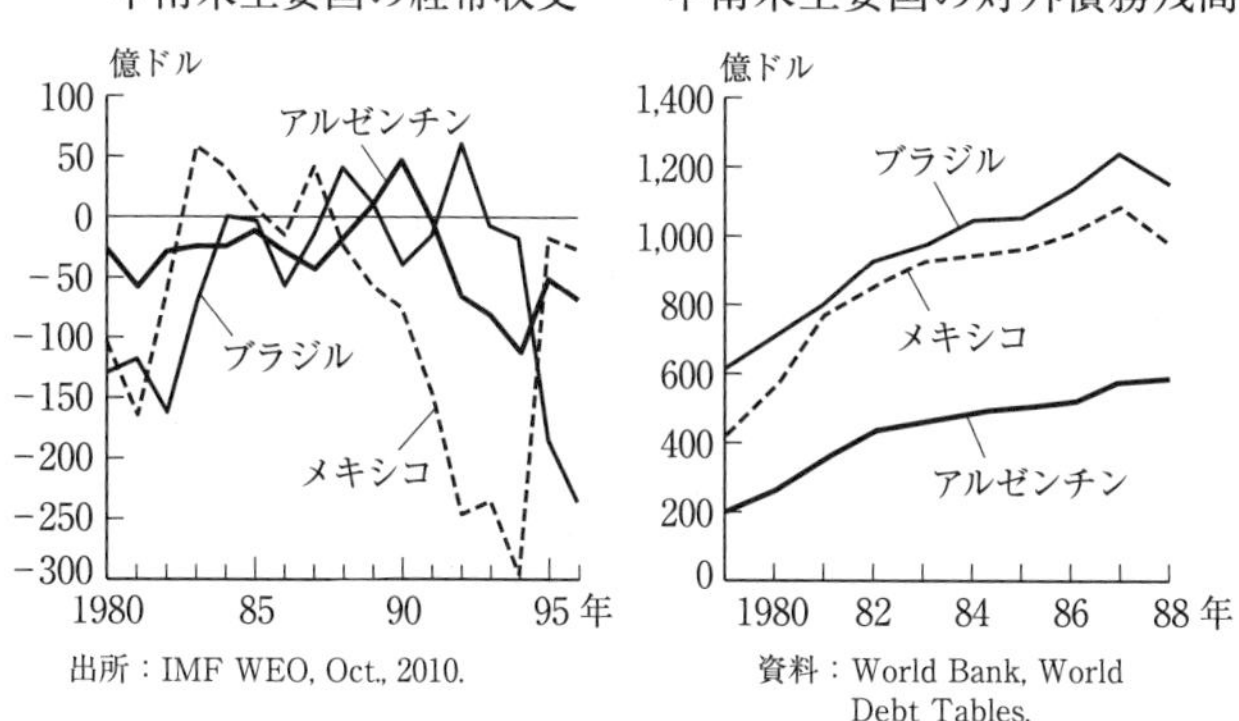

出所：IMF WEO, Oct., 2010.

資料：World Bank, World Debt Tables.

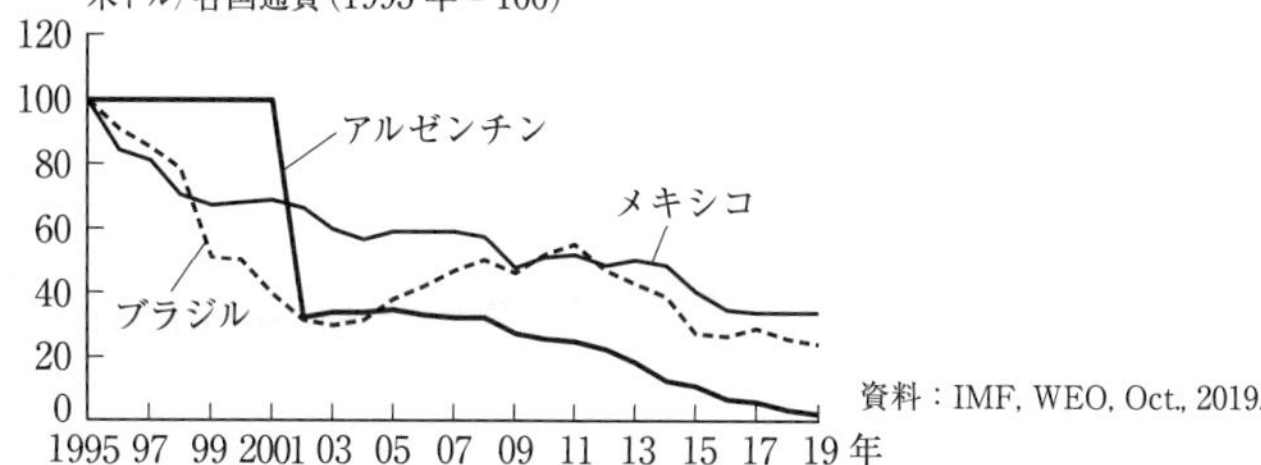

資料：IMF, WEO, Oct., 2019.

**⑤日本のバブル経済と崩壊後の調整**　日本経済は、一九八五年九月のプラザ合意後の円高により不況となった。資産価格バブルの発端は、円高そのものというより、不況に対処するため金融が大幅に緩和され、その状態が長く続けられたことに一因がある。金融緩和の長期化は、貿易・経常収支の黒字削減のための内需拡大が国際政策協調の優先課題だったことにもよる。その間、財政再建路線が堅持されたことも、金融政策により緩和への負担をかけた側面がある。さらに、消費者物価がおおむね安定していたことも引締めの遅れに結びついたと考えられる。

金融機関は、金融自由化による収益率の低下、大企業の銀行離れ、リスク管理の遅れなどから、資金需要のあった不動産関連への融資を積極的に行った。借り手企業も、地価、株価の上昇によって自信過剰となり借り過ぎた。株価は一九八五年八月から八九年一二月までの四年強で三倍に、地価は八五年九月から九〇年九月までの五年で四倍となった。こうした資産価格バブルは、利上げや不動産貸付規制の導入などを契機に崩壊し、日本経済は三つの過剰(企業債務、設備、雇用)に直面することとなった。過剰解消の過程では、景気低迷が続き、多くの銀行融資が不良債権化した。九二年度から二〇〇四年度までに金融機関が損失として処理した不良債権は約一〇〇兆円に達した。その後、輸出環境の好転もあって、景気は一九九六年頃から回復し始めたが、アジア通貨危機、グローバル金融危機の深刻化などもあって、九〇年代後半以降、日本経済はその後も長く続くデフレ的状況に陥った。この要因としては、バブル崩壊の後遺症ばかりでなく、少子高齢化や日本の賃金の高さ(低い賃上げ率)などを指摘する向きもある。

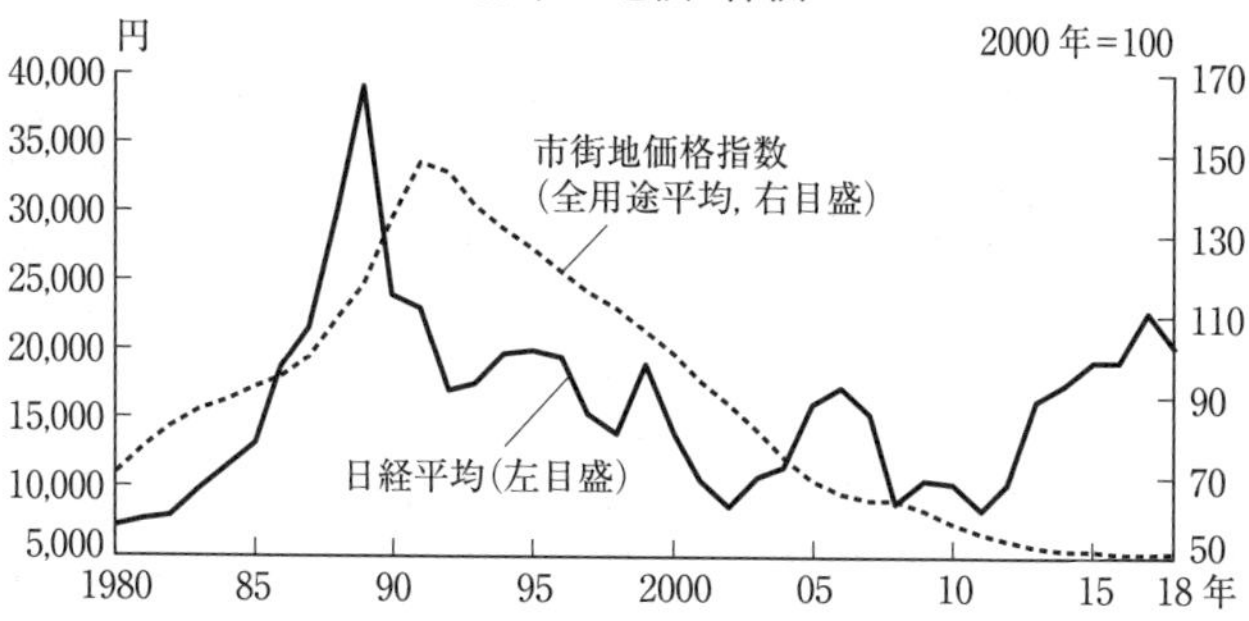


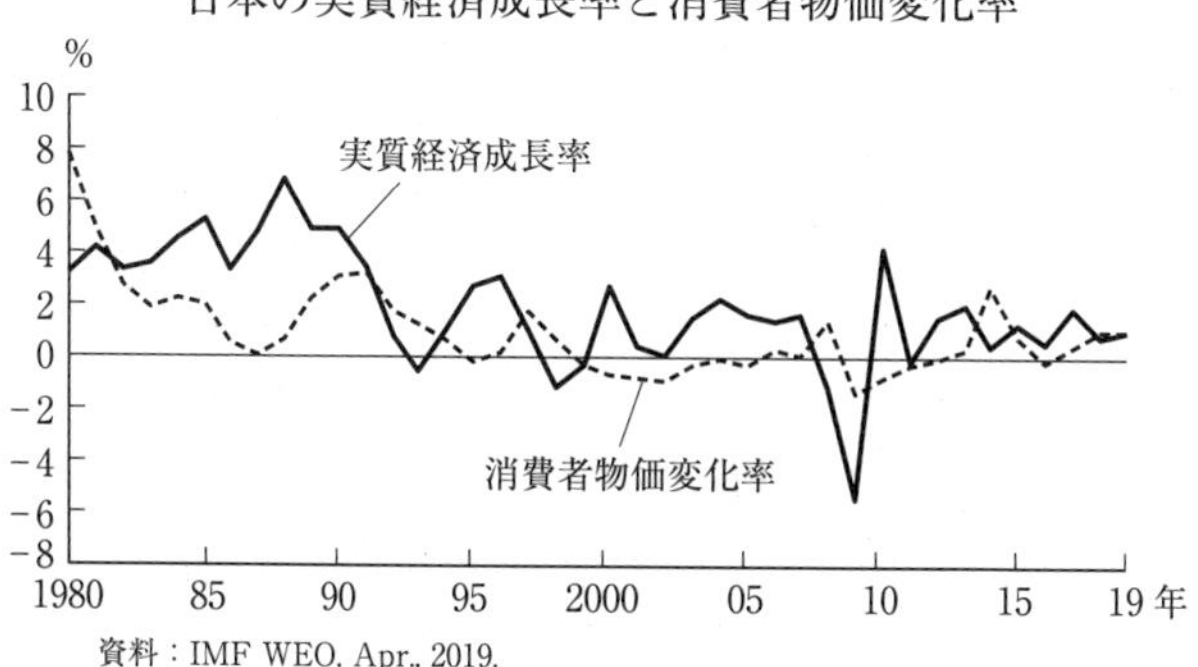


資料：IMF WEO, Apr., 2019.

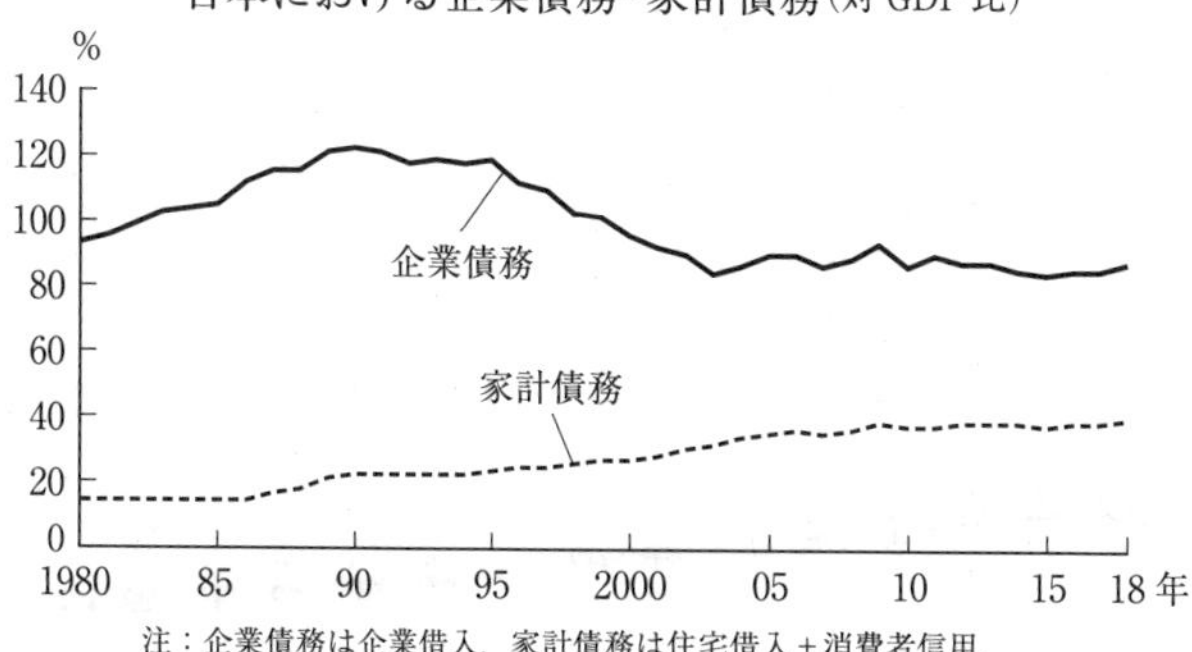


注：企業債務は企業借入，家計債務は住宅借入＋消費者信用.
資料：日本銀行「資金循環勘定」.

⑥アジア通貨危機　一九九七年七月にタイから始まった為替市場における通貨価値急落は、またたく間に東アジア各国に伝染(コンテイジョン)し、地域全域の経済危機に発展した。特に、タイ、インドネシア、韓国が大きな打撃を受け、マレーシア、フィリピン、香港も比較的大きな影響を受けた。中国、台湾、シンガポールへの影響は比較的限定的だった。アジア各国はそれまで事実上のドル・ペッグ制(米ドルに対する固定相場制)を採用していたが、九五年以降のドル高局面となって、通貨高による経済不振が顕著になった。また、九〇年代に入って以来、中国が世界経済に本格的に参入するようになり、中国への直接投資も活発化し、その他東アジア諸国にとっての国際的な競争条件は厳しくなっていた。

それまで、中国、台湾、シンガポールを除いて、アジア各国の経常収支はおおむね赤字であり、短期資本を多く含む外国資本を取り入れていた。そうした大量の流入資本も手伝って、国内経済が過熱気味となり、資産価格も高騰していた。当初、各国とも為替市場における通貨下落圧力に対して為替市場介入(ドル売り・自国通貨買い)で対応していたが、外貨準備が底をついたこともあり、抗しきれなくなり、通貨価値が大幅に下落した。多くの国はIMFから緊急融資を受けることになり、融資条件(コンディショナリティー)として要求された引締め政策を実施したため、大幅な景気後退に陥った。危機後、アジア各国はほぼ例外なく経常収支を黒字に保つようになった。これが、その後、中東欧諸国などと異なり、アメリカ発のグローバル金融危機に直面しても大きなマイナス・インパクトを免れる一因となった。

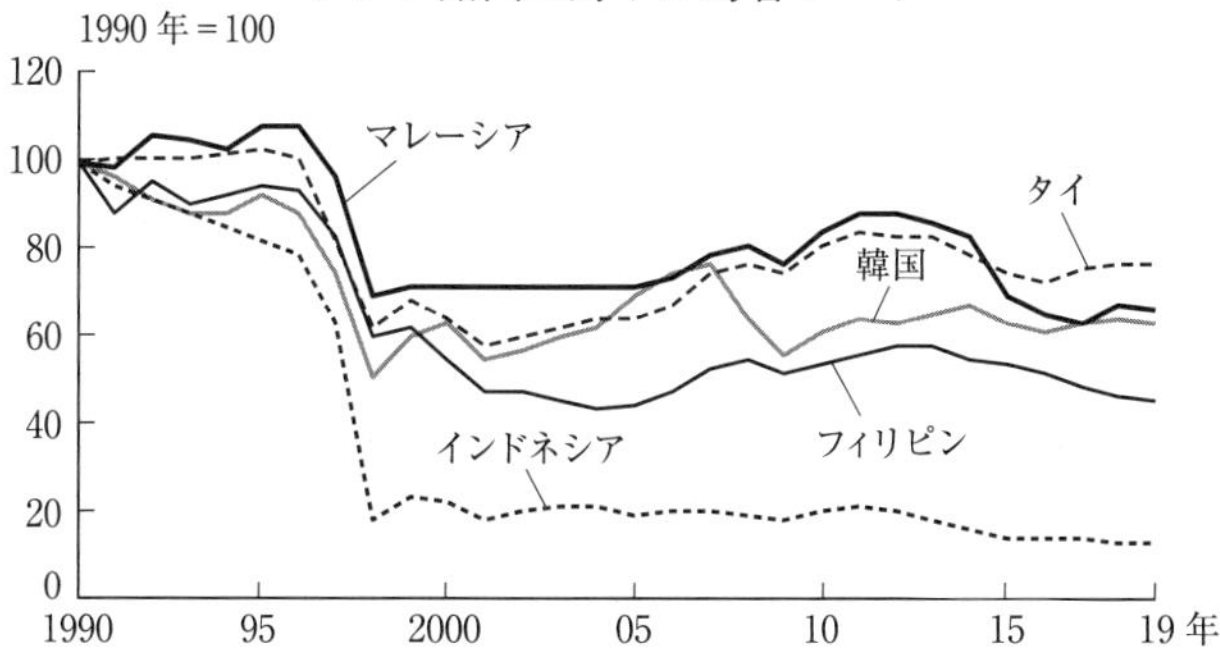

アジア諸国の対ドル為替レート
1990年＝100
120
100
80
60
40
20
0
1990
95
2000
05
10
15
19年
マレーシア
タイ
韓国
フィリピン
インドネシア

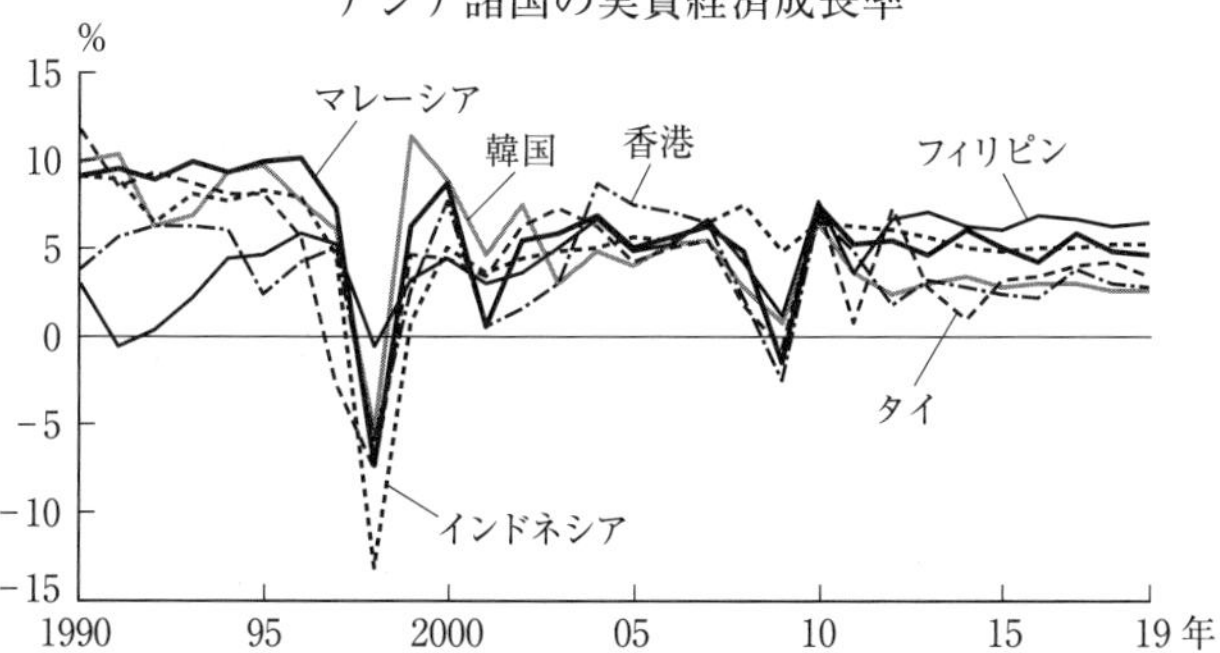

アジア諸国の実質経済成長率
%
15
10
5
0
−5
−10
−15
1990
95
2000
05
10
15
19年
マレーシア
韓国
香港
フィリピン
タイ
インドネシア

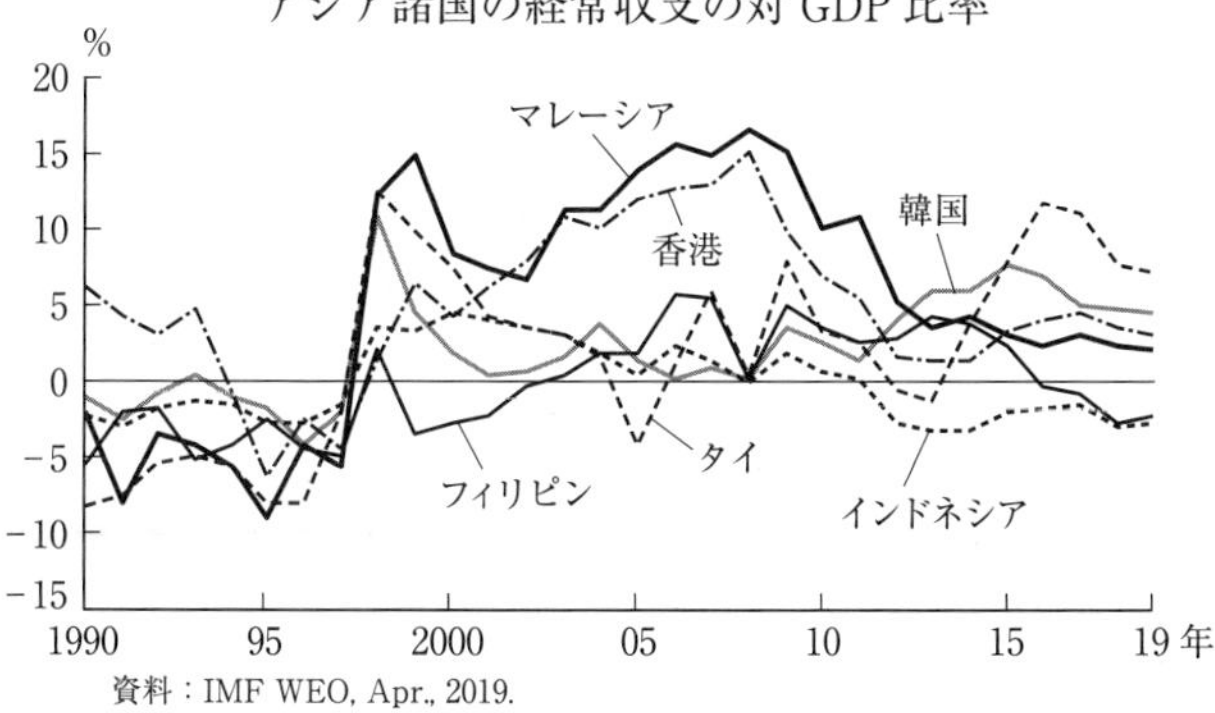

アジア諸国の経常収支の対GDP比率
%
20
15
10
5
0
−5
−10
−15
1990
95
2000
05
10
15
19年
マレーシア
香港
韓国
タイ
フィリピン
インドネシア

資料：IMF WEO, Apr., 2019.

⑦アメリカ発グローバル金融危機　二〇〇〇年前後からアメリカにおいて住宅バブルが発生した。金融緩和状態が長く続く下で、貸し手は貸し過ぎ、借り手は借り過ぎたことが背景にある。二〇〇〇年春をピークとしたITバブル（IT関連株を中心とした米国株価バブル）の崩壊に直面して、景気を維持させるために、米連銀は金利を大幅に下げ、その状態を長期にわたって維持した。物価が安定している下で比較的高い経済成長が続いたが、こうした状況はグレート・モデレーション（超安定）とも呼ばれ、金融機関や家計のリスク感覚を低下させ、比較的低い金利とあいまって、信用の膨張をもたらしてしまった。

質の低いものを含め多くの住宅ローンが束ねられて債券の形にされ（証券化され）、世界中で金融機関を中心に販売されたため、一部の住宅ローンの返済が滞り始めると、損失が世界の金融機関に拡散した。また、証券化の過程が金融技術の発展とともに、非常に複雑なものとなり、投資家は購入した証券化商品がどんなものか理解することが難しかった。その結果、そうした証券化商品の価格が急落すると、金融機関同士もお互いの財務の健全性に疑心暗鬼となり、資金のやりとりにも支障が出て、金融危機を発生させた。証券化商品は欧米の銀行、証券会社、保険会社などが主として保有していたため、欧米の金融システムの安定が脅かされた。実際にも、欧米の多くの金融機関が公的資金によって救済されたり、破綻したりした。特に、米大手証券会社リーマン・ブラザーズの破綻は危機を深刻化させ、世界的な景気後退をもたらすことになった。

住宅ローン, RMBS(住宅ローン担保証券),
CDO(債務担保証券)概略図

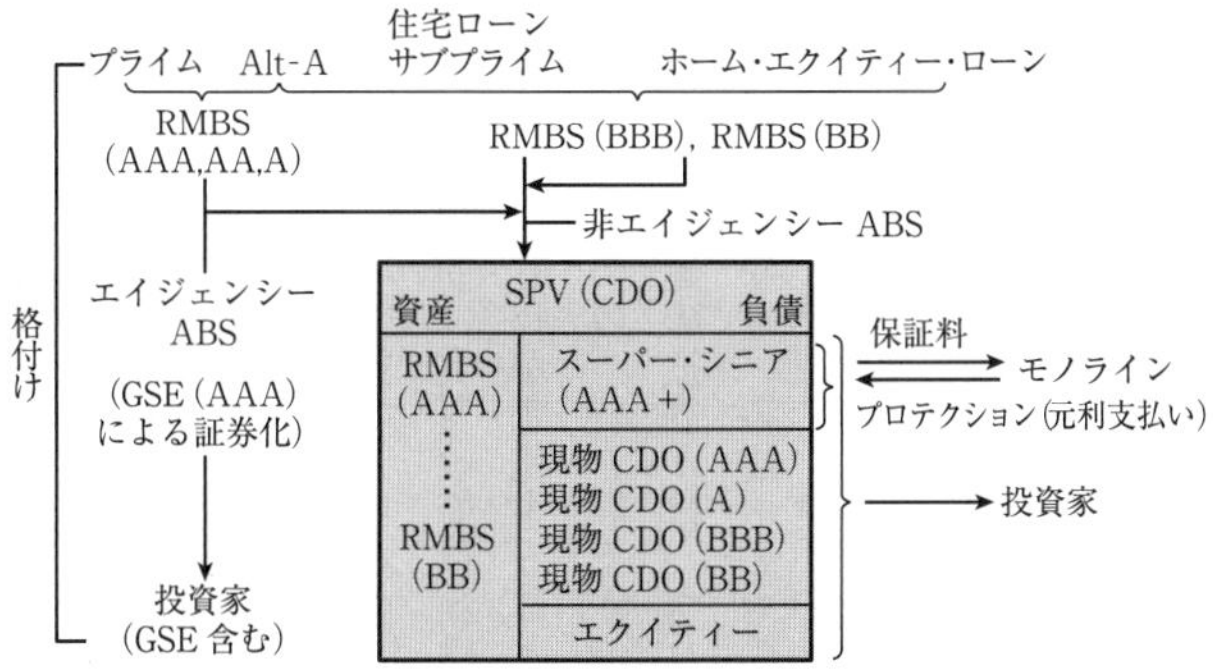


注：サブプライム(ローン)：プライム(優良客)よりも下位向けのローン, Alt-A：プライムとサブプライムの間の層へのローン, ホーム・エクイティー・ローン：不動産担保ローン, GSE：政府系住宅金融機関, SPV：特別目的会社, ABS：資産担保証券, モノライン(保険会社)：金融保証保険会社.

アメリカにおける企業債務, 家計債務(対GDP比)

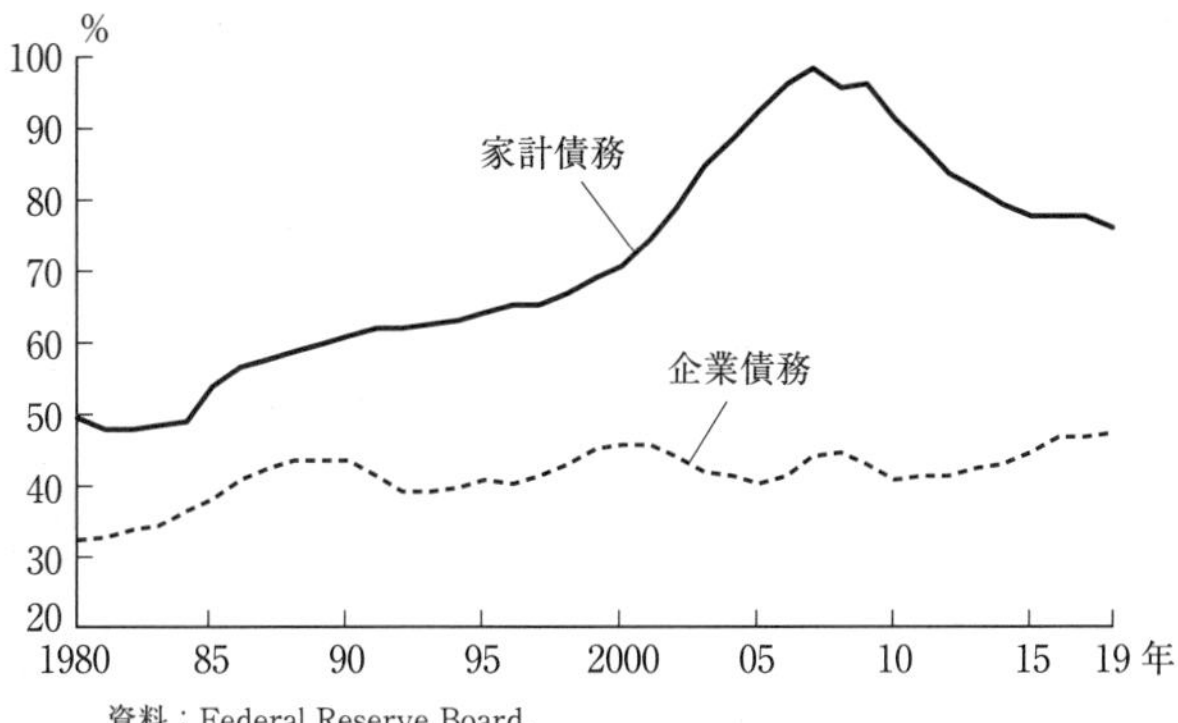


資料：Federal Reserve Board.

⑧南欧諸国の財政危機（ユーロ危機）　二〇一〇年前後から、ギリシャをはじめとした南欧諸国（ポルトガル、スペイン、イタリアなど）やアイルランドの財政危機が起こってきた。それに先立つアメリカ発のグローバル金融危機の影響で欧州においても銀行危機が起こったが、その銀行危機が直接、間接に各国の財政状況を悪化させた。銀行の救済は昔から公的資金を使うことで処理されてきたし、銀行が機能不全に陥った場合、経済の停滞が長引くが、それに対しても財政の出動によって景気の維持が図られてきた。六六ヵ国について過去二〇〇年間のデータを使ったある研究によると、銀行危機の後三年間に実質政府債務は平均して八六％増えた。当然、景気が低迷すれば、歳入も減る。結果として、財政が悪化することになる。

特に問題となるのは、経常収支が赤字で、政府債務が国外の投資家によって多く持たれている場合である。財政再建の道筋がはっきりしないと、債務不履行の恐れが残ることから高い金利を払わなければならなくなり、再建そのものがより厳しいものになる。問題国は、財政規律をなおざりにして、ユーロの一員になり、低金利のメリットを享受してきたが、それは、財政状況を他の財政規律の利いたユーロ構成国なみに維持することが前提だった。問題国による財政再建が難しいということになれば、ユーロが現状のまま存続することが難しくなる。

その後、南欧諸国も厳しい財政政策を実行し、貯蓄不足の状況も徐々に改善していった。その結果、経常収支も改善傾向となり、外資に対する依存も低下してきた。しかし、イタリア、ギリシャなどでふたたび財政が悪化する兆しもあり、歴史が繰り返されようとしている。

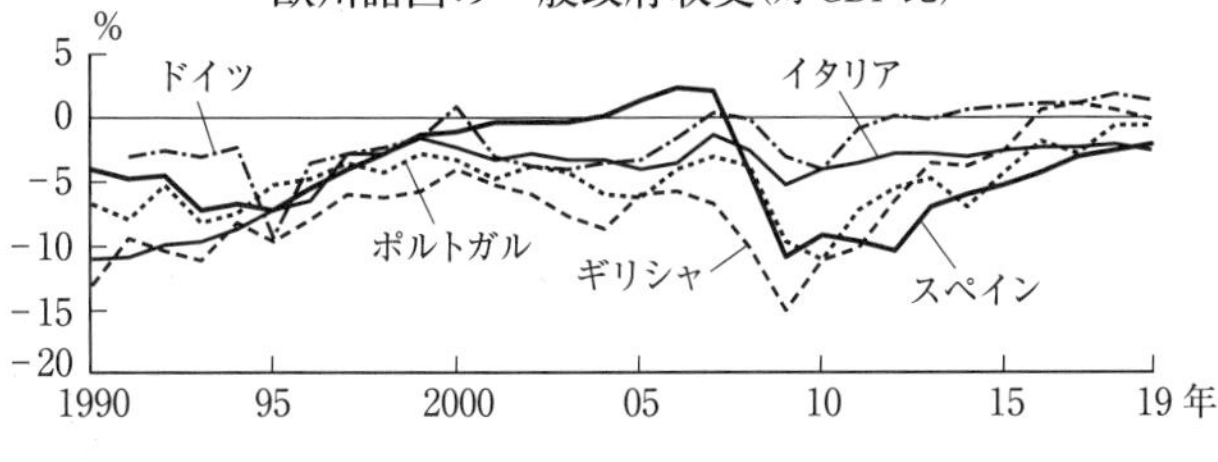


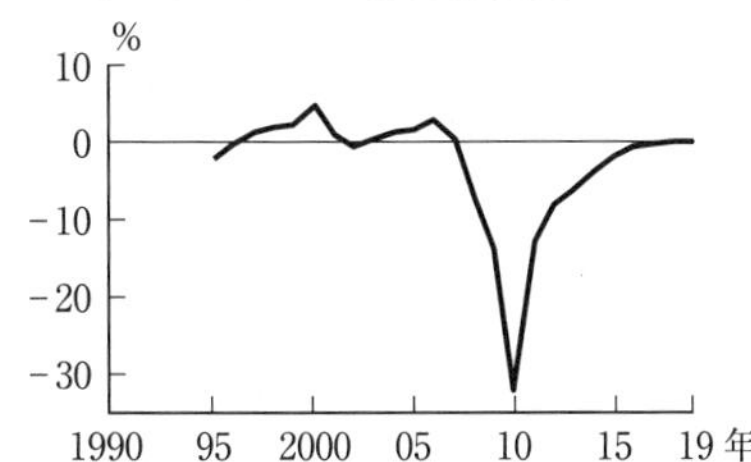


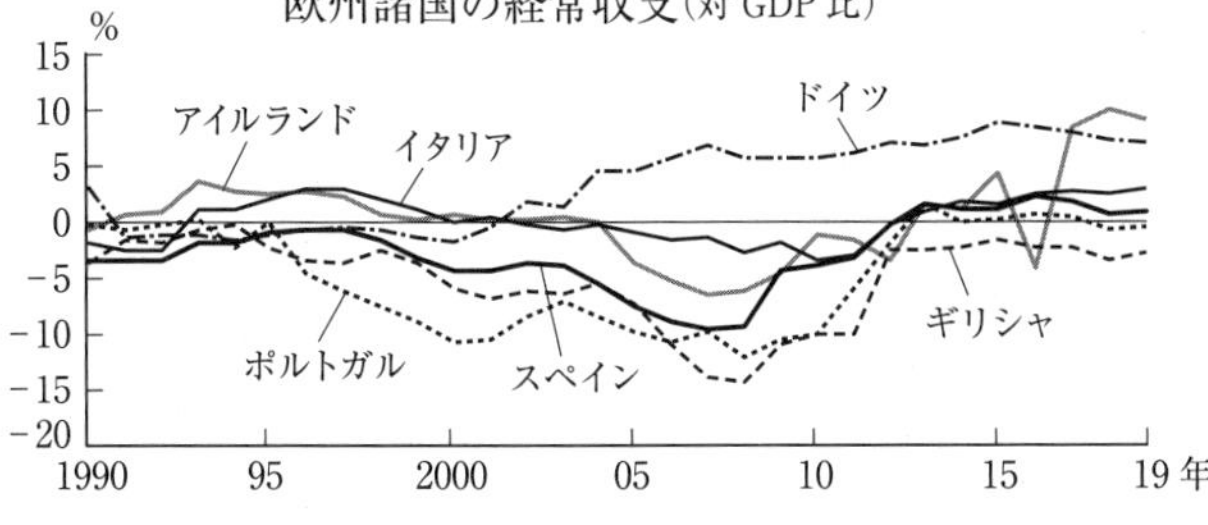


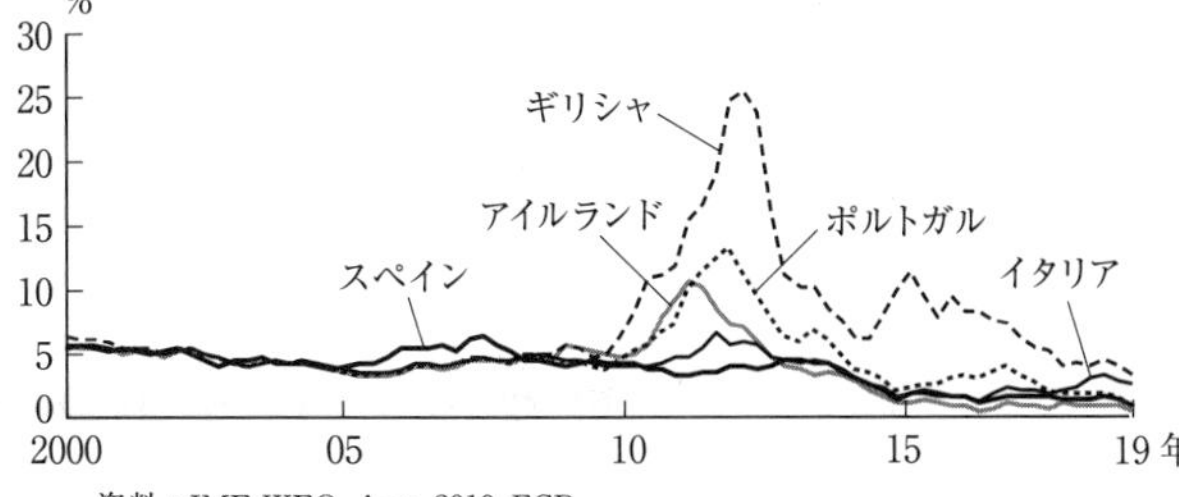


資料：IMF WEO, Apr., 2019, ECB.

**⑨中国の債務膨張とコロナ・ショック**　リーマン・ショック後、米国のサブプライム住宅ローンをベースにした証券化商品を多く保有していて損失を被った欧米の金融機関は困難に陥り、バランスシート調整を強いられた。その結果、多くの欧米諸国における家計、企業の債務は二〇〇九年以降一〇年を経てもほとんど増加しなかった。逆に、そうした問題の経験が比較的薄かった一部の先進国などでは家計や企業の債務が二〇〇九年以降もかなりなペースで増加した。ただ、そうしたケースも中国の債務の膨張に比べれば比較的限定的にさえ見える。

リーマン・ショックを受けて、中国政府は四兆元(六〇兆円に近い)の超大型景気対策を打ち出し、それは世界経済の下支えとなった。しかし、その結果、国内において大規模な債務の膨張が起こり、住宅価格の大幅な値上がりや過大投資を発生させた。中国政府も特に非金融法人の債務(八割近くは国営企業といわれる)を絞ろうとしてきていた。しかし、コロナ禍に直面して、再度緩和策をとらざるを得なくなったが、それは中国の債務膨張問題を悪化させるだろう。

二〇二〇年のコロナ禍では国際的に張り巡らされたサプライ・チェーンが機能停止に陥り、その過程で多くの経済がいかに中国に強く依存するようになったかの認識が高まった。それは、生産の国内回帰とともに、中国に集中してきた投資を分散化する動きを強めている。一九九〇年に入って以来二〇一九年までの間に中国が受け入れてきた直接投資額(二・三兆ドル)はアメリカ(五・四兆ドル)に次いで大きく、イギリス(二・〇兆ドル)をも凌ぐ。中国以外の東アジア諸国が投資先として今後プレゼンスを高めるだろう。

主要国における民間非金融部門の債務残高の変化(2009-18年)

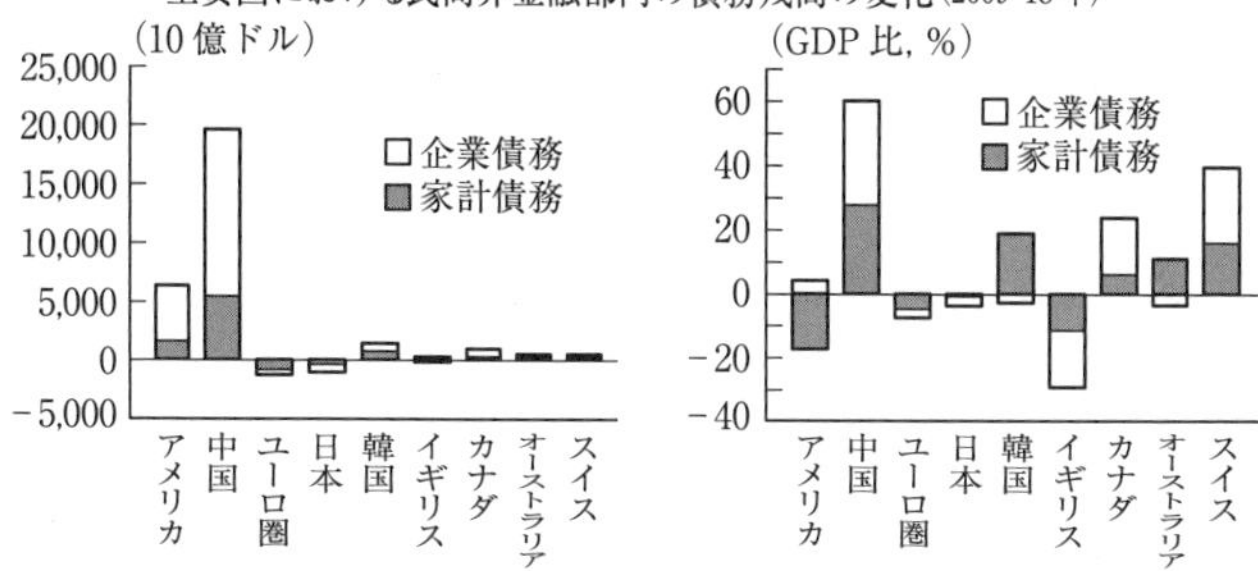


資料：BIS Statistical Bulletin, December 2015, June 2019.

中国の国内債務証券発行残高

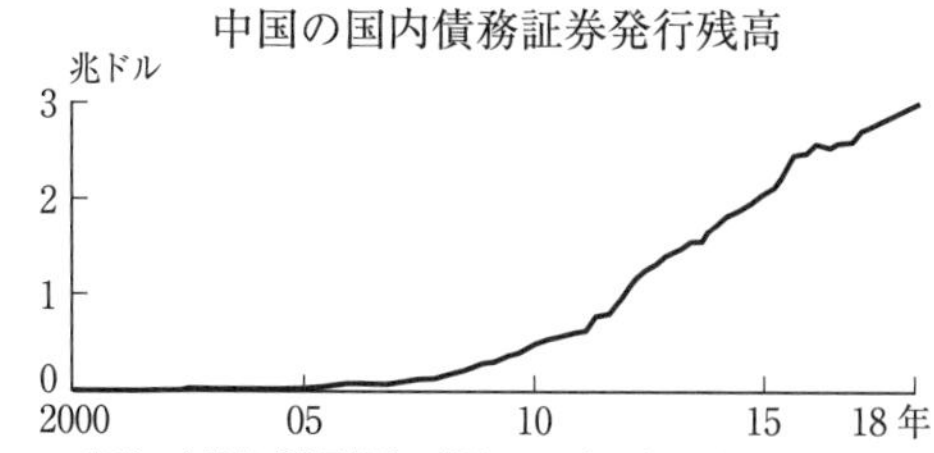


出所：内閣府「世界経済の潮流 2018年Ⅰ」及びBIS Statistical Bulletin, June 2019.

アジアを中心とした主要国の対内直接投資の推移

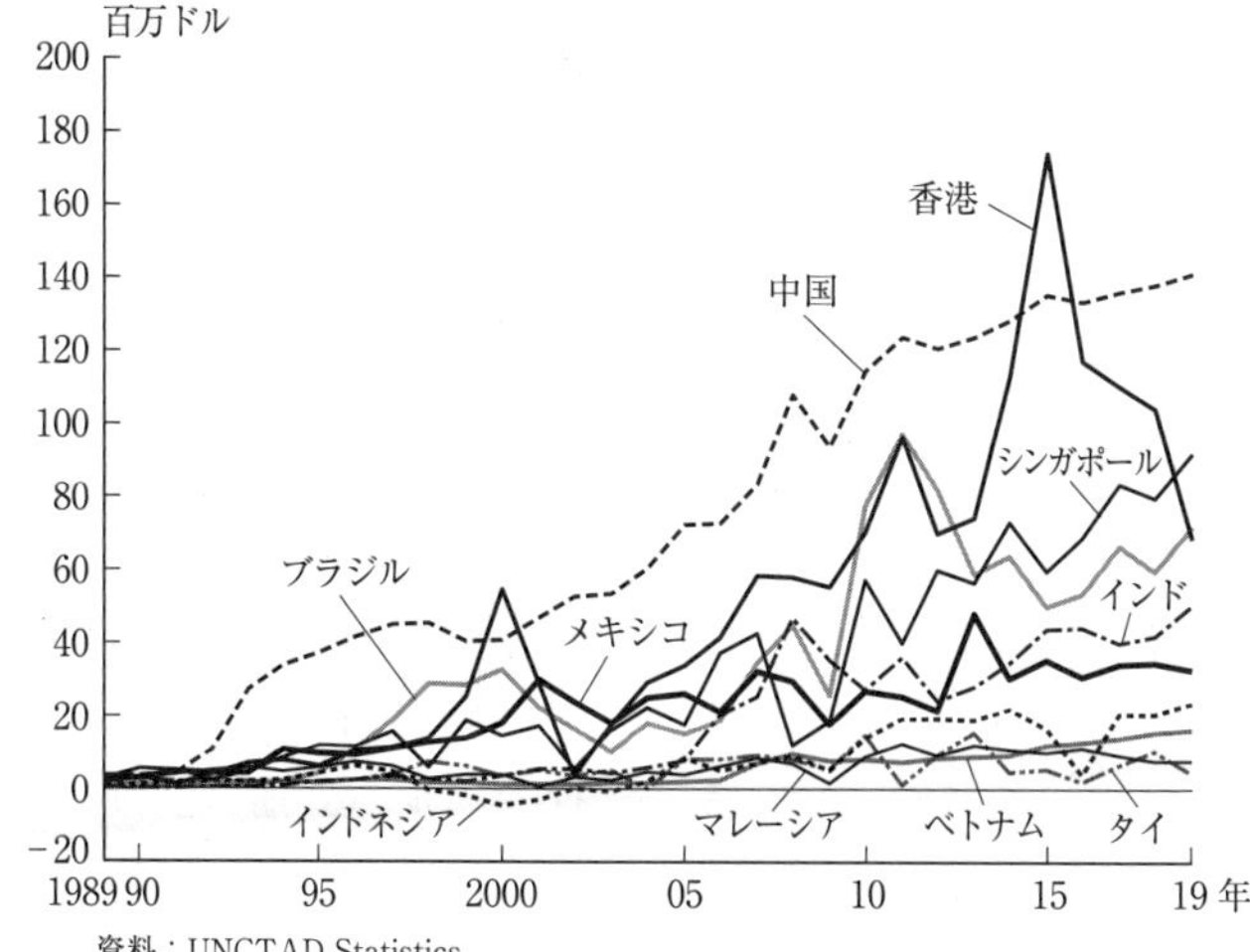


資料：UNCTAD Statistics.

る。⑩行き過ぎた政策対応とその帰結　経済危機が次の危機をもたらすかに見える現象が続いてきている。最近に限っても、二〇〇〇年初めのアメリカを中心としたITバブルの崩壊に対し、米連銀は思い切った緩和とその後の緩やかで予想可能な形での引き締めを行ったが、それが米国の住宅ローンバブルを発生させた側面がある。そうした連銀の政策対応は、それに先立つ日銀のバブル崩壊後の対応に対する批判から生まれた面がある。「バブルが崩壊しても、思い切った政策対応を迅速に行えば、その後の経済停滞は避けられる」との考えである。さらに、米国の住宅ローンバブルの崩壊は南欧諸国の金融危機をもたらした側面があるし、中国における家計・企業の債務膨張をもたらす原因にもなった。共通するのは、一つの危機が次の危機をもたらす面があり、その元凶は行き過ぎた政策対応にあるようにみえる。

二〇二〇年に入り世界は新型コロナウイルスの蔓延に直面した。戦後最大の景気後退に陥ることになりそうである。各国とも大規模な財政支援に乗り出している。よほどの副作用(国債金利等の上昇)がない限りだれも反対しにくい。日米欧金融当局は〝量的金融緩和(国債等の買い入れ)〟を一段と強め、金利の上昇を抑え込んだ。これは、中央銀行による〝財政赤字の貨幣化〟に近い。その結果として各国においていったんは下がった資産価格も上昇した。今後、事態が鎮静化していったとき、どんなことが起こるだろうか。金利が若干でも上昇し始めたとき、債務を大幅に積み増した国、企業、個人の一部が厳しい事態に直面するだろう。行き過ぎた政策はその契機は何であっても、それが危機をもたらしたり、それを増幅することになる。

# 十　世界経済の構造変化

「我々は、Ｇ20を我々の国際経済協力に関する第一のフォーラムとして指定した」
（Ｇ20ピッツバーグ・サミット首脳声明、二〇〇九年九月二四・二五日）

**①市場経済の諸形態**　同じ市場経済といっても、歴史、伝統、文化などによってさまざまな形態がある。過度の単純化による弊害を恐れずに言えば、アングロ・アメリカ型、大陸欧州（またはライン）型、日本型が考えられ、多くのアジア諸国でも日本型市場経済の特徴がみられる。

他方、中国は社会主義市場経済をめざしており、土地・大企業は国有である一方、中小企業は民間企業で、金融機関は規模の大きいものは国有、公有である。アングロ・アメリカ型の特徴は、市場の機能を重視し、供給者の自由な競争と需要者の選択の自由と自己責任が求められる。望ましい政府とは、市場に介入せず、公正で効率的なこと。その一方で、ボランティア活動などが盛んである。

これに対し、大陸欧州型、日本型では市場と社会の関係が重視され、取引を長期的関係で捉える傾向がある。大陸欧州では労働者、地域社会が、日本では労働者、顧客が重視される。これらを反映して、企業は、米英では株主のものと考えられ、株主利益が最優先されるのに対して、大陸欧州、日本ではすべてのステークホルダー（利害関係者）のものとみなされ、雇用が優先される。経済活動分野での国家（政治）権力も比較的大きい。

近年、アングロ・アメリカ型企業もさまざまなステークホルダーの利益や、ESG（環境・社会・企業統治）を重視するようになってきている。他方、金融資本市場の一体化に直面して、欧州企業や日本企業も株主利益をより意識したり、ESGも重視してきている。この背景には、世界経済の一体化の進展とともに、社会問題、環境問題が深刻化してきていることを示している。

## 主要国・地域のGDP成長率

（%）

| | 実質GDP，年平均成長率 | | 1人当たり実質GDP，年平均成長率 | |
|---|---|---|---|---|
| | 1950-73 | 1973-98 | 1950-73 | 1973-98 |
| アメリカ | 3.93 | 2.99 | 2.45 | 1.99 |
| 西ヨーロッパ17ヵ国平均 | 4.81 | 2.11 | 4.08 | 1.78 |
| 東ヨーロッパ7ヵ国平均 | 4.86 | 0.73 | 3.79 | 0.37 |
| 旧ソ連 | 4.84 | −1.15 | 3.36 | −1.75 |
| 日　本 | 9.29 | 2.97 | 8.05 | 2.34 |
| 中　国 | 5.02 | 6.84 | 2.86 | 5.39 |
| インド | 3.54 | 5.07 | 1.40 | 2.91 |
| 上3ヵ国除くアジア53ヵ国平均 | 6.05 | 4.67 | 3.56 | 2.40 |
| 中南米44ヵ国平均 | 5.33 | 3.02 | 3.53 | 0.99 |
| アフリカ57ヵ国平均 | 4.45 | 2.74 | 2.07 | 0.01 |

出所：アンガス・マディソン「経済統計で見る世界経済2000年史」柏書房，2004年．

## ROE（自己資本利益率）の国際比較

| | ROE（%） |
|---|---|
| 日本（TOPIX 500） | |
| 製造業 | 8.36 |
| 非製造業 | 9.10 |
| 合計 | 8.55 |
| アメリカ（S & P 500） | |
| 製造業 | 18.15 |
| 非製造業 | 13.96 |
| 合計 | 15.68 |
| 欧州（BE 500） | |
| 製造業 | 13.41 |
| 非製造業 | 12.86 |
| 合計 | 13.18 |

注：BE 500はブルンバーグ・ヨーロピアン500．表の数値は2016年度の中央値．
資料：経済産業省「伊藤レポート2.0 持続的成長に向けた長期投資（ESG・無形資産投資）研究会報告」2017年10月26日．

## 日米独中の年平均実質GDP成長率の推移

（%）

| | 50年代 | 60年代 | 70年代 | 80年代 | 90年代 | 2000年代 | 2010年代 |
|---|---|---|---|---|---|---|---|
| 日本 | 7.7 | 10.4 | 5.2 | 3.8 | 1.6 | 0.5 | 1.4 |
| アメリカ | 3.5 | 4.5 | 3.2 | 3.1 | 3.2 | 1.9 | 2.3 |
| ドイツ | 7.5 | 4.8 | 3.3 | 2.0 | 2.2 | 0.8 | 2.1 |
| 中国 | - | - | - | 9.8 | 10.0 | 10.4 | 7.8 |

注：50年代は1955年以降，2010年代は2018年まで．
資料：US BEA, Bundesbank，内閣府，IMF．

②世界経済の一体化　それぞれの国で分業体制が進んでくると、経済発展はそれだけ進んでくる。同時に「規模の経済」と「比較優位」のメリットを享受するために、開放政策・自由化政策が推進されると、発展はより加速される。これが市場経済のメリットであり、第二次大戦後はGATT（関税と貿易に関する一般協定）を軸にして世界経済は成長・発展してきた。その過程でモノ、ヒト、カネ、技術、情報が国境を越えて移動するようになり、経済がグローバル化してきた。しかし、一体化は主権を持つ国家間の利害が十分に調整されずに、摩擦や対立が生じたりもする。また、世界経済が貿易を通して一体化することによって、先進経済の産業構造転換圧力や、高賃金国の労働者の賃金に下方圧力もかかってくる。

さらに、新型コロナウイルス禍に直面して世界経済は戦後最大の景気後退に直面したが、主要経済がグローバル化によってお互い分かちがたく強く結びつくようになり、後退が増幅された面がある。戦後期をいくつかに分け、いくつかのグループ国間における経済成長率の相関をみると、いかに各グループ国間の成長率が連動するようになってきたかがわかる。たとえば、一九五一―一九九〇年の期間における西ヨーロッパ一六カ国、米加豪NZ四カ国と東アジア一六カ国の実質経済成長率の相関係数は〇・二一―〇・二四であった。しかし、そうした先進国と新興・開発途上国の間の経済成長率の相関係数は時とともに高まり、二〇一〇―二〇二〇年には〇・九以上にもなってきた。コロナ禍を契機にこれまでのグローバル戦略を再考する動きもある。今後の世界経済を考える上で重要な点の一つは、経済のグローバル化がどうなっていくかだろう。

## 世界の主要貿易国

(世界の財輸出総額に占める割合が1%以上の国)

(1980年)

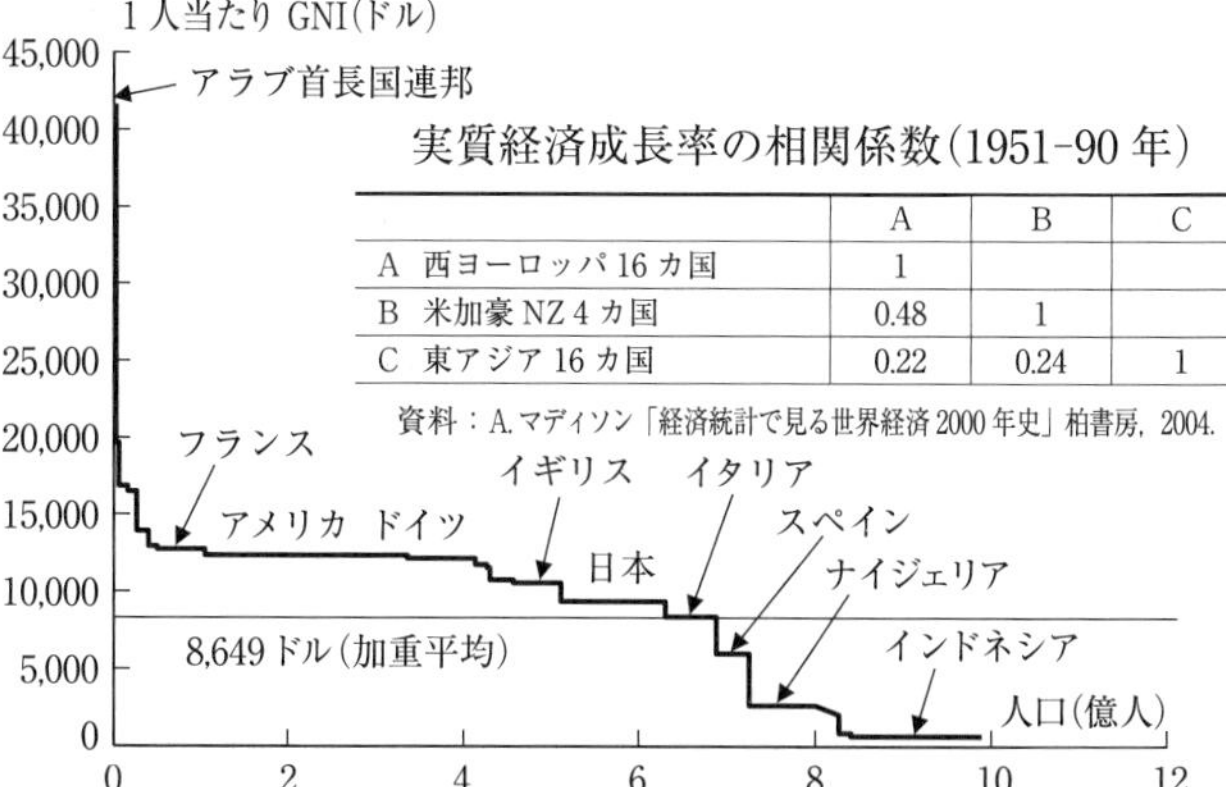


実質経済成長率の相関係数(1951–90年)

| | A | B | C |
|---|---|---|---|
| A 西ヨーロッパ16カ国 | 1 | | |
| B 米加豪NZ 4カ国 | 0.48 | 1 | |
| C 東アジア16カ国 | 0.22 | 0.24 | 1 |

資料：A.マディソン「経済統計で見る世界経済2000年史」柏書房，2004.

(2017年)

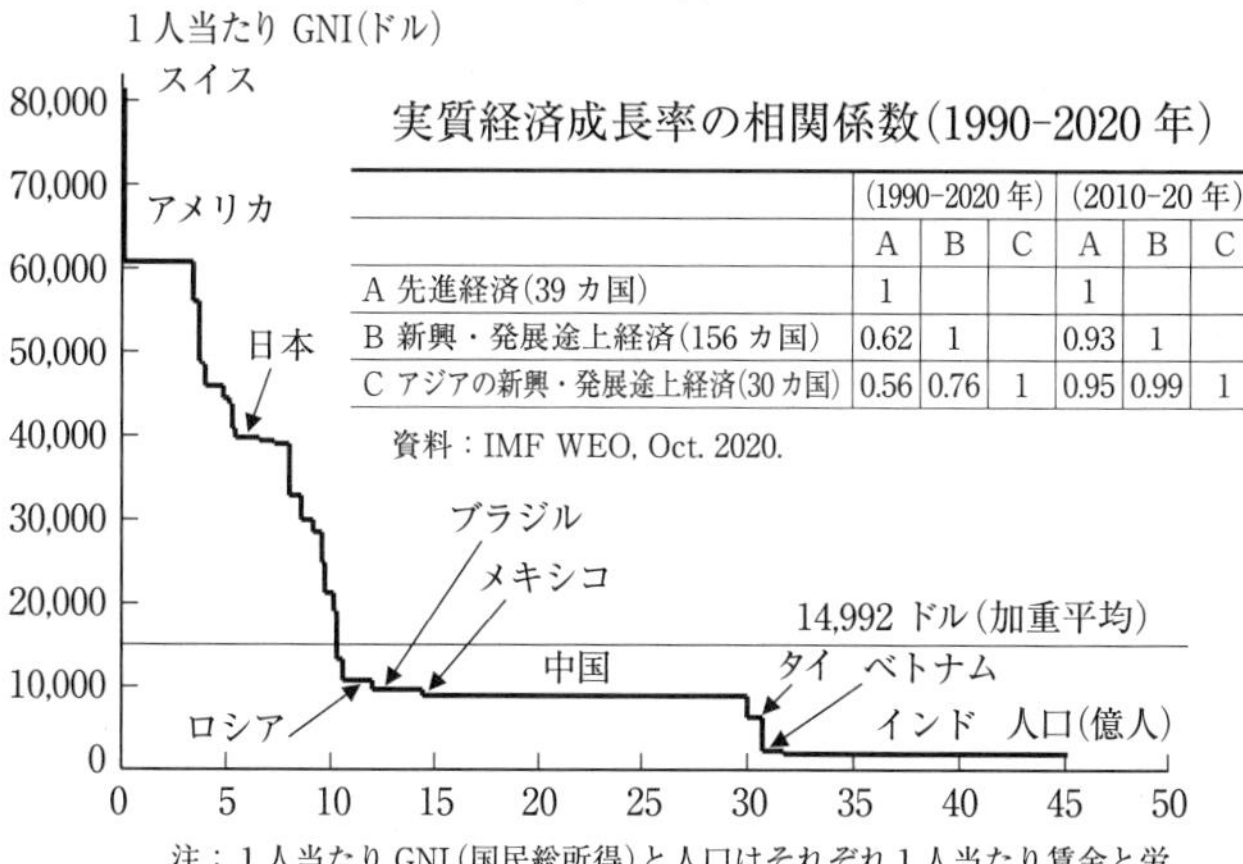


実質経済成長率の相関係数(1990–2020年)

| | (1990–2020年) | | | (2010–20年) | | |
|---|---|---|---|---|---|---|
| | A | B | C | A | B | C |
| A 先進経済(39カ国) | 1 | | | 1 | | |
| B 新興・発展途上経済(156カ国) | 0.62 | 1 | | 0.93 | 1 | |
| C アジアの新興・発展途上経済(30カ国) | 0.56 | 0.76 | 1 | 0.95 | 0.99 | 1 |

資料：IMF WEO, Oct. 2020.

注：1人当たり GNI(国民総所得)と人口はそれぞれ1人当たり賃金と労働者数の代理変数で，上のグラフは貿易を通して世界経済に本格的に参加する低賃金労働者の増加，つまり低所得途上国を含めた世界経済の一体化が本格的に進んできたことを示している．特に，加重平均所得に比べて所得の高い国の労働者の賃金には低下圧力がかかってきたと考えられる．

資料：UNCTAD Stat, 2019.

**③覇権国としてのアメリカ**　約三〇年近く前のこの『図説』初版の出版時、アメリカは双子の赤字(財政・経常収支の赤字)に苦しみ、ドル価値も下落し、「パックス・アメリカーナの終わり」が語られていた。二〇年前の二〇〇〇年初めの第二版の出版時には、IT関連株価の上昇もあってアメリカ経済は活況を呈し、アメリカ経済は復活したかにみえた。その後、ITバブルは崩壊したが、次の住宅バブルに支えられてアメリカ経済は世界経済の牽引役を担い続けた。しかし、二〇一二年の第三版出版時には、その住宅バブルが崩壊し、アメリカ経済は低迷期に入ったかにみえた。その後アメリカ経済はデジタル・エコノミーの先進国として活況を呈したが、二〇二〇年に入って新型コロナウイルス禍に遭遇することで景気後退に直面している。

圧倒的な経済力と軍事力に支えられたアメリカの覇権は、長い世界の歴史からみれば、二〇世紀に入ってからのことで、そう長く続いてきたわけでもない。その絶頂期は第二次大戦直後あたりだったのではないか。その後、欧州と日本の復興によって、また最近では、中国を中心とした新興国の台頭によって、その相対的な経済力は低下傾向にある。その間にも、一〇年単位くらいでみると、下降と上昇を繰り返してきたということだろう。

覇権国としてのアメリカは長期的にはその力を失いつつある。ただ、そうした傾向はかなり緩やかなものだった。ドル価値も一般に考えられているより安定している。近年の欧州・日本経済の相対的な低迷を考えると、アメリカの覇権国としての地位の低下スピードは、中国の追い上げいかんにかかっている。

世界の実質 GDP の国別・地域別シェア推計の歴史的推移

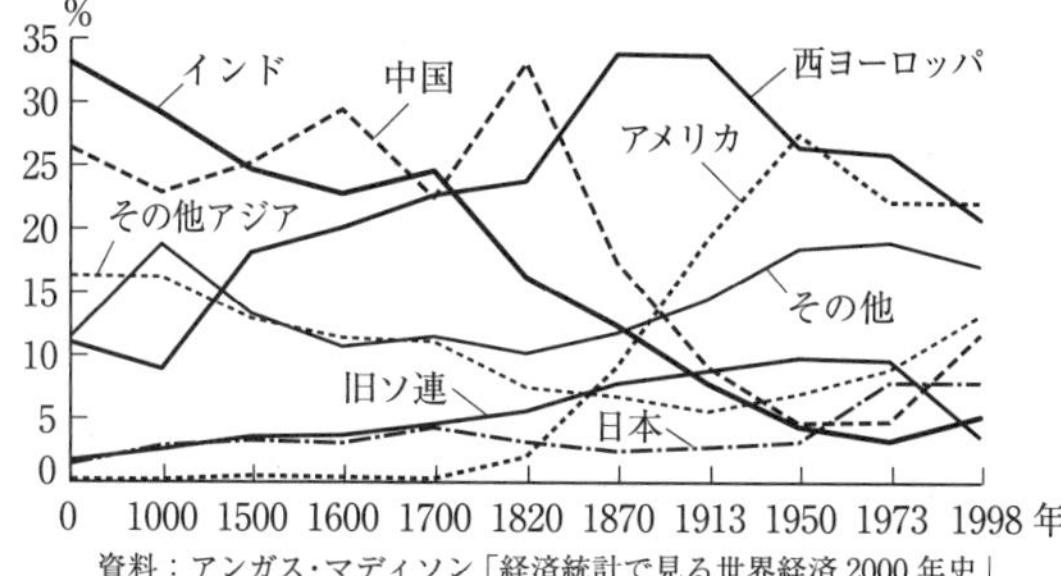


資料：アンガス・マディソン「経済統計で見る世界経済 2000 年史」柏書房, 2004 年.

米中日の GDP(購買力平価ベース)の世界に占める割合の推移

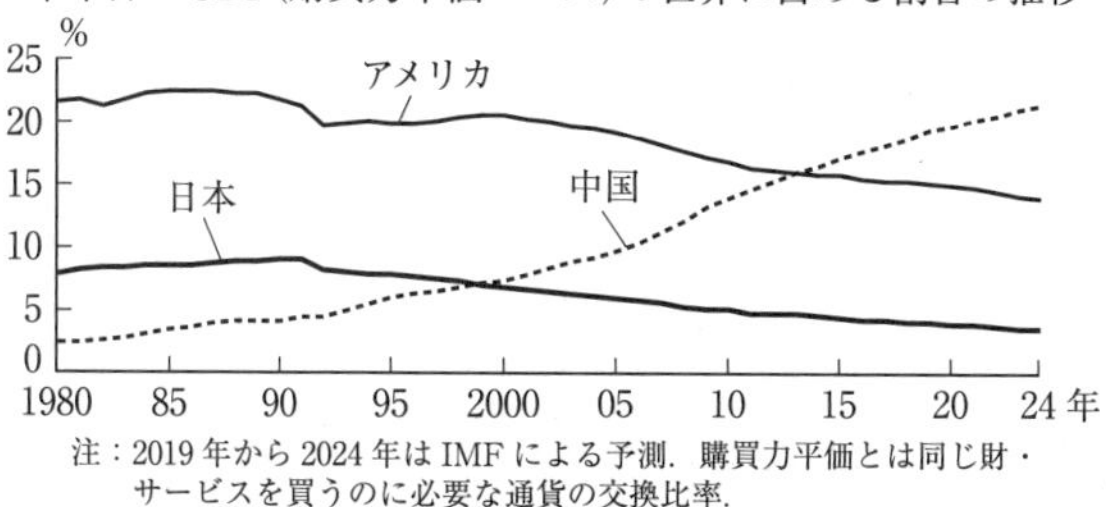


注：2019 年から 2024 年は IMF による予測. 購買力平価とは同じ財・サービスを買うのに必要な通貨の交換比率.

米中日の米ドル建て名目 GDP の世界に占める割合の推移

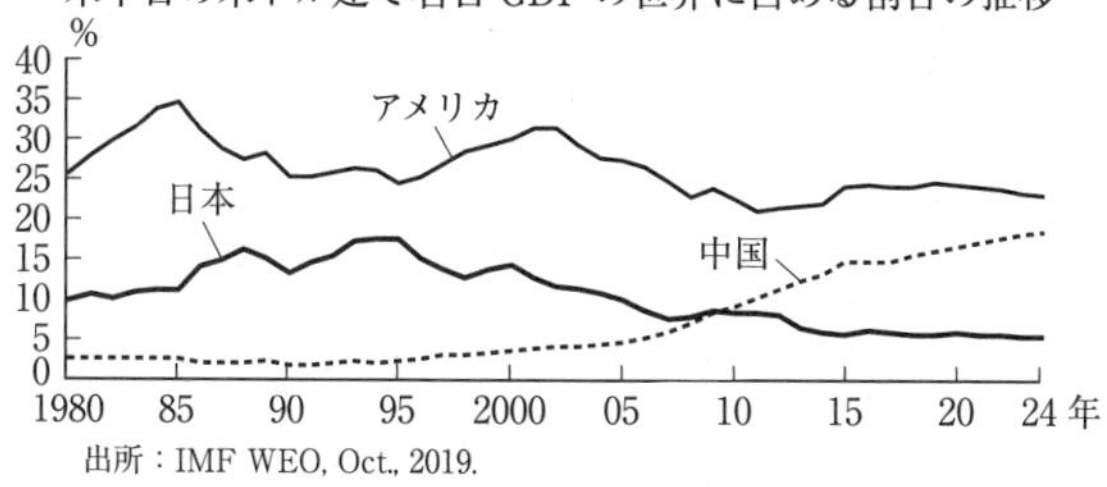


出所：IMF WEO, Oct., 2019.

ドル/円の実質実効レートの推移(1973 年＝100)

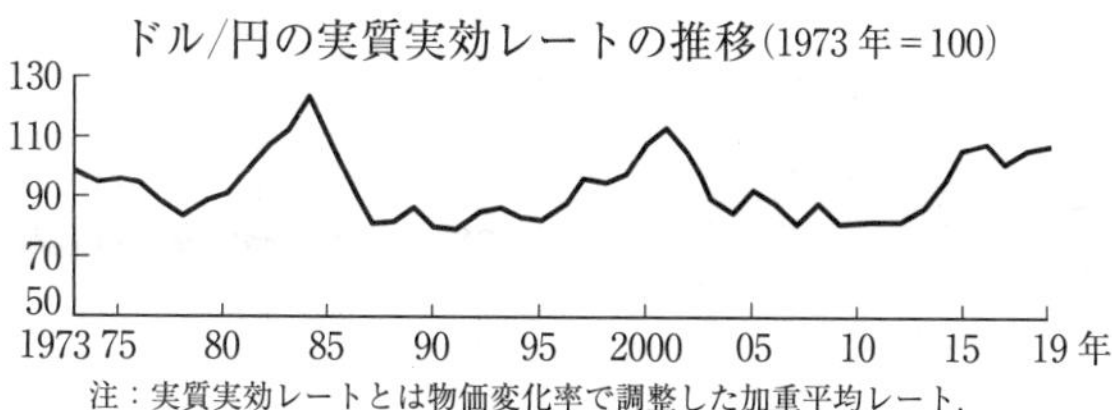


注：実質実効レートとは物価変化率で調整した加重平均レート.

④ＥＵ・ユーロの挑戦　第二次大戦後、欧州諸国は、繰り返された戦争の歴史に終止符を打つため、統合の動きを徐々に強め、二七ヵ国からなる欧州連合(ＥＵ)を形成するに至っている。人口でみると(ＥＵより小さい一九ヵ国からなる)ユーロ圏でみてもアメリカより若干大きいが、ＧＤＰの規模はＥＵでみてもアメリカに大きく水をあけられてきている(イギリスをＥＵに入れても変わらない)。当初、欧州が一体となれば、政治的・経済的にアメリカに匹敵する存在になれると考えられた。しかし、一つの国家――つまり、外交を一本化した主体――に向けてのＥＵの動きは非常に緩慢で、政治力でアメリカに匹敵する主体となることはより難しくなってきている。

ＥＵ諸国間の経済の一体化は進んできたし、特に、ユーロ参加国間の経済金融の結びつきが強まってきた。しかし、二〇一〇年のギリシャ危機以来、ユーロは間歇的に試練に直面してきている。当初から、財政政策の一本化をしないで、金融政策を一本化する問題は認識されていた。一部のユーロ参加国は、財政の健全化努力が不十分なまま、金融政策を一本化したメリットである低金利を享受してきた。それが時として市場の反乱にあい、財政健全化努力の不足した国々の国債価格を下落させ、金利を上昇させた。この問題は、ドイツの財政黒字が二〇一〇年代に入ってから続いていることもあり、その他の国々の財政健全化のハードルが引きあがっており、解決がより困難になっている。

そうした問題もあって、ユーロは、公的準備通貨、国際取引の表示通貨や決済通貨として、ドルに次ぐ地位を占めているが、米ドルに取って代わる勢いはない。

ドル/ユーロ・レートの推移

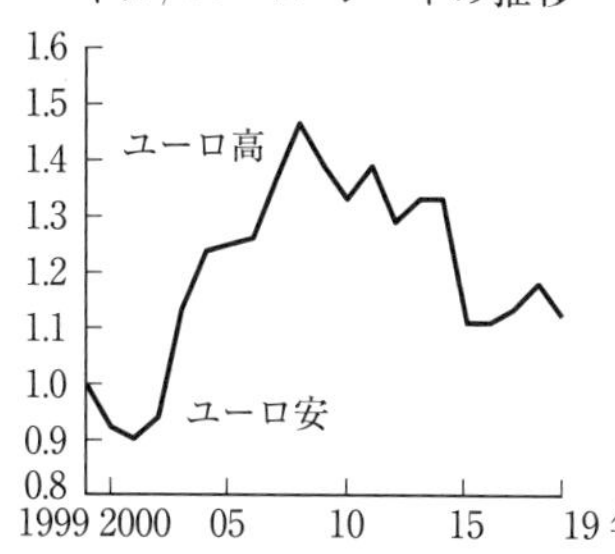


世界の外国為替市場取引の通貨別割合

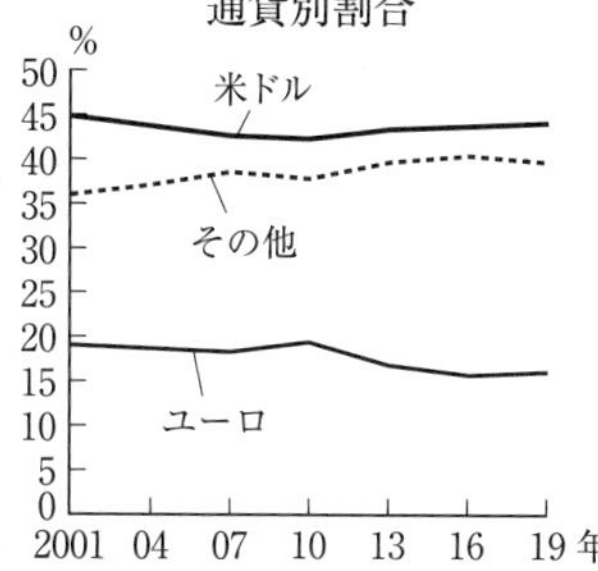


資料：「Triennial Central Bank Survey, Foreign exchange turnover in April 2019」Sep., 2019, BIS.

公的外貨準備の通貨別内訳

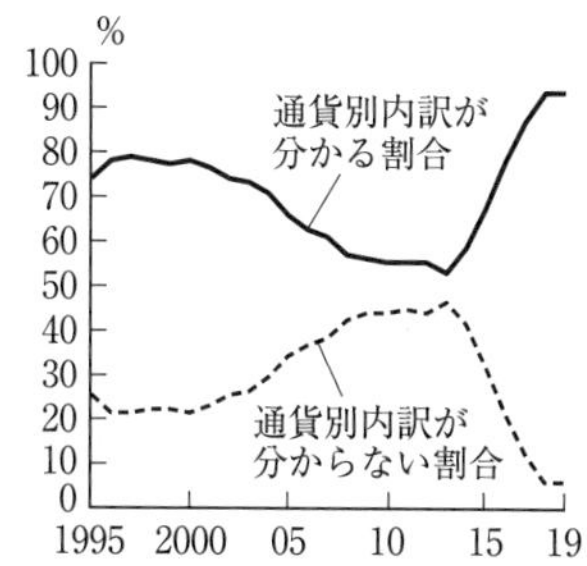


通貨別内訳が分かる部分のドル, ユーロの割合

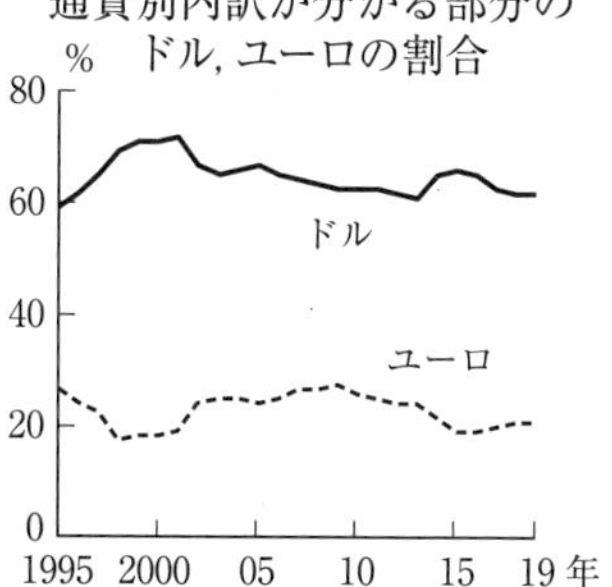


注：1999年以前のユーロの割合はドイツ・マルク, ECU, フランス・フラン, オランダ・ギルダーの合計. 各年の数字は年末値, 2019年は第2四半期末.
資料：Currency Composition of Official Foreign Exchange Reserves, IMF.

欧州連合, ユーロ諸国の相対的規模(2019年)

| | GDP(兆ドル) | 人口(億人) |
|---|---|---|
| 欧州連合(EU) | 15.5 | 4.5 |
| ユーロ諸国 | 13.3 | 3.4 |
| アメリカ | 21.4 | 3.3 |
| 中国 | 14.1 | 14.0 |
| 日本 | 5.2 | 1.3 |

注：EUの人口は2017年.
資料：IMF WEO, Oct., 2019.

名目GDPシェア
(2019年)

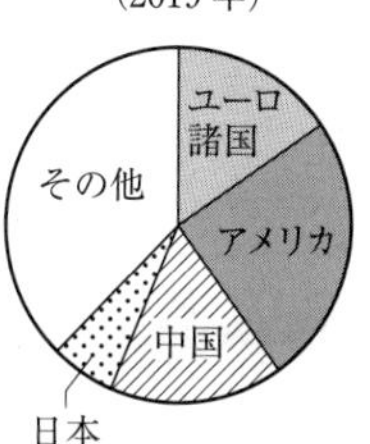

**⑤中国経済の躍進と今後**　中国経済は、一九八〇年代以降、国際的な貿易自由化の波に乗って貿易を大きく拡大させ、国内では鄧小平主席や朱鎔基首相のリーダーシップで改革を断行することで、年平均一〇％近い成長を続けるとともに、経済構造の近代化を進めた。二〇一〇年には日本を抜いて世界第二のGDPを持つに至り、財の輸出入総額は二〇一三年からアメリカを抜いて世界最大に、現在、輸入額は第二位となった。一人当たりGDPも二〇一九年には一万ドルを超えたとみられる。この間、経済構造は高度化してきたが、第一次産業の割合が比較的高いなど、全体として〝世界最大の開発途上国〟であることは、政府自身が認めているところである。しかし、中国政府は長期ビジョンを持っており、今後も比較的高い成長を続けることで「ややゆとりある社会」を、その後は社会主義現代化強国を目指すとしている。

高度成長の過程で、日本の高度成長とは異なった動向がみられる。その一つは、日本の場合と異なり、所得格差が拡大していることである。日本の場合、高度成長の過程で農業人口の多くが都市労働者となり、所得水準も高まり、所得格差が縮小したが、中国の場合は、人口が都市部に移動しても社会的経済的格差は縮小していない。それは、地方から移動してきた都市人口が必ずしもその生活水準を政治的社会的制約があって十分に改善させられなかったからである。今後は、農村からの移入人口に十分な住宅と社会資本を与えることが必要であり、中国政府も近年は都市流入者の社会的地位の改善と所得の引き上げに力を入れてきている。しかし、その成果は十分上がっておらず、「和諧」(調和)政策が依然重視される所以である。

## 中国の内政・外交の基本方針

**内政**：(1)2020年までに(実質ベースで)GDPと都市・農村住民の平均収入を2010年の2倍とする等，中国共産党結党百周年(2021年)までに「ややゆとりある社会(小康社会)」を実現する．(2)2035年までに「小康社会」の全面的完成を土台に「社会主義現代化」を実現した上で，建国百周年(2049年)までに富強・民主・文明・和諧(調和)の社会主義現代化強国を実現する．

**外交**：(1)国家主権，(2)国家の安全，(3)領土の保全，(4)国家の統一，(5)中国憲法が確立した国家政治制度，(6)経済社会の持続可能な発展の基本的保障を「核心的利益」と位置づけ．各国に尊重するよう求める．また，「中華民族の偉大な復興」のため「特色ある大国外交」を進め，積極的なインフラ輸出等を「一帯一路」イニシアティブとして推進する．

資料：外務省ＨＰ他．

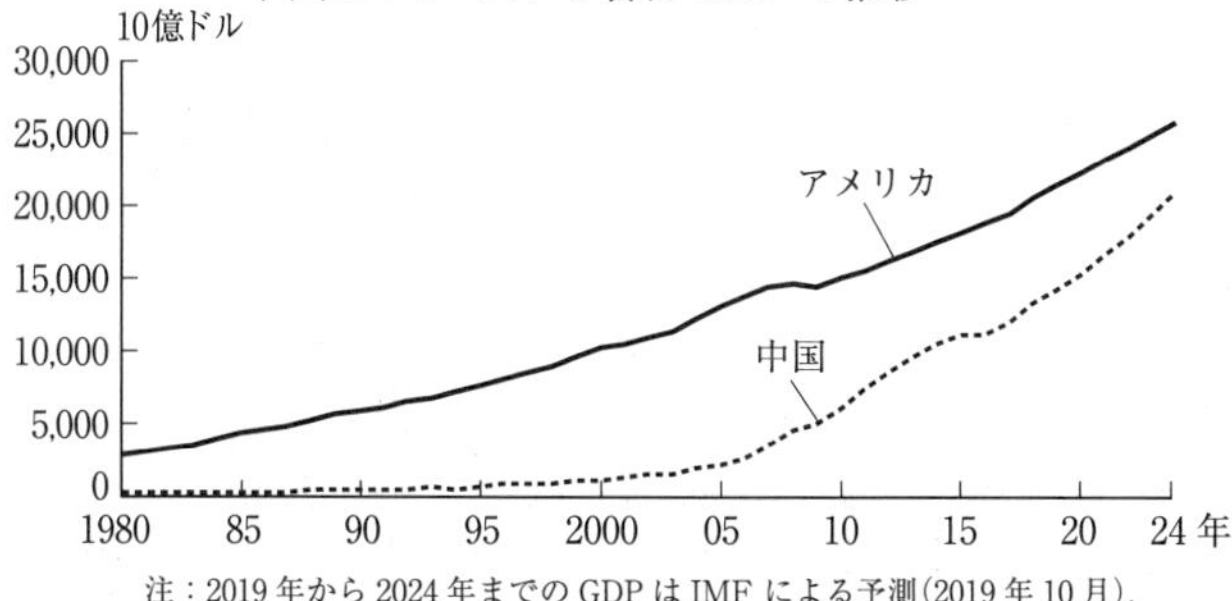

注：2019年から2024年までのGDPはIMFによる予測(2019年10月)．

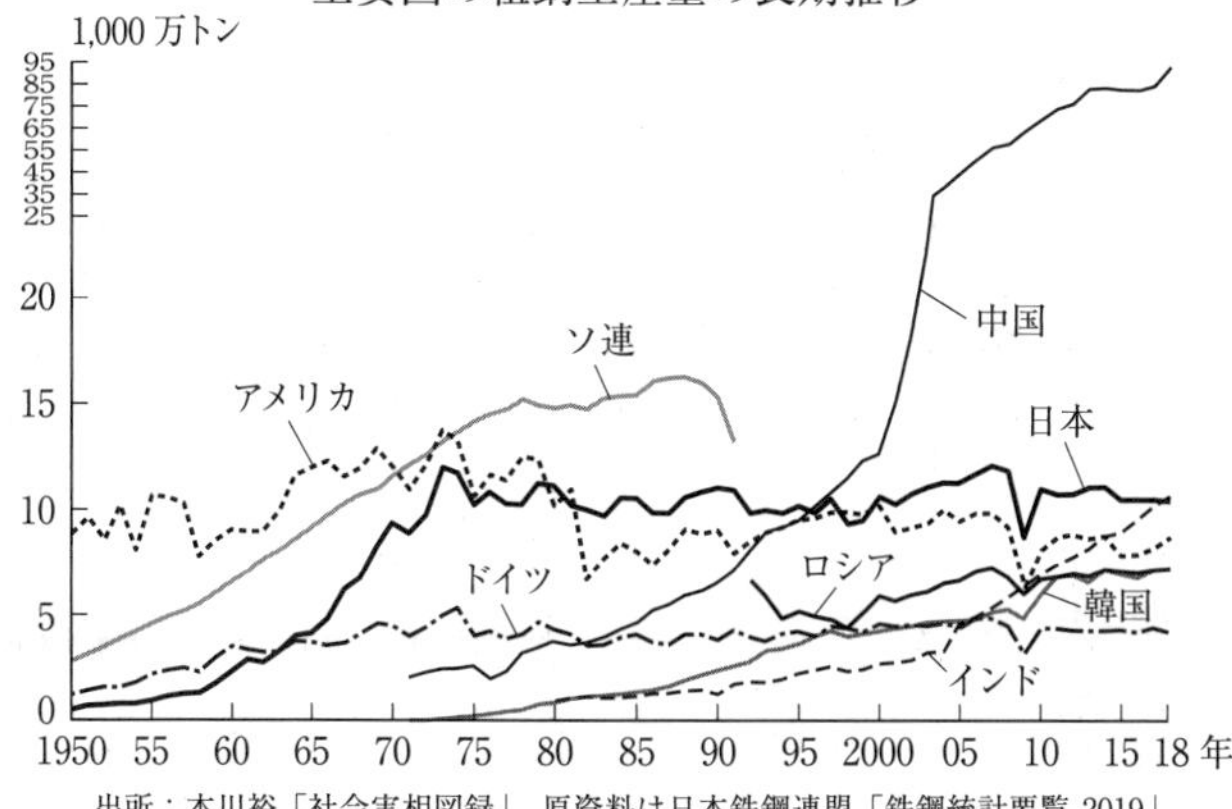

出所：本川裕「社会実相図録」，原資料は日本鉄鋼連盟「鉄鋼統計要覧2019」．

⑥中国の政治社会体制の行方　中国の政治経済体制についての重要な問題の一つは、その体制が本物の民主主義的なものであるかどうかである。民主主義は多様であり、中国には中国型の民主主義があって当然であり、そのこと自体に問題はない。

問題は政策形成に、いかに人々の意向(民意)が自由かつ平等に取り扱われているかである。日本でも「一票の重み」に格差があったり、実際の選挙で地盤、看板、カバン(選挙資金)に問題があったりするが、中国の場合には本当の意味での自由選挙が行われているのか批判する向きが、いわゆる反体制派側ではなく、現体制を肯定する人々の間にも存在する。政府のこのことに対する説明責任が十分果たされていないという指摘は多い。これは中央だけでなく、地方の指導層を選ぶ選挙についてもいえることである。また、情報の開示についても従来から内外で批判があり、新型コロナウイルス発生時の対応についてもより早期の開示が必要だったとの見方がある。

経済面についても、中国の場合、国有企業と民間企業の間での政策適用について、〝差別〟があると指摘されている。日本の場合でも、その証拠が明示されていない場合が多いが、大企業(中国の場合、国有企業)が優先され、民間の中小企業は全般的に冷遇されているともいわれている。中小企業＝非効率、大企業＝効率的という見方が日本と同じく中国でも多い。農業についても、切り捨て論が中国でも聞かれる。国際競争力重視ということで差別があるというのである。企業の取扱について本来〝差別〟があってはならないが、差別が国策上必要だという場合には、情報開示と説明責任が日本の場合でも中国の場合でも必要である。

## 中国の政治・社会体制

中国共産党

全国代表大会，5年に1度，2,000人強の代表(憲法で「中国共産党が人民を指導する」)

中央委員会(上を代行)，年1回，約200人(この他，百数十人の中央委員候補)

中央政治局会議，25人

中央政治局常務委員会，7人(総書記を筆頭にここでの序列がすべてに優先)

中央軍事委員会，7人(主席，副主席2人，他4人，習主席以外は軍人)：人民解放軍(約200万)，武装警察(約150万)，民兵(約600万)を指揮

中央規律検査委員会

(党員は2018年末で9,059万人，各地で優秀な人が選ばれる)

全国人民代表大会(全人代)，年1回(国会に相当し，人民大会堂が国会議事堂にあたる)

立法府であり，最高権力機関として行政，司法，検察に優越

代表(議員，任期5年)，3,000人弱

省，直轄市，特別行政区，自治区および人民解放軍から選出され，約70%が共産党員とされる．県以下の代表選挙では一般人も投票できるが，全人代代表はそうして選ばれた人による間接選挙

全人代常務委員会，この下に9委員会(財政経済委員会など)と6機構

国務院(政府に相当)

総理，副総理(4人)，国務委員(5人)(首相，副首相，大臣に相当)

27の部(省に相当，部長は大臣ないし次官に相当)(ここに人民銀行も分類)

(14の国務院各部・委員会管理下の国家局)

14の機構(長は長官に相当)

9の事業単位(中国社会科学院，国務院発展研究センターなど)

2弁事機構

この他，国務院弁公庁，国務院直属特設機構

国家軍事委員会(メンバーは共産党中央軍事委員会と同じ)

最高人民法院(最高裁に相当)

下級の人民法院(高級，中級，基層)を指揮・監督

判事(裁判官)，弁護士制度，陪審員制度がある

最高人民検察院(最高検察庁に相当，上部組織は国務院司法部)

下級の人民検察院(高級，中級，基層)を指揮・監督

行政区分：省級(23省，4直轄市，2特別行政区，5自治区)，地級(地，副省級市/省都，地級市，副省級区，副省級自治州，自治州，アイマク(盟))，県級(県，県級市，市轄区，自治県，旗，自治旗，日本の郡や市に近い)，郷級(郷，鎮，県轄市，街道，民族郷，ソム，民族ソム，日本の町に近く，この下に村がある)

⑦「アラブの春」、その後　二〇一〇年末のチュニジアから始まった民主化の動きは、多くの北アフリカ、中東諸国を巻き込み、一部では政権の交代をもたらした（チュニジア、エジプト、リビア、イエメン）。歴史的には、一九七〇年代半ばからのアジアにおける民主化運動による権威主義体制の転換（フィリピン、台湾、タイ、インドネシア）、八〇年代における東欧革命（ポーランド、ハンガリー、チェコスロバキア、ルーマニアなど）に次ぐ民主化の波であった。中東・北アフリカは、通常の選挙による指導者の選択が制限された専制、独裁を特徴とする権威主義体制をとってきた国が多く、権力の集中で腐敗に陥りやすかった。また、長期政権が多く、石油輸出に依存する割合が大きい国が多いことも、そうした弊害を助長する傾向があった。

この地域の経済パフォーマンスをみると、経済成長率が特に低かったわけでもないし、貧富の差も（データが不明の首長国や君主国を除くと）中南米ほどではなかった。しかし、失業率が高く、インフレ率も高かった。また、この地域は、既得権の維持が優先され、経済の改革・解放は緩慢にしか行われてこなかったし、言論や政治選択の自由が制限されてきた。

ほとんどの独裁者が失脚した諸国は、長期にわたる専制的抑圧によって受け皿となる政党の基盤が不足していたこともあって、政治的混乱が続き、経済的困難が続いてきている。首長制、君主制をとるいくつかの国では、民意を取り入れる改革や強権の発動によって、体制の維持に成功してきた。しかし、高所得国で石油・天然ガス資源に富んだ国々も、今後の資源価格の動向によっては再び民主化要求の高まりに直面する可能性があるだろう。

## 2010年末に始まる「アラブの春」による長期政権批判のその後

| 国 | 政体 | 政権批判の結果とその後 |
|---|---|---|
| チュニジア | 共和制 | ベン・アリ大統領(23年)失脚, 2014年新憲法, 経済的困難継続 |
| リビア | 民主制 | カダフィー政権(42年)崩壊, 政治不安と経済的困難継続 |
| エジプト | 共和制 | ムバラク大統領(30年)辞任, 政治不安と経済的困難継続 |
| イエメン | 共和制 | サーレハ大統領(34年)退陣, 新憲法制定, 内戦もあり政治不安継続 |
| イラク | 共和制 | 2003年, イラク戦争でフセイン政権(24年)崩壊, その後内戦継続 |
| シリア | 共和制 | 1970年からアサド家支配, 反政府勢力との内戦継続 |
| アルジェリア | 共和制 | 新憲法の提案と実現, 2019年ブーテフリカ大統領(20年)辞任 |
| バーレーン | 立憲君主制 | 反政府デモが発生, GCCの軍事介入, 憲法改正, 改革の動きは頓挫 |
| モロッコ | 立憲君主制 | 国王権限を縮小する憲法改正で対応, その後安定 |
| クウェート | 首長制 | 反政府デモの継続, 国民議会の混乱もあったが, その後沈静化 |
| ヨルダン | 立憲君主制 | 改革求める抗議活動へは改革の実施で対応, 大量難民の存在が問題 |
| オマーン | 君主制 | デモが発生, 政治改革(議会に立法権, 監査権付与)もあり, 安定化 |
| アラブ首長国連邦 | 首長国連邦制 | テロ対策強化, 反政府活動は表面化せず |
| サウジアラビア | 君主制 | 湾岸危機後の内政改革もあって, 反政府活動は表面化せず |
| カタール | 首長制 | 人口小規模国・高所得国で平穏継続 |
| ソマリア | 連邦共和制 | 1991年以降無政府状態, 内戦状態の継続と外からの安定化への働きかけ |

## 中東・北アフリカの経済とそのパフォーマンス

| | 名目GDP 10億ドル | 1人当たりGDP, ドル | 平均実質経済成長率 | | 平均インフレ率 | | 平均失業率 | 平均経常収支, % |
|---|---|---|---|---|---|---|---|---|
| | 2019 | 2019 | 2000–09 | 2010–19 | 2000–09 | 2010–19 | 2015–19 | 2015–19, GDP比 |
| サウジアラビア | 779.3 | 22,865 | 3.5 | 3.4 | 1.6 | 2.0 | 5.8 | 0.5 |
| イラン | 458.5 | 5,506 | 4.8 | 4.3 | 14.7 | 21.1 | 13.4 | 1.9 |
| アラブ首長国連邦 | 405.8 | 37,750 | 5.1 | 3.4 | 5.6 | 1.5 | – | −3.3 |
| エジプト | 302.3 | 3,047 | 5.0 | 3.9 | 7.1 | 12.8 | 11.5 | −4.2 |
| パキスタン | 284.2 | 1,388 | 4.7 | 4.0 | 7.6 | 7.4 | 6.0 | −3.6 |
| イラク | 224.5 | 5,738 | 13.7 | 5.4 | 12.2 | 20.4 | – | −1.9 |
| カタール | 191.8 | 69,688 | 12.3 | 5.5 | 5.7 | 1.3 | – | 4.3 |
| アルジェリア | 172.8 | 3,980 | 3.9 | 2.9 | 3.2 | 4.7 | 11.5 | −13.7 |
| クウェート | 137.6 | 29,267 | 5.5 | 1.7 | 3.0 | 2.9 | 1.3 | 5.9 |
| モロッコ | 119.0 | 3,345 | 4.8 | 3.7 | 1.9 | 1.2 | 9.8 | −3.9 |
| オマーン | 76.6 | 17,791 | 3.5 | 3.2 | 2.6 | 1.7 | – | −12.6 |
| レバノン | 58.6 | 9,655 | 5.1 | 1.9 | 2.2 | 3.1 | – | −24.0 |
| ヨルダン | 44.2 | 4,387 | 6.2 | 2.4 | 3.7 | 29.4 | 16.2 | −8.6 |
| チュニジア | 38.7 | 3,287 | 4.3 | 2.0 | 3.2 | 4.9 | 15.4 | 6.8 |
| バーレーン | 38.2 | 25,273 | 5.6 | 3.4 | 2.6 | 2.0 | 3.7 | −4.4 |
| リビア | 33.0 | 5,020 | 2.2 | 1.4 | 0.1 | 10.7 | – | −13.9 |
| スーダン | 30.9 | 714 | 5.6 | −0.8 | 10.3 | 32.1 | 20.7 | −9.4 |
| イエメン | 29.9 | 943 | 4.1 | −3.8 | 11.0 | 17.6 | – | – |
| アフガニスタン | 18.7 | 513 | 9.2 | 4.9 | 9.8 | 4.4 | – | 5.4 |
| ソマリア | 5.0 | – | – | 1.9 | – | – | – | −8.1 |
| シリア | – | – | 4.4 | – | 4.9 | – | – | −10.2 |

資料：IMF WEO, Oct., 2019.

**⑧再拡大する軍事支出と地域紛争・難民**　一九九〇年代初めに東西冷戦体制が終わり、「平和の配当」が期待された。アメリカの軍事予算は、八〇年代のGDP比六%を超えるものから九〇年代を通して低下し、二〇〇〇年には三%にもなった。軍拡の壮大なムダから世界は解放されたかにみえた。しかし、その後は再び拡大気味になってきている。アメリカ以外の先進諸国の軍事支出は二〇〇〇年代に入ってからも横ばい圏内で推移しているが、新興・途上諸国の軍事支出は増加傾向である。したがって、世界全体では、二〇〇〇年以降軍事支出は拡大してきている。それに伴って武器の国際取引も増加してきている。

背景の一つは、地域紛争の増加である。東西冷戦体制の終了が、冷戦下での東西それぞれの陣営内の結束強化というタガを緩め、抑圧されていた紛争の火種が燃え出した面がある。その原因は、人権問題、環境悪化、宗教上の問題、特定部族ないし少数民族への差別・抑圧とさまざまである。地域的には、現在、中東、アフリカに集中しているが、アジア、欧州、中南米にもある。

紛争そのものも大いに問題だが、それに劣らず大きな問題が増え続ける難民である。国内の避難民などを含める広義の難民は、二〇一八年時点で七〇〇〇万人を超える(国内の避難民等四一三〇万人、国外へ逃れた難民二五九〇万人、亡命申請者三五〇万人)。難民の受け入れ国の経済的・社会的負担が大きく、世界各地でさまざまな軋轢を生んでいる。

軍事支出の世界的な再増加傾向や、増加・長期化する地域紛争と難民の増加は、世界経済の安定的な発展に対する大いなる阻害要因となり続けるだろう。

アメリカと中国の
軍事支出の推移

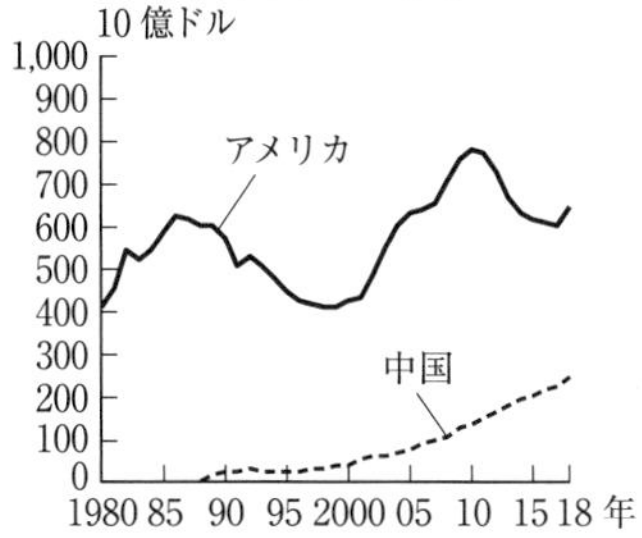

10億ドル
1,000
900
800
700
600
500
400
300
200
100
0
アメリカ
中国
1980 85 90 95 2000 05 10 15 18年

アメリカと中国の軍事支出の
対 GDP 比率の推移

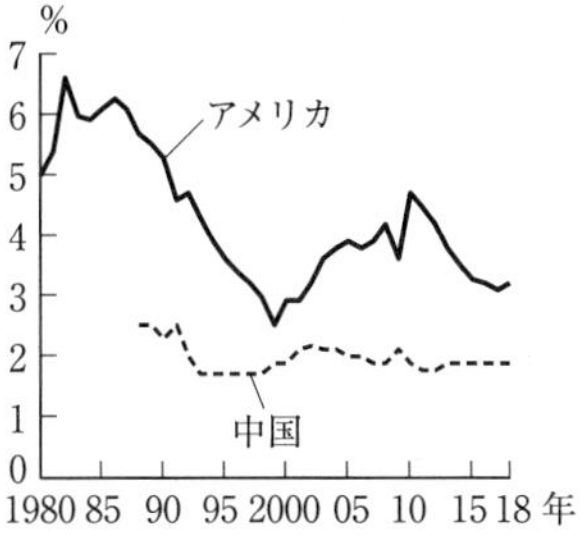

%
7
6
5
4
3
2
1
0
アメリカ
中国
1980 85 90 95 2000 05 10 15 18年

サウジアラビア, インド, フランス,
ロシアの軍事支出の推移

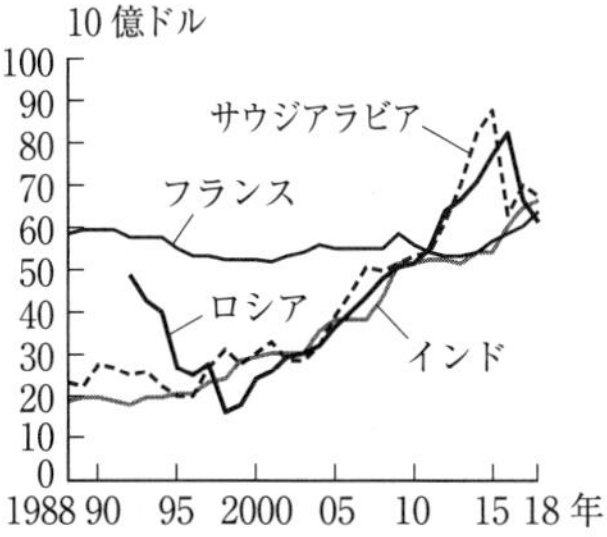

10億ドル
100
90
80
70
60
50
40
30
20
10
0
サウジアラビア
フランス
ロシア
インド
1988 90 95 2000 05 10 15 18年

イギリス, ドイツ, 日本, 韓国の
軍事支出の推移

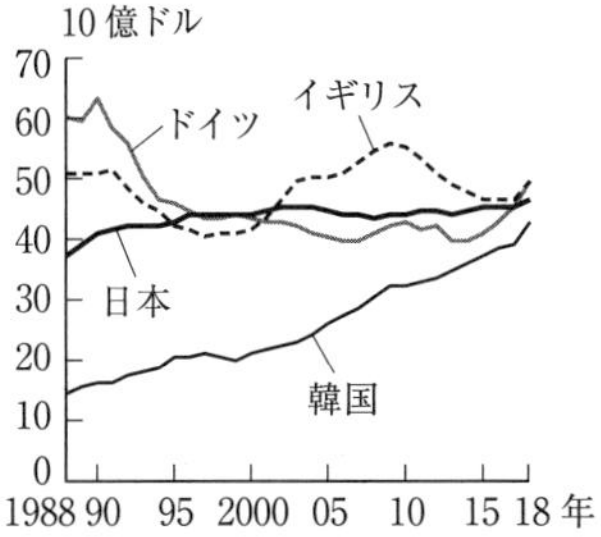

10億ドル
70
60
50
40
30
20
10
0
ドイツ
イギリス
日本
韓国
1988 90 95 2000 05 10 15 18年

資料：Stockholm International Peace Research Institute Databases.

世界の難民数等の推移(各年末現在)

万人
8,000
7,000
6,000
5,000
4,000
3,000
2,000
1,000
0
UNHCR 支援対象者
国内避難民など 2)
難民 1)
1982 85 90 95 2000 05 10 15 18年

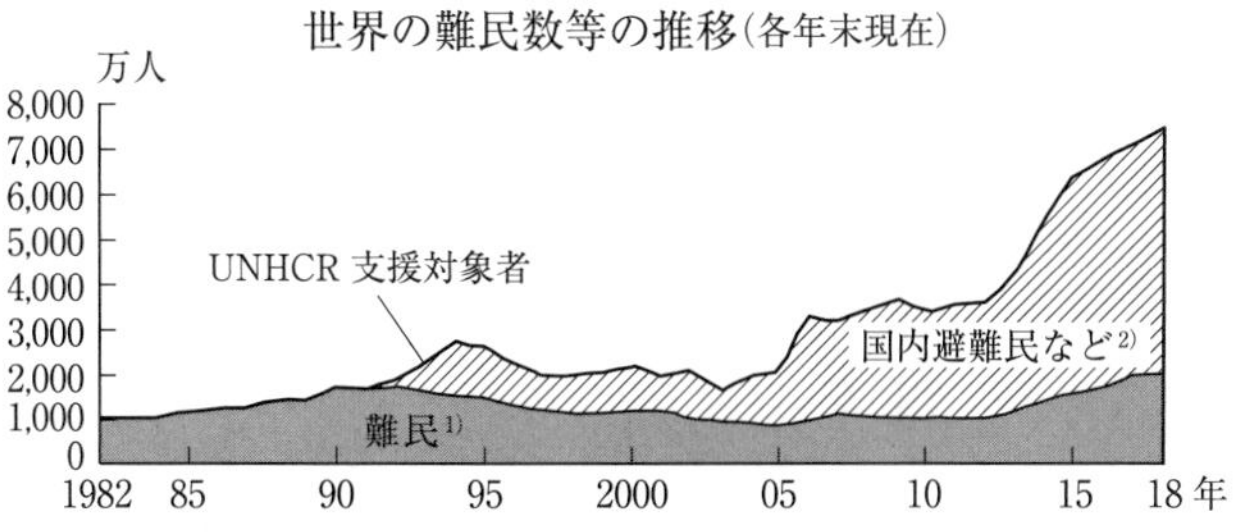

注：1) 自国を逃れほかの国の保護を受けている者.
2) 庇護申請者や帰還民, 無国籍者などを含む.
資料：国連難民高等弁務官事務所(UNHCR)"Global Trends 2018"(資料編)により作成. 2007年以降, 難民・国内避難民の認定を受けていないが, それに相当する状況にある人々を含むようになったため, 2006年までのデータと厳密な比較ができない.
出所：「世界国勢図会 2019/20」.

**⑨内なる格差の拡大**　一九八〇年代以降、世界の多くの国・地域で所得の国内格差の拡大が問題となってきている。要因として共通して指摘されてきたのは、技術革新の進展、経済のグローバル化、競争の拡大などである。八〇年代以降、旧東側諸国をはじめ多くの国が経済改革と対外開放を標榜し、市場メカニズムへの依存が強まった。それは、経済効率を高める効果はあったが、経済競争の結果、勝者と敗者を生むことにもなった。さらに、近年は、経済のデジタル・エコノミー化によって所得格差がさらに拡大するのではないかとの危惧もある。

実際にも、一九八〇年代半ばから二〇一八年までの各国のジニ係数の変化をみると、ほとんどの先進諸国で上昇が観察される。ジニ係数は所得分配の不平等度を測る指標で、〇から一の値をとり、〇に近いほど格差が小さい。したがって、その変化がプラスということは、所得の不平等度が高まったことを示す。ジニ係数がかなり高かった途上国などでは、係数の低下した国もかなりみられる。

ジニ係数の上昇には、競争激化や技術革新のほかにも、デモグラフィック(人口統計学的)な変化、特に先進諸国に共通してみられる高齢化や単身世帯の増加が関係している可能性がある。高齢者世帯や単身世帯は平均に比べて所得格差が大きいためである。しかし、これらの要因によるジニ係数の上昇も、それぞれの社会における所得不平等度の上昇に変わりはない。

所得格差の拡大に直面した諸国における政策課題は、教育の充実はもとより、社会保障政策などによるそれぞれの社会に受け入れ可能な所得再配分の実施だろう。

ジニ係数(×100, 2017年)

| | |
|---|---|
| 南アフリカ | 63.0 |
| ブラジル | 53.3 |
| メキシコ | 48.3 |
| フィリピン | 44.4 |
| ペルー | 43.3 |
| トルコ | 41.9 |
| アメリカ | 41.5 |
| アルゼンチン | 41.2 |
| マレーシア | 41.0 |
| イラン | 40.0 |
| イスラエル | 38.9 |
| 中国 | 38.6 |
| インドネシア | 38.1 |
| ロシア | 37.7 |
| タイ | 36.5 |
| インド | 35.7 |
| イタリア | 35.4 |
| ベトナム | 35.3 |
| エチオピア | 35.0 |
| イギリス | 33.2 |
| フランス | 32.7 |
| カナダ | 32.3 |
| 日本 | 32.1 |
| エジプト | 31.8 |
| ドイツ | 31.7 |
| スウェーデン | 29.2 |
| オランダ | 28.2 |
| ノルウェー | 27.5 |
| ウクライナ | 25.0 |

注：2017年のデータがない場合はそれに近い年の数字.
資料：World Bank Data, 2019.

ジニ係数の変化
(1990年代半ば-2018年)

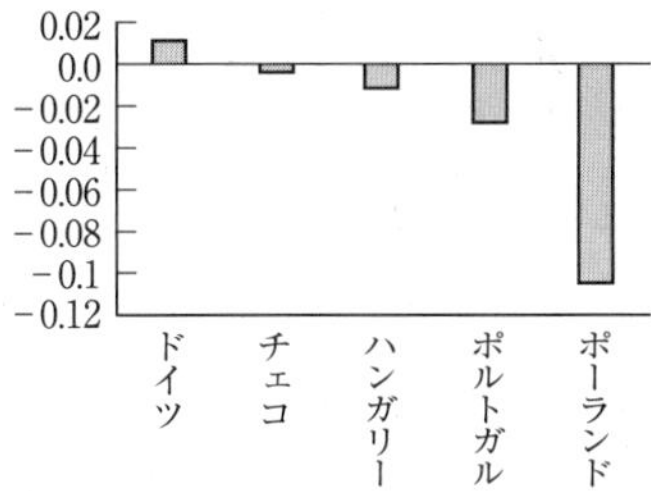


新興国, 途上国のジニ係数の変化
(1997-2017年)

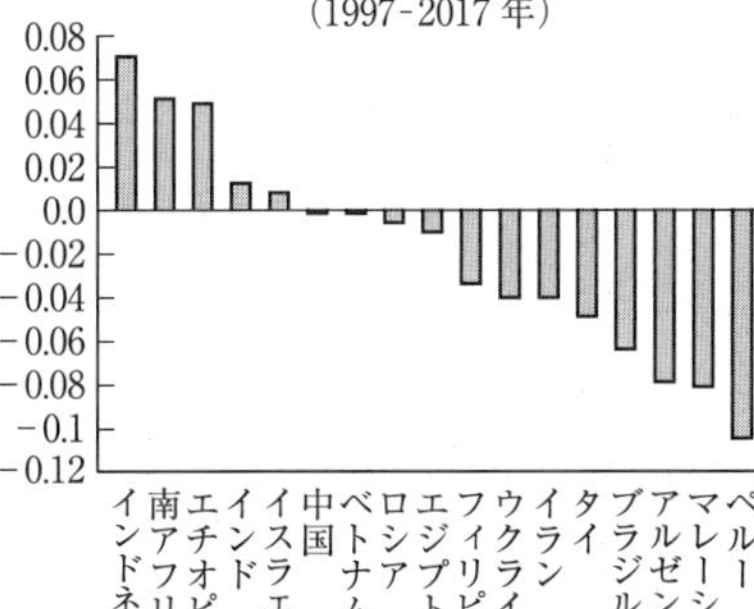


注：1997年, 2017年のデータがなかった場合, それぞれそれに近い年の数字を使った.
資料：World Bank Development Indicators, 2019.

OECD諸国のジニ係数の変化(1980年代半ば-2018年)

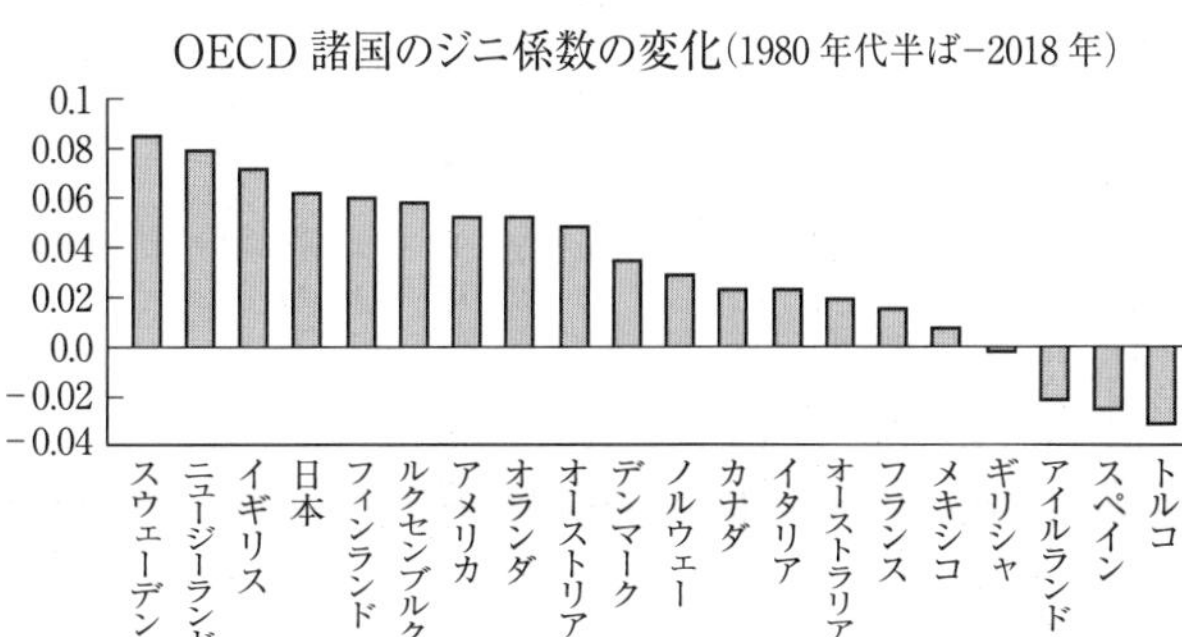


資料：OECD Factbook 2008 及び OECD Stat, 2019.

**⑩コロナ後の世界経済**　二〇二〇年三月に入って以来、新型コロナウイルスの世界的な拡散によって世界経済の先行きについての見方が一変した。第二次大戦直後の混乱期を除けば、それ以降で最大の景気後退となった。

この後退は、経済がグローバル化してきたがゆえに、世界同時でしかも増幅されたのものとなった。国際的に張り巡らされた多くのサプライチェーンが突然機能停止に陥り、その過程で、多くの経済がいかに中国に強く依存するようになったかの認識が高まった。それは二つの動きをもたらしてきている。その一つは中国に集中してきた投資を分散化する動きだ。すでに米中経済摩擦の影響等もあって、中国への投資の集中を見直す動きが始まっていた。今後はこうした動きがさらに強まる可能性がある。もう一つは国内回帰の動きである。先進各国とも政策的にこうした動きを支援している。戦略的な在庫の保持とともに国内生産が増えるのではないか。

景気は年後半から非常に緩やかながらも回復過程をたどり始めた。しかし、IMF（国際通貨基金）とともにOECD（経済協力開発機構）も、その回復は緩慢なものになり、世界経済全体としては二〇一九年時点で予測されていた成長軌道に何年も戻ることはないとしている。その要因としては、政府も企業も債務負担が増える、景気後退時の投資不足の影響が残る、一部の労働者がより情報化した労働市場に戻れない、といった要因が考えられる。他方、コロナウイルス禍がネット上でのコミュニケーションを強烈に進め、その一部は不可逆的変化となり、それは世界経済活動全般のデジタル化を進めることで長期的には生産性を高めることになるだろう。

# あとがき

歴史は過去・現在・未来と切れ目なく流れていく。しかし、それは平坦でなく、絶えず変化している。変化はさざ波的なものもあれば、舞台が一回転するほど大きなものもある。現在(二一世紀初頭)は、四十有余年つづいた冷戦体制が崩れ、「平和と共生」を模索している転換期である。われわれの前に大きな問題が解決を待っている。

第一に、人々の価値観は二〇世紀前半の〝熱い戦い〟と後半の〝冷たい戦い〟の終焉によって、「争いから平和へ」(シモン・ペレス)に移った。経済についていえば単なる所得や生産の増加でなく――それは依然基礎的な人間の欲求だが――、より〝質の高い生活〟を望むようになった。しかし、長年にわたって構築された政治・経済・社会の諸システムの転換は容易ではない。現実には民族紛争、宗教観の衝突が絶えず、動揺と不安が各地でつづいている。冷戦終結による軍事費からの解放や、軍需から民需への転換は、一部の国を除いて進んでいない。武器の国際間取引は逆に増大している。「平和の配当」を確実にする方法を人々は模索している。

第二に、冷戦の終結とほぼ同時的に、かつて「指令経済」下にあった国を含めて、世界のほとんどの国が国内の自由化改革と対外的な開放政策を進め、市場経済が拡大・深化した。その結果、世界経済全体が「一つの市場経済」を形成するようになった。個人の自由な参加と公正な競争によって、市場経済は大多数の幸福と、最大の効率をもたらすはずであるが、現実には市場経済への移行に巧拙の差があり、また内外におけるセーフティネットの未整備によって、「勝者と敗者」の経済的格差が、社会的不平等を生んでいる。国民国家の変容によって、国際間の調整もむずかしくなった。我々はそれを改善する方法を、模索している。

第三に、世界経済の一体化が進むことによって景気や危機の伝播も一体化してきた。それは貿易取引を通してばかりでなく資本の流出入を通して強まってきた。近年では、新興国・途上国ばかりでなく先進諸国で経済危機が起こり、それが世界的に大きな影響を与えてきた。国際的な対応が必要になるが、そうした話し合いが必ずしもうまくいっていない。ひとつには、さまざまな国際機関や話し合いの場における発言権、決定権が近年の世界経済における構造変化を反映していないことがある。また、世界経済の多極化が国際的な話し合いを難しくしていることもある。我々は世界経済の一体化、世界経済の構造変化に対応した協調体制を模索している。

第四に、経済学・経済政策の領域が拡大している。従来、国際経済政策あるいは国際経済論といえば、マクロの成長・投資・貿易・産業構造、ミクロの多国籍企業論・生産性比較論に限られていた。それが最近、人口・環境問題に拡がりをみせ、また、人口移動の増大の一環としての難民・移民・外国人労働力の問題が登場してきた。エイズ・麻薬・犯罪なども問題が尖鋭化してきているが、これらもまた「経済」とは無縁でなくなってきている。

他方、日本経済もいま大きな〝転換期〟にきている。東日本大震災の打撃やそれ以前からの長引く平成不況からはいずれ脱出するであろう。その後遺症がまだ尾を引くであろうという問題もあるが、いずれにしても〝構造転換〟をしなければならないという課題を背負っている。それは、一つには世界経済が冷戦の終焉とともにますます市場経済の下で〝一体化〟の傾向を強めてきており、それへの適応が求められるとともに、積極的に平和経済の建設への寄与が求められていることである。もう一つの課題は、国内において、経済成長の成果をより多く国民の〝生活の質〟の向上にふりむけるということである。どう対応するか。

本書は、以上のような冷戦終焉から新しい体制への転換期にある世界経済について、歴史的・総括的にポイントを整理し、問題に関心ある人々の参考になれば、という趣旨でまとめたものである。

私はさきにやはり岩波書店から、同じ新書版の『日本経済図説』(一九八九年。二〇〇一年に第三版)を刊行した。本書はいわばそれと対をなすものであり、とりまとめの考え方、表現の形式(記述と図表を問題ごとに対照的に配置)も、基本的にそれと同じと考えていただいてよい。併せ読んでいただければ幸いである。

もとより、広範で、しかも刻々変化する世界経済である。私たちの認識に間違いもあろうし、遅れもあろう。私自身も十分注意し、柔軟に変化に対応したいが、読者も客観的に世界経済を観察し、自らの公平な世界経済観をもっていただきたい。本書がその手助けになれば、著者としてこんなに嬉しいことはない。

本書の旧版は、世界を駈けめぐりながら仕事をしていた友人の田谷禎三氏との緊密な協力作業の下でまとめられたものであった。この第三版では論旨全般はもとより、図表については全面的に田谷氏に協力していただいた。

最後に、本書の図表の作成について協力いただいた大和総研の方々、特に鈴木準、小林卓典、保志泰の諸氏、岩立佐津紀さん、河合美智子さん、並びに大和キャピタル・マーケッツの長谷川雅彬氏に心から感謝を表したい。そして、岩波書店の坂巻克巳氏と山川良子さんから温かい激励をいただいたこと、特に山川さんからは編集全般について適確なご教示をいただいたことに深甚な謝意を表したい。また、今回も厄介な図表を見やすく描きあげて下さった五島工房の方々に心からお礼をのべたい。

二〇一一年

宮崎　勇

# 第四版あとがき

第三版を出版してから一〇年近く経ち、世界経済にもさまざまな変化が生じてきた。この一〇年を振り返ると、世界経済の一体化はますます進んできた。貿易・投資・人の移動を通した一体化はもちろんだが、情報通信面での技術革新の進展が予想以上のスピードで進み、その動きを加速させてきた。そのこと自体は世界経済の発展を促進することで、望ましいことである。その一方、二〇二〇年に入ってからの中国発新型コロナウイルスの世界への拡散とその経済的な影響の大きさは、世界が深く結びつくようになってきたがゆえに、マイナスの影響も瞬時に世界に拡散することを示している。

また、急速な世界経済の一体化に対して、その他にもさまざまな問題が表面化してきた。まず、アメリカを中心とした貿易摩擦が激しくなってきた。中国を筆頭とした新興国の経済的興隆と先進諸国の相対的な地盤沈下が目立ってきたし、それと関連して、国際機関の機能不全も表面化してきた。さらに、環境問題は明らかに深刻化してきているが、国際協調が難しくなってきている。国内における所得格差の拡大に対する反発も大きくなってきたし、地域紛争に関連して増加する難民の受入れに対する人々の許容度は低下してきている。

さらに、近年繰り返されてきた経済・金融危機と、それらをもたらした行き過ぎた政策対応が依然として観察される。先進諸国の金融緩和、積極財政は行き過ぎているようにみえる。

他方、二〇〇〇年代に入って以来の経済のデジタル化は、世界経済に大きな構造変化をもたらしつつある。これまでがそうであったように、世界経済はさまざまな課題を抱えつつ、前進し続けるということだろう。

今回の改定で最も大きな変更は、前版の第八章「軍縮の経済と「平和の配当」」を落とす一方、第六章「デジタル・エコノミーの拡大・深化」を入れた点である。軍縮問題が大事でないということではないが、第一、二版時のように東西冷戦体制が終わり、平和の配当が期待されていた当時とは状況が変化している。どう変化してきたかは第一〇章で若干触れている。一方、情報通信面での技術革新とその影響の大きさはあまりにもはっきりしている。九〇年代の初めに、インターネットの普及は、人類にとって大きな彗星が地球に激突したようなもので、計り知れない影響を経済社会に与えると喝破していた財界人がいたようだが、その見方はかなり正しかった。現在この面での発展を抜きに経済を語ることはできない。

それ以外の章立てに変化はないが、第二章、第四章の国際貿易に関する内容は大きく変えている。基本的に、第九章の一部を除いて、ほとんどの文章、図表は改定した。

＊　＊　＊

共著者の宮崎さんが二〇一六年初に亡くなられ、今回は私一人での改定となった。今回の改定をするに際しては、「宮崎さんならどう考えるだろう、どう言われるだろう」と、心の中で対話しつつ改定を行った。宮崎さんは一九八〇年代初めから三〇年近くほとんど毎年何回か海外出張し、私はそのお供をした。これは宮崎さんが、福田赳夫元総理がH・シュミット元西独首相等の協力のもとに一九八三年に始められた世界の主要問題を討議するインターアクション・カウンシル(通称OBサミット)の事務総長であったことによるものです。私も毎年世界のどこかで開催される総会とその準備会合の手伝いをしました。そうした経験をさせていただき、見聞を広められたことについては、実質的にその事務局を運営されていた渥美桂子さんに感謝します。また、宮崎さんがライフワークとされ、一九七八年から続いている日中経済知識交流会に一部参加させていただいたことも、貴重な経験となりました。

また、前版の時と同様、大和総研の岩立佐津紀さんに協力いただいたことにもお礼を申し上げたい。さらに、この一五年ほど東京ファイナンシャル・リサーチ(TFR)で毎月行われる編集会議では行天豊雄さん以下編集委員の方々から有益な刺激を受けてきました。こうした機会を与えてくださったTFRの小谷中奈美恵さんに感謝します。岩波書店の島村典行氏には温かい激励と適切なご教示をいただいたことに感謝いたします。最後に、今回も面倒な図表を丁寧に作ってくださった風呂谷浩作氏にお礼を述べたいと思います。

二〇二〇年

田谷禎三

# 世界経済年表(第2次大戦後)

| 年 | 月 | 事　項 |
|---|---|---|
| 1945 | 2 | ヤルタ会談 |
| | 5 | ドイツ，無条件降伏 |
| | 7 | ポツダム宣言 |
| | 8 | 広島，長崎に原子爆弾．日本，無条件降伏 |
| | 10 | 連合国最高司令部「人権に関する五大改革」日本に指示<br>国際連合成立 |
| | 12 | ブレトンウッズ協定発効 |
| 1946 | 5 | 第1次吉田内閣 |
| | 6 | 国際復興開発銀行(世界銀行)業務開始 |
| | 11 | 日本国憲法公布 |
| 1947 | 3 | IMF(国際通貨基金)発足<br>トルーマン・ドクトリン宣言 |
| | 6 | 片山内閣．マーシャル・プラン発表 |
| | 7 | 日本，第1回経済白書発表(国も企業も家計も赤字) |
| | 8 | パキスタン独立，インド独立 |
| 1948 | 1 | GATT(関税及び貿易に関する一般協定)発足 |
| | 3 | 芦田内閣 |
| | 4 | ソ連，ベルリン封鎖 |
| | 8 | 大韓民国樹立 |
| | 9 | 朝鮮民主主義人民共和国樹立 |
| 1949 | 3 | ドッジ・ライン発表(「竹馬の足を切れ」) |
| | 4 | 単一為替レート(1ドル＝360円)実施 |
| | 9 | シャウプ税制勧告 |
| | 10 | 中華人民共和国成立 |
| | 11 | COCOM(ココム)設立 |
| 1950 | 6 | 朝鮮戦争勃発 |
| 1951 | 3 | イラン，石油国有化法案可決 |
| | 9 | サンフランシスコ講和条約調印，日米安保条約調印 |
| 1952 | 8 | 日本，IMF・世界銀行に加盟 |
| 1953 | 3 | スターリン・ソ連最高指導者死去 |
| | 7 | 朝鮮戦争休戦協定調印 |
| 1955 | 9 | 日本，GATTに加盟 |

## 世界経済年表

| | | |
|---|---|---|
| 1956 | 7 | 日本，経済白書「もはや戦後ではない」と宣言 |
| | | エジプト，スエズ運河国有化 |
| | 12 | 日本，国連加盟 |
| 1957 | 2 | 岸内閣 |
| | 10 | ソ連，人工衛星打上げ |
| 1958 | 1 | EEC(ヨーロッパ経済共同体)発足 |
| | 9 | フランス，第五共和制発足 |
| 1960 | 1 | 日本，為替・貿易自由化措置 |
| | 12 | 池田内閣，「国民所得倍増計画」発表 |
| 1961 | 1 | アメリカ，キューバとの国交断絶，ケネディ大統領就任 |
| | 9 | OECD(経済協力開発機構)発足 |
| 1962 | 11 | 日中総合貿易(LT 貿易)協定調印 |
| 1963 | 2 | 日本，GATT 11 条国移行 |
| | 11 | ケネディ米大統領暗殺さる |
| 1964 | 4 | 日本，IMF 8 条国移行，OECD 加盟 |
| | 9 | アメリカ，金利平衡税を導入 |
| | 10 | 東海道新幹線開通，東京オリンピック開催 |
| | 11 | 佐藤内閣 |
| 1965 | 6 | 日韓基本条約調印 |
| | 9 | 印パ戦争勃発 |
| 1966 | 8 | 中国，文化大革命始まる |
| | 11 | アジア開発銀行設立 |
| 1967 | 5 | ケネディ・ラウンド妥結 |
| | 6 | 第 3 次中東戦争，スエズ封鎖 |
| | | 資本取引自由化基本方針決定 |
| | 7 | EC(ヨーロッパ共同体)発足 |
| | 8 | ASEAN 結成 |
| | 9 | IMF 総会で SDR 創設に合意 |
| 1968 | 3 | 金プール停止，金の二重価格制採用 |
| 1969 | 3 | 中ソ国境で軍事衝突 |
| 1971 | 6 | 沖縄返還協定調印 |
| | 8 | アメリカ，金・ドル交換停止，10% 課徴金など新政策発表 |
| | 12 | スミソニアン協定(1 ドル＝308 円に) |
| 1972 | 2 | ニクソン米大統領訪中(「頭越し外交」) |
| | 6 | 田中通産相，「日本列島改造論」発表 |
| | 7 | 田中内閣 |
| | 9 | 日中共同声明調印 |

| | | |
|---|---|---|
| 1973 | 1 | 拡大 EC 発足 |
| | | ベトナム和平協定 |
| | 2 | 日本，変動相場制に移行 |
| | 5 | 資本自由化(原則 100% 自由化)決定 |
| | 9 | 東京ラウンド宣言 |
| | 10 | 第 4 次中東戦争，第 1 次オイル・ショック(OPEC 原油価格 70% 引上げ) |
| 1974 | 1 | アメリカ，金利平衡税全廃 |
| | 5 | シュミット，西ドイツ首相に |
| | | ジスカールデスタン，フランス大統領に |
| | 8 | ニクソン米大統領辞任，フォード大統領就任 |
| | 12 | 三木内閣 |
| 1975 | 4 | サイゴン政権降伏 |
| | 8 | ヘルシンキ宣言(35ヵ国調印) |
| | 11 | 初の主要先進国首脳会議(サミット)始まる(ランブイエ) |
| 1976 | 1 | 中国，周恩来首相死去 |
| | 2 | ロッキード事件 |
| | 9 | 毛沢東主席死去 |
| | 12 | 福田内閣 |
| 1977 | 1 | アメリカ，カーター大統領就任 |
| 1978 | 8 | 日中平和友好条約調印 |
| | 12 | 第 2 次オイル・ショック，大平内閣 |
| | | ソ連，アフガニスタン介入 |
| 1979 | 2 | イラン革命(ホメイニ指導) |
| | 3 | EMS(ヨーロッパ通貨制度)発足 |
| | 5 | イギリス，サッチャー首相登場 |
| | 6 | 東京サミット |
| 1980 | 4 | アメリカ，対イラン国交断絶と経済制裁 |
| | 6 | 大平首相急逝 |
| | 7 | 鈴木内閣 |
| | 9 | イラン・イラク戦争勃発 |
| 1981 | 1 | アメリカ，レーガン政権発足 |
| | 3 | 第 2 次臨調発足 |
| | 12 | ポーランド紛争激化 |
| 1982 | 11 | 中曽根内閣 |
| 1983 | 11 | レーガン大統領来日 |
| 1984 | 2 | 日米円ドル委員会発足(金融自由化明示) |

世界経済年表

| | | |
|---|---|---|
| 1985 | 3 | ソ連，ゴルバチョフ政権誕生 |
| | 9 | プラザ合意(G5 でドル高是正) |
| 1986 | 4 | 「前川リポート」発表 |
| | 5 | 東京サミット |
| | 9 | ウルグアイ・ラウンド宣言 |
| | 10 | 米ソ会談(レイキャビク) |
| 1987 | 2 | G7，ルーブル合意 |
| | 4 | 国鉄分割民営化 |
| | 10 | ウォール街の株価暴落(ブラックマンデー) |
| | 11 | 竹下内閣 |
| | 12 | 米ソ，INF 廃止合意．G7，ルーブル合意再確認 |
| 1988 | 8 | イラン・イラク戦争休戦 |
| 1989 | 1 | 昭和から平成へ改元 |
| | | アメリカ，ブッシュ政権発足 |
| | 3 | ブレイディ構想(累積債務処理問題) |
| | 4 | 消費税実施 |
| | 6 | 宇野内閣 |
| | | 中国，「天安門事件」 |
| | 8 | 海部内閣 |
| | 11 | ベルリンの壁崩壊 |
| | 12 | マルタで米ソ首脳会談 |
| | | 欧州復興開発銀行設立決定 |
| 1990 | 3 | ゴルバチョフ，ソ連初代大統領に |
| | 8 | イラク軍，クウェート侵攻 |
| | 10 | ドイツ再統一 |
| 1991 | 1 | 湾岸戦争(2 月末終結) |
| | 8 | ソ連でクーデター未遂事件，ソ連邦解体 |
| | 10 | カンボジア和平協定調印(パリ，19ヵ国) |
| | 11 | 宮沢内閣 |
| | 12 | ソ連邦に代わり「独立国家共同体」(CIS)発足 |
| 1992 | 2 | EC 加盟 12ヵ国，欧州連合条約(マーストリヒト条約)調印 |
| | 3 | 国連カンボジア暫定統治機構(UNTAC)発足 |
| | 6 | 国連環境開発会議(リオデジャネイロ宣言) |
| | 8 | NAFTA(北米自由貿易協定)締結 |
| 1993 | 1 | EC 市場統合 |
| | | アメリカ，クリントン大統領登場 |

| | | |
|---|---|---|
| | 7 | 東京サミット |
| | 8 | 細川内閣(非自民連立政権) |
| | 11 | マーストリヒト条約発効 |
| | 12 | GATT ウルグアイ・ラウンド最終協定 |
| 1994 | 1 | NAFTA 発効 |
| | 4 | 羽田内閣(社会党，連立政権より離脱) |
| | 6 | 円高，戦後初めて1ドル100円突破 |
| | | 村山内閣(自・社・さ体制) |
| | 11 | APEC 首脳会議，ボゴール宣言採択 |
| 1995 | 1 | WTO(世界貿易機関)発足 |
| | | 阪神・淡路大震災 |
| | 8 | 改造村山内閣 |
| | 11 | ボスニア・ヘルツェゴビナ，包括和平合意 |
| 1996 | 1 | 橋本内閣 |
| | 11 | クリントン大統領再選 |
| | | 第2次橋本内閣 |
| 1997 | 2 | 鄧小平死去 |
| | 5 | イギリス，ブレア政権誕生 |
| | 7 | 香港，中国に復帰 |
| | | タイ，バーツ危機(アジア通貨危機の始まり) |
| | 12 | 金大中，韓国大統領に |
| 1998 | 4 | 北アイルランド，和平合意 |
| | 5 | インドネシア，スハルト大統領辞任 |
| | | インド・パキスタン核実験 |
| | 7 | 小渕内閣 |
| | 8 | ロシア，経済危機 |
| 1999 | 1 | EU 共通通貨「ユーロ」発足 |
| | 3 | NATO，ユーゴスラビア空爆(コソボ紛争) |
| | 12 | マカオ，中国に返還 |
| 2000 | 4 | 森内閣 |
| 2001 | 1 | アメリカ，ブッシュ大統領就任 |
| | 3 | 日銀量的金融緩和政策採用 |
| | 4 | 小泉内閣 |
| | 9 | アメリカ同時多発テロ事件 |
| | 12 | 中国，WTO 加盟 |
| | | アルゼンチン，政府対外債務の一時支払い停止宣言 |

| | | |
|---|---|---|
| 2002 | 1 | ユーロ貨幣流通開始 |
| | 11 | 中国，胡錦濤体制へ |
| 2003 | 3 | アメリカ主体の連合軍がイラク侵攻 |
| 2004 | 5 | EU の拡大(10ヵ国増え 25ヵ国に) |
| 2005 | 2 | 京都議定書発効 |
| 2006 | 9 | 安倍内閣 |
| 2007 | 1 | EU の拡大(27ヵ国に) |
| | 9 | 福田内閣 |
| 2008 | 9 | 米投資銀行リーマン・ブラザーズ破綻<br>麻生内閣 |
| 2009 | 1 | アメリカ，オバマ大統領就任 |
| | 9 | 鳩山内閣 |
| 2010 | 6 | 菅内閣 |
| | 8 | 米軍，イラクから撤退 |
| 2011 | 1 | チュニジアで革命 |
| | 2 | エジプトでムバラク長期政権終了 |
| | 3 | 東日本大震災 |
| | 8 | リビア，カダフィ政権崩壊 |
| | 9 | 野田内閣 |
| | 12 | 北朝鮮，金正日総書記急死(後継者は金正恩) |
| 2012 | 11 | 中国共産党総書記に習近平 |
| | 12 | 第2次安倍内閣 |
| 2013 | 4 | 日銀が量的・質的金融緩和(異次元緩和)開始 |
| 2015 | 9 | 国連サミットで SDGs(持続可能な開発目標)採択 |
| 2016 | 6 | イギリス国民投票で EU 離脱過半数獲得 |
| 2017 | 1 | アメリカ，トランプ大統領就任 |
| 2018 | 6 | 第1回米朝首脳会談 |
| | 7 | アメリカが中国などからの鉄鋼，アルミニウムへ関税(米中を中心とした貿易摩擦の激化) |
| | 12 | TPP11 発効 |
| 2020 | 1 | 中国発コロナウイルスの拡散<br>イギリス，EU から離脱 |
| 2021 | 1 | アメリカ，バイデン大統領就任 |
| | 3 | 岸田内閣 |
| 2022 | 2 | ロシア，ウクライナに侵攻 |
| 2023 | 11 | イスラエル，ガザに侵攻 |

## 世界各国・地域のGDPと人口（2018年）

| | 名目GDP（10億ドル） | 人口（100万人） |
|---|---|---|
| **先進経済** | | |
| オーストラリア | 1,420.0 | 25.17 |
| オーストリア | 456.2 | 8.89 |
| ベルギー | 532.3 | 11.40 |
| カナダ | 1,712.5 | 36.99 |
| キプロス | 24.5 | 0.86 |
| チェコ | 245.2 | 10.61 |
| デンマーク | 352.1 | 5.78 |
| エストニア | 30.8 | 1.32 |
| フィンランド | 274.2 | 5.51 |
| フランス | 2,780.2 | 64.73 |
| ドイツ | 3,951.3 | 82.90 |
| ギリシャ | 218.2 | 10.74 |
| 香港 | 362.7 | 7.49 |
| アイスランド | 26.0 | 0.35 |
| アイルランド | 382.8 | 4.89 |
| イスラエル | 370.6 | 8.88 |
| イタリア | 2,075.9 | 60.48 |
| 日本 | 4,971.8 | 126.50 |
| 韓国 | 1,720.5 | 51.64 |
| ラトビア | 34.9 | 1.93 |
| リトアニア | 53.3 | 2.81 |
| ルクセンブルク | 69.6 | 0.60 |
| マカオ | 54.5 | 0.67 |
| マルタ | 14.6 | 0.48 |
| オランダ | 914.5 | 17.18 |
| ニュージーランド | 203.1 | 4.93 |
| ノルウェー | 434.2 | 5.32 |
| ポルトガル | 240.9 | 10.28 |
| プエルトリコ | 101.1 | 3.20 |
| サンマリノ | 1.6 | 0.03 |
| シンガポール | 364.1 | 5.64 |
| スロバキア | 106.6 | 5.44 |
| スロベニア | 54.1 | 2.07 |
| スペイン | 1,427.5 | 46.45 |
| スウェーデン | 556.1 | 10.23 |
| スイス | 705.5 | 8.48 |
| 台湾 | 589.9 | 23.59 |
| イギリス | 2,828.8 | 66.44 |
| アメリカ | 20,580.3 | 327.35 |
| **新興・発展途上欧州*** | | |
| アルバニア | 15.1 | 2.87 |
| ベラルーシ | 59.6 | 9.49 |
| ボスニア・ヘルツェゴビナ | 20.2 | 3.50 |
| ブルガリア | 65.2 | 7.00 |
| クロアチア | 60.8 | 4.09 |
| ハンガリー | 161.2 | 9.78 |
| コソボ | 7.9 | 1.79 |
| モルドバ | 11.3 | 3.54 |
| モンテネグロ | 5.5 | 0.62 |
| 北マケドニア | 12.7 | 2.08 |
| ポーランド | 585.8 | 37.98 |
| ルーマニア | 239.6 | 19.52 |
| ロシア | 1657.3 | 146.80 |
| セルビア | 50.5 | 6.99 |
| トルコ | 771.3 | 82.00 |
| ウクライナ | 130.9 | 42.04 |
| **サハラ以南アフリカ** | | |
| アンゴラ | 105.9 | 29.25 |
| ベナン | 14.3 | 11.49 |
| ボツワナ | 18.6 | 2.34 |
| ブルキナファソ | 14.1 | 19.75 |
| ブルンジ | 3.4 | 11.19 |
| カーボベルデ | 2.0 | 0.55 |
| カメルーン | 38.7 | 24.88 |
| 中央アフリカ | 2.3 | 5.08 |
| チャド | 11.1 | 12.49 |
| コモロ | 1.2 | 0.85 |

| | | |
|---|---|---|
| コンゴ民主共和国 | 47.1 | 95.03 |
| コンゴ共和国 | 11.7 | 4.46 |
| コートジボワール | 43.0 | 25.61 |
| 赤道ギニア | 13.7 | 1.31 |
| エリトリア | 2.0 | 6.05 |
| エスワティニ | 4.7 | 1.10 |
| エチオピア | 80.3 | 94.14 |
| ガボン | 16.9 | 2.05 |
| ガンビア | 1.6 | 2.28 |
| ガーナ | 65.5 | 29.56 |
| ギニア | 12.1 | 13.29 |
| ギニアビサウ | 1.4 | 1.74 |
| ケニア | 87.9 | 48.03 |
| レソト | 2.7 | 2.03 |
| リベリア | 3.2 | 4.46 |
| マダガスカル | 12.1 | 26.33 |
| マラウイ | 6.9 | 19.72 |
| マリ | 17.2 | 18.54 |
| モーリシャス | 14.2 | 1.27 |
| モザンビーク | 14.4 | 30.34 |
| ナミビア | 14.5 | 2.41 |
| ニジェール | 9.3 | 22.44 |
| ナイジェリア | 398.2 | 195.88 |
| ルワンダ | 9.5 | 12.09 |
| サントメ・プリンシペ | 0.4 | 0.22 |
| セネガル | 23.5 | 16.30 |
| セーシェル | 1.6 | 0.10 |
| シエラレオネ | 4.1 | 7.57 |
| 南アフリカ | 368.1 | 57.94 |
| 南スーダン | 4.6 | 12.98 |
| タンザニア | 56.9 | 54.68 |
| トーゴ | 5.4 | 7.99 |
| ウガンダ | 28.1 | 38.82 |
| ザンビア | 26.7 | 17.77 |
| ジンバブエ | 21.0 | 14.64 |
| **新興・発展途上アジア*** | | |
| バングラデシュ | 288.4 | 164.88 |
| ブータン | 2.6 | 0.82 |
| ブルネイ | 13.6 | 0.44 |
| カンボジア | 24.4 | 16.25 |
| 中国 | 13,368.1 | 1395.38 |
| フィジー | 5.5 | 0.89 |
| インド | 2,718.7 | 1334.22 |
| インドネシア | 1,022.5 | 264.16 |
| キリバス | 0.2 | 0.12 |
| ラオス | 18.1 | 7.06 |
| マレーシア | 358.6 | 32.39 |
| モルディブ | 5.3 | 0.37 |
| マーシャル | 0.2 | 0.06 |
| ミクロネシア | 0.4 | 0.10 |
| モンゴル | 13.0 | 3.24 |
| ミャンマー | 68.7 | 52.83 |
| ナウル | 0.1 | 0.01 |
| ネパール | 29.0 | 28.09 |
| パラオ | 0.3 | 0.02 |
| パプアニューギニア | 23.2 | 8.43 |
| フィリピン | 330.9 | 106.60 |
| サモア | 0.9 | 0.20 |
| ソロモン諸島 | 1.4 | 0.63 |
| スリランカ | 88.9 | 21.69 |
| タイ | 504.9 | 67.79 |
| 東ティモール | 2.7 | 1.27 |
| トンガ | 0.5 | 0.10 |
| ツバル | 0.0 | 0.01 |
| バヌアツ | 0.9 | 0.29 |
| ベトナム | 241.3 | 94.58 |
| **中南米，カリブ海** | | |
| アンティグア・バーブーダ | 1.6 | 0.09 |

| | | | | | |
|---|---|---|---|---|---|
| アルゼンチン | 519.5 | 44.56 | **中東，中央アジア** | | |
| アルバ | 2.8 | 0.11 | アフガニスタン | 19.6 | 36.02 |
| バハマ | 12.4 | 0.38 | アルジェリア | 173.8 | 42.58 |
| バルバドス | 5.1 | 0.29 | アルメニア | 12.4 | 2.97 |
| ベリーズ | 1.9 | 0.40 | アゼルバイジャン | 46.9 | 9.94 |
| ボリビア | 40.6 | 11.38 | バーレーン | 37.7 | 1.48 |
| ブラジル | 1,867.8 | 208.50 | ジブチ | 2.9 | 1.05 |
| チリ | 298.2 | 18.75 | エジプト | 249.6 | 96.98 |
| コロンビア | 331.0 | 49.83 | ジョージア | 16.2 | 3.73 |
| コスタリカ | 60.5 | 5.02 | イラン | 446.1 | 82.36 |
| ドミニカ国 | 0.5 | 0.07 | イラク | 224.2 | 38.12 |
| ドミニカ共和国 | 85.6 | 10.27 | ヨルダン | 42.3 | 9.90 |
| エクアドル | 108.4 | 17.02 | カザフスタン | 172.9 | 18.40 |
| エルサルバドル | 26.1 | 6.64 | クウェート | 141.6 | 4.57 |
| グレナダ | 1.2 | 0.11 | キルギス | 8.1 | 6.26 |
| グアテマラ | 78.5 | 17.26 | レバノン | 56.4 | 6.09 |
| ガイアナ | 3.9 | 0.78 | リビア | 41.0 | 6.51 |
| ハイチ | 9.7 | 11.12 | モーリタニア | 5.2 | 3.97 |
| ホンジュラス | 23.8 | 9.43 | モロッコ | 118.5 | 35.22 |
| ジャマイカ | 15.5 | 2.86 | オマーン | 79.3 | 4.18 |
| メキシコ | 1,222.1 | 124.74 | パキスタン | 314.6 | 200.96 |
| ニカラグア | 13.1 | 6.46 | カタール | 191.4 | 2.72 |
| パナマ | 65.1 | 4.16 | サウジアラビア | 786.5 | 33.41 |
| パラグアイ | 41.9 | 7.05 | ソマリア | 4.7 | - |
| ペルー | 225.4 | 32.16 | スーダン | 34.3 | 41.99 |
| セントクリストファー・ネービス | 1.0 | 0.06 | シリア | - | - |
| | | | タジキスタン | 7.5 | 9.11 |
| セントルシア | 1.9 | 0.18 | チュニジア | 39.9 | 11.66 |
| セントビンセントおよびグレナディーン諸島 | 0.8 | 0.11 | トルクメニスタン | 40.8 | 5.77 |
| | | | アラブ首長国連邦 | 414.2 | 10.43 |
| | | | ウズベキスタン | 50.5 | 32.57 |
| スリナム | 3.4 | 0.59 | イエメン | 27.6 | 30.82 |
| トリニダード・トバゴ | 22.5 | 1.38 | | | |
| ウルグアイ | 59.7 | 3.51 | | | |
| ベネズエラ | 98.4 | 28.86 | | | |

＊：「新興国」とは，急成長している発展途上国といった意味で，特に明確な定義があるわけではない．

資料：IMF World Economic Outlook Database, Oct., 2019.

宮崎　勇

1923年佐賀県生まれ．東京大学経済学部卒業後，経済安定本部．経済企画庁事務次官，大和総研理事長などを経て，経済企画庁長官(1995-96年)．2016年死去．著書に『日本経済図説 第四版』(岩波新書)，『人間の顔をした経済政策』(中央公論社)ほか．

田谷禎三

1945年埼玉県生まれ．立教大学社会学部卒業後，UCLA経済学博士．国際通貨基金，大和証券を経て，大和総研常務理事，日本銀行政策委員会審議委員を歴任．立教大学経営学部特任教授．著書に *The Functioning of Floating Exchange Rates: Theory, Evidence and Policy Implications*(共編著，Ballinger Publishing Co.)ほか．

世界経済図説 第四版　　岩波新書(新赤版)1830

2020年4月17日　第1刷発行
2024年4月5日　第3刷発行

著　者　宮崎　勇(みやざき いさむ)　田谷禎三(たや ていぞう)

発行者　坂本政謙

発行所　株式会社 岩波書店
〒101-8002 東京都千代田区一ツ橋 2-5-5
案内 03-5210-4000　営業部 03-5210-4111
https://www.iwanami.co.jp/

新書編集部 03-5210-4054
https://www.iwanami.co.jp/sin/

印刷製本・法令印刷　カバー・半七印刷


ISBN 978-4-00-431830-9　　Printed in Japan

# 岩波新書新赤版一〇〇〇点に際して

ひとつの時代が終わったと言われて久しい。だが、その先にいかなる時代を展望するのか、私たちはその輪郭すら描きえていない。二〇世紀から持ち越した課題の多くは、未だ解決の緒を見つけることのできないままであり、二一世紀が新たに招きよせた問題も少なくない。グローバル資本主義の浸透、憎悪の連鎖、暴力の応酬――世界は混沌として深い不安の只中にある。

現代社会においては変化が常態となり、速さと新しさに絶対的な価値が与えられた。消費社会の深化と情報技術の革命は、種々の境界を無くし、人々の生活やコミュニケーションの様式を根底から変容させてきた。ライフスタイルは多様化し、一面では個人の生き方をそれぞれが選びとる時代が始まっている。同時に、新たな格差が生まれ、様々な次元での亀裂や分断が深まっている。社会や歴史に対する意識が揺らぎ、普遍的な理念に対する根本的な懐疑や、現実を変えることへの無力感がひそかに根を張りつつある。そして生きることに誰もが困難を覚える時代が到来している。

しかし、日常生活のそれぞれの場で、自由と民主主義を獲得し実践することを通じて、私たち自身がそうした閉塞を乗り超え、希望の時代の幕開けを告げてゆくことは不可能ではあるまい。そのために、いま求められていること――それは、個と個の間で開かれた対話を積み重ねながら、人間らしく生きることの条件について一人ひとりが粘り強く思考することではないか。その営みの糧となるものが、教養に外ならないと私たちは考える。歴史とは何か、よく生きるとはいかなることか、世界そして人間はどこへ向かうべきなのか――こうした根源的な問いとの格闘が、文化と知の厚みを作り出し、個人と社会を支える基盤としての教養となった。まさにそのような教養への道案内こそ、岩波新書が創刊以来、追求してきたことである。

岩波新書は、日中戦争下の一九三八年一一月に赤版として創刊された。創刊の辞は、道義の精神に則らない日本の行動を憂慮し、批判的精神と良心的行動の欠如を戒めつつ、現代人の現代的教養を刊行の目的とする、と謳っている。以後、青版、黄版、新赤版と装いを改めながら、合計二五〇〇点余りを世に問うてきた。そして、いままた新赤版が一〇〇〇点を迎えたのを機に、人間の理性と良心への信頼を再確認し、それに裏打ちされた文化を培っていく決意を込めて、新しい装丁のもとに再出発したいと思う。一冊一冊から吹き出す新風が一人でも多くの読者の許に届くこと、そして希望ある時代への想像力を豊かにかき立てることを切に願う。

（二〇〇六年四月）